The 5 Dimentions of Engaged Teaching

SELを成功に導くための五つの要素

先生と生徒のためのアクティビティー集

ローラ・ウィーヴァー＋マーク・ワイルディング
高見佐知・内藤翠・吉田新一郎 訳

新評論

訳者まえがき

日本中の学校で、子どもたちと先生が毎日幸せな気持ちで過ごせるように具体的な支援をしたい――これが、私たちがこの本を翻訳した動機です。

本来、教育とは、子どもの成長を日々実感できる喜びあふれる仕事です。けれども、教育現場は多くの批判にさらされ、先生たちは「世界一長い」と言われる労働時間と複合的な職務に疲弊し、その状況に教職の魅力を見いだせずに教員志望の学生が減少しているほか、現職の教員も教職を離れる数が増えつつあり、慢性的な教員不足状態が続いています。

本文でも紹介されている研究結果ですが、生徒の学びと成長にもっとも影響を与えるのは「教師」です。教科書でも、授業時数でも、一クラス当たりの生徒数の少なさでもありません。この共通合意は、日本においても必要とされることだと思います。

子どもの成長にもっとも大きな影響を与える「教師」が心身ともに健康で、幸せで、自己を見つめ、振り返り、教育への情熱とエネルギーを存分に発揮し続けられる状態が、子どもたちの豊かな成長と幸せを導きます。

鍵となるのはＳＥＬ（Social and Emotional Learning＝社会性と感情の学習）です。ＳＥＬには、よい人間関係をつくるための社会的な力と、自分や他者の感情を受け止めて対応する力を育むことが大切な柱として含まれます。

教室でどのような学びが実現できるかは、クラスを安心して学べる「学びのコミュニティー」にできるかどうかにかかっています。それができるのは教師だけです。安心して学べる環境とよい人間関係が整えられて初めて、深く学ぶことも学力向上も可能となるのです。

それでは、クラスを学びのコミュニティーにするにはどうすればよいのでしょうか。そのためには、ＳＥＬをクラスの成長発達の様子を捉えながら、段階的に、適切に進めることが大切です。すでに何らかの形で、また意図されているかどうかにかかわらず、先生方は教室ですでにＳＥＬに取り組んでおられるはずです。ＳＥＬは、体系的かつ段階をふまえて適切に実施することが大切なのですが、本書の目的はその実践を支援することです。

本書では、クラスをコミュニティーにするために重要な「ＳＥＬの五つの要素」を、先生と生徒が段階的に実践できるように詳しく紹介されています。とくに、先生自身が心を豊かにするためのアクティビティー（活動）が豊富に描かれているところが大きな特徴となっています。

日々の成長のみならず、子どもたちの将来も先生にかかっているのです。社会に出る前に、学校において子どもがみんなと教育を受けられる間に、安心して仲間とつながって協働し、挑戦し、信頼しあうといったことが豊かに経験できれば、他者や社会への信頼や関係性を築く力を育むことができますし、そのかけがえのない経験によって、その後の人生を豊かなものにすることができます。

真の教育実践とは何か、ということについて本書は、「教師のなかにある最高の資質を養い、教師としての自分を成長させ、自己認識力を高め、ストレスに対処し、生徒と素晴らしい関係を築き、今まで感じたことのないような、もしくは一度なくしてしまった『教育への情熱』を感じること」と位置づけ、そこに至る具体的な方法を詳述しています。

ぜひ、一人からでも、できれば仲間とともに、計画的にＳＥＬに取り組んでみてください。先生自身がまず教えることの喜びと意義を実感し、先生にしかできない「教室における信頼しあえる仲間づくり」という重要な課題を探究しながら、「子どもたちの幸せな毎日」を実現されることを願っています。

高見佐知

もくじ

ＳＥＬを成功に導くための五つの要素

——先生と生徒のためのアクティビティー集

はじめに

今、教育界は分かれ道にあります。それも、大きな分かれ道です。現在ほど、教師や教えることや教育界の将来に注目が集まったことはありません。今や多くの人々が共通理解するところとなりましたが、学校に関するすべての要因のなかで、子どもの学びや成長にもっとも大きな影響を与えるのは「教師」です。到達目標、評価、設備、校長のリーダーシップなどではなく、「教師の資質」が生徒に対してもっとも大きな影響力を及ぼします。つまり、生徒の将来は、教師にかかっているということです。[1]

（アンディ・ハーグリーブス＆マイケル・フラン）[2]

教育について何が正しいのかを考えるとき、やはり思い浮かぶのは「教師」のことです。二〇

（1）　教科書でも、授業時数でも、一クラス当たりの生徒数の少なさでもありません。「訳者まえがき」で述べたように、この共通合意は日本でも必要です。「教師」が、心身ともに健康で、幸せで、自己を見つめ、振り返り、教育への情熱とエネルギーを存分に発揮し続けられることが生徒の成功と幸せを導きます。

〇一年以来、私たちは何千人もの教師や教育研究者と意見を交わし、彼らの熱意や創造力、勇気、そして何よりも知性を目の当たりにしてきました。彼らの話を聞くなかで、教師がまさに直面している板挟み状態について何度も耳にしてきました。

教師は次々と出される教育施策や方針に対応すればするほど、教育委員会や学校から求められることを消化することに疲弊し、それ以外のことに情熱をもって取り組む時間やエネルギーを見いだせなくなっています。テストでよい成績をとることが生徒(3)の成功であり教師の力量だ、とする現在の教育界の風潮のなか、多くの教師がテストに備えるための授業をしなければと感じています。そして、学びによい影響をもたらす基本的で重要なことを教えることを諦めてしまっています。

このような成績至上のシステムのなかで教師は、生徒が集中力や創造的かつクリティカルに考える能力(4)を失ってしまっていく様子を目の当たりにしています。教師は、「生徒の人生によい影響を与えられない」という無力感に嘆いています。

現行の教育実践においては、ＳＥＬ（Social and Emotional Learning＝社会性と感情の学習）と教科学習との間に分断があるため、私たちはどちらか一方を選ばなければならないかのように感じています。しかし、脳の特性と学習に関する最近のたくさんの研究をふまえれば、これまでとは違ったアプローチを考える必要がありそうです。

学力の向上にはSELが密接に関連しているだけでなく、実はSELそのものが学びの根幹を支えていることを、神経科学、学習理論、教師としての経験などが示しています。したがって、テストの点数が重要であるとしても、生徒のSELにも本気になって取り組むことが必要と言えます。

実際、教師や教育研究者の多くが学びのもつさまざまな面に注目し、生徒が目的に満ちた意義深い人生を送れるように、レジリエンス（困難をしなやかに乗り越え、回復する力）があり、創造性豊かで、生産的な人になることに役立つ教育的アプローチを見いだしたいと願っています。

（2）（Andy Hargreaves）ボストン・カレッジの教育学部において「トーマス・モア・ブレナン委員会」の委員長を務めています。この委員会は、公立学校における社会正義を促進し、教員養成・教師教育の理論と実践をつなぐことを使命としています。『専門職としての教師の資本』（木村優ほか訳、金子書房、二〇二二年）などの邦訳があります。（Michael Fullan）トロント大学オンタリオ教育研究所名誉教授、カナダ勲章受章者です。世界中の教育組織のコンサルタントを務めています。『校長のリーダーシップとは』（塩崎勉訳、東洋館出版、二〇一六年）などの邦訳があります。

（3）本書では、生徒、若者、子ども、学習者と多様な語が使われていますが、生徒を指しているものは生徒に統一して訳しています。

（4）クリティカルは、一般的には「批判的」と訳されますが、それが占める割合はせいぜい四分の一程度で、中心的な部分は「大切なものを選ぶ力と、そうでないものを排除する力」です。

最近の教育をめぐる責任の重圧を受けて、教師はどのようにすればこの複雑な問題を解決し、生徒の学びによい影響を与えられるのかを見つめ直しています。このようなより良い教育のあり方の探究を通して、単なる教科指導のみならず、生徒の心を育み、情熱をもって取り組める真の学びに通じる新しい方法が重視されるようになってきました。

このような取り組みは、すでに教師個人もしくは学校全体ではじまっており、注目に値する成果を出していることから、教育界における新しい動きに「形」が見えはじめてきたと言えるでしょう。

誰もが取り組めるこのような動きは、教育を内側から（各教師のこれまでの経験や教え方、そして同僚との関係づくりに至るまで）大きく変えることを目的としています。私たちの見解では、この新たな動きによって、教師の存在がいかに大きいか、生徒の気持ちを学びに向かわせ、積極的に取り組めるようにすることがいかに大切か、教室や学校での人間関係と学習環境が果たす役割がいかに重要か、「社会性・感情・教科」という三つの学びがいかに密接につながっているのかが明らかになっていると断言できます。

本書で述べる「エンゲージ・ティーチング・アプローチ」（以下、エンゲージ・ティーチングと表記）は、情熱をもって教育に向きあう教師を後押しし、生徒のやる気を引き出し、いきいきとした学校生活が送れるようにするためのものです。各章で示す基本方針と実践は、ＳＥＬと教科学習を、心と知性を、内的生活と外的生活を(5)、さらに教える内容と背景を、それぞれ結びつけて統合し、人としての成長や学びに必要なこれらを互いに調和させるための道筋を示しています。「エンゲージ・ティーチング」の根底にある要素は次の五つです。

エンゲージ・ティーチングの根底にある要素

❶おおらかで広い心を育む。
❷自己を見つめる。
❸「今、ここ」に集中する。
❹お互いを尊重するための一線を設ける。
❺感情の器を大きくする。

「エンゲージ・ティーチングの五つの要素」を解説している各章では、「基本方針」と「実践」が示されています。この「基本方針」と「実践」は、教師の実践を支え、より集中して効果的に

(5)　内的（内面）生活とは、人間の生活のうちの精神面や心理面のことを、外的（外面）生活とは物質面や実生活のことを意味します。

結果を出せるように支援するものであり、また生徒にとっては、創造的に考え、大切なことを見極め、テストに向けて自己調整してよい結果につなげ、気持ちをうまくコントロールし、良好なコミュニケーションを図り、他者と協働できることを支えるものです。つまり、これらは、現代の若者たちが、現在の複雑な（そして、その複雑性が増すこれからの）世界で生き抜いていくために必要な「二一世紀型スキル」と言えます。

「エンゲージ・ティーチング」という言葉について、少し触れておきたいと思います。教育において「エンゲージメント（engagement）」[6]という言葉は、さまざまな場において多様な使われ方をしています。私たちはこの「エンゲージメント」を、「心の内外両面における、資質・経験・スキルを統合すること」と捉えています。そして、これらの資質・経験・スキルは、効果的な教え方と生徒の目標達成を導くものでもあります。

ある特定の指導法や学年に即した指導内容の指南書はすでにたくさんありますが、本書では指導法をより広く捉え、どのような方法によってどのような力が育めるのかということ、すなわち教師の指導法と育める生徒の力との重要なつながりに重点を置いています。

なぜ、この本を書いたのか

まず、生命保険会社のメットライフ（MetLife）の調査による次の報告をご覧ください。

教師の仕事に対する満足度は二〇〇九年から一五パーセント下がり、働き甲斐を感じている教師の割合は五九パーセントから四四パーセントになった。仕事に対する満足度の急激な低下は、転職を考えている教師の数の増加と反比例の関係にある（転職を考える教師の数は二〇〇九年には一七パーセントだったのが、今や二九パーセントである）。(7)［参考文献147］

私たちが本書の執筆を決めたのは、教師にとって即効性のある実践的なサポートがしたかったからです。私たちのサポートは、教師自身が培った知見と経験を包括し、それらをふまえて構築したものなので、教師の力量を高めることにとても役立つはずです。

私たちはアメリカ国内の至る所で、教師を中心に据えなかったことが原因で学校改革の失敗を招くという、当初から失敗が予見できた例を数多く目にしてきました。また、私たちは、幼稚園年長組から一二年生(8)までの教師に面談を行うなど、多くの時間を聞き取りに費やしてきました。

(6)「夢中で取り組む」または「魅了される」などを意味します。
(7) この報告書の発行年は二〇一二年ですので、「今や」とは、二〇一二年かその前年だと思います。
(8) アメリカの高校は四年間、中学校は二年間、三年間、小中一貫などとさまざまなので、学年は通しで表記します。また、幼稚園の年長組も小学校に含まれていることが多いです。さらに、「学年が下の生徒」は、小学校中学年以下、「学年が上の生徒」は小学校高学年以上を指しているとご理解ください。

そのプロセスで私たちは、「今、何が課題で、何が期待できるのか?」とか「何がうまくいって、何がうまくいっていないのか」などについて尋ねました。さらに、「厳しい状況にありながら、毎日仕事に向きあえるパワーの源はいったい何か?」とか「教育をめぐる現在の状況をすべて考慮したうえで、何が必要か?」とも尋ねました。

これらの質問に対する回答は次のようなものでした。

教師が望んでいること

・刺激的で、ワクワクできるような指導方法。
・教科指導において学習目標を達成するだけでなく、生徒が夢中で取り組み、問題行動にも対応できるような実践可能な方法。
・教育現場や教師のコミュニティーにおいて、同僚たちからサポートを受けつつ協働できること。
・生徒の多様なニーズに対して、効果的かつ公平に対応するためのアイディアや実践例。
・一度なくしてしまった、または今まで感じたことがなかったような教育への情熱を感じるための方法を知ること。

本書の使い方

私たちは読者のみなさんに、本書を手に取るだけでなく、実際に活用してもらえることを願っています。本書を読んで感じた疑問点や考えを、ぜひ同僚の方々と共有してください。そして、本書で紹介する実践例をぜひ試し、自分にとって何が有効で何が有効でないのかを見極めてください。さらに、本書に書かれている方法を実践しながら、志を共にする同僚やグループを見つけて、お互いに支えあってください。

本書の対象と使い方

・教師個人で（教えている学年や経験値の有無を問わず誰でも）
・ペアで、小グループで、学校で、あるいは自主的な勉強会で
・教科や学年などの研究会で
・教科主任会議などで今後の見通しを立てるためのツールとして
・校長や副校長が学校改革に臨む際の基本方針として
・教職課程の授業用テキストとして

本書では、「エンゲージ・ティーチングの五つの要素」とは何かについて、このアプローチの

図0－1　本書の流れ

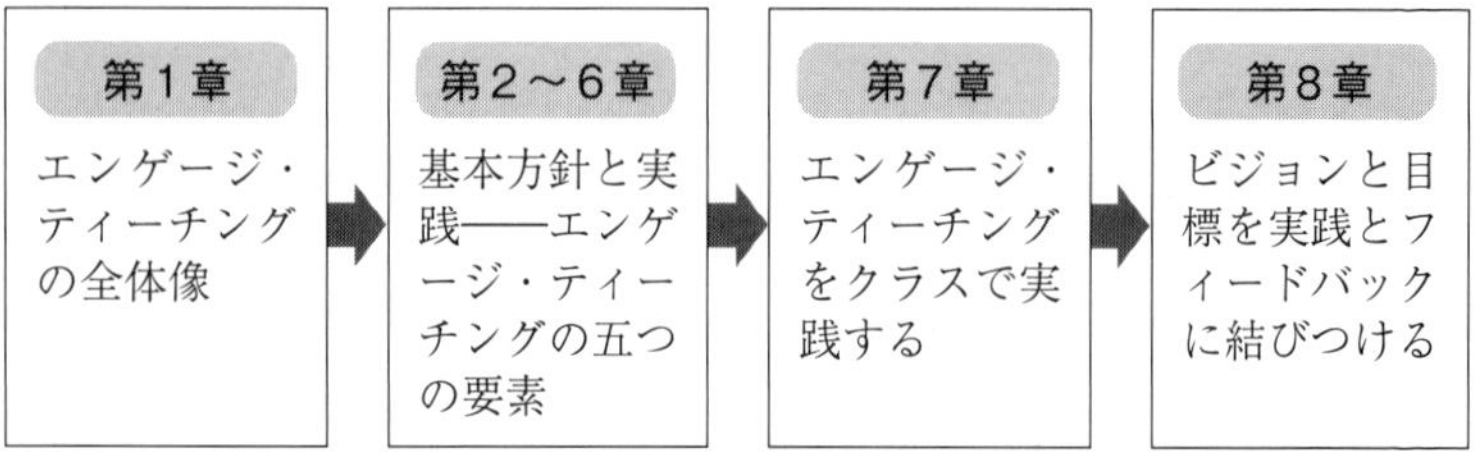

基本と、このアプローチが教師・生徒・学校にもたらす効果について詳しく述べていきます。**図0－1**は、各章の関連とまとまりごとの分類を示したものです。

第1章では、「エンゲージ・ティーチングの五つの要素」について、その手法の基本を提示するとともに具体例を紹介しています。そして、第2章から第6章では、「エンゲージ・ティーチングの五つの要素」を一つずつ説明するとともに、それぞれの「基本方針」と「実践」を記述しています。これらは、以下のような場面で教師を支援するでしょう。

❶確かな教育実践を創造し、継続して取り組もうとするとき。
❷五つの要素に関して、教室内での意義深い教育実践をしようとするとき。
❸教育実践への努力と情熱を惜しまず、同僚とともに本気で協働しようとするとき。

第7章では、「五つの要素」をどのように統合し、学期内あるいは年間を通して実践に移すかを提示していきます（それを「学びの旅」という言葉で説明していま す）。この章で説明する教室内での基本方針と実践によって、生徒たちのラーニング・レディネス（学習への準備の度合い）や学力向上を促し、信頼できる学習集団を形成し、移行期[9]にある生徒の支えとなり、学級経営への予防的なアプローチ[10]に貢献し、生産的で意義深い学びの環境をつくりあげます。

そして第8章では、「エンゲージ・ティーチング」の実践プランを作成するための細かなプロセスを提示していきます。そこに含まれるのは、ビジョンを構築すること、中長期の成果を明らかにすること、それらの目標に到達するための行動計画、となっています。最後に、教師がフィードバックのやり取りができるような形成的評価の例を掲載しています。

また、付録として活動例やさまざまなツールや素材の一覧も掲載していますので、複写して活用してください。

(9)　小中高校や大学への進学や、新しい学年、新しいクラスになるときのことで、環境の大きな変化に生徒の気持ちが不安定になりがちであるため、とくに配慮を要する時期です。

(10)　問題が起こってから対応するのではなく、事前に、相互の信頼関係を構築する取り組みや共有する価値観を明らかにするなど、学級をコミュニティーにするために日々取り組む内容を指しています。

エンゲージ・ティーチング・アプローチ

「エンゲージ・ティーチング」というのは、ＳＥＬと教科学習の力を向上させ、クラスで学ぶことへの動機に加えて、「大切なものは何か」、「それぞれにどのような意味があるのか」、「いかにしてお互いに関わりあうか」という、生きるうえにおいて大切な感覚が養える実用的なアプローチです。

各章の基本方針と実践はどのようなクラスにも応用でき、教師の教え方や、生徒や同僚との関わり方によい変化をもたらしてくれます。

「エンゲージ・ティーチング」を木にたとえて表現しましょう（**図０－２**参照）。根の部分は「エンゲージ・ティーチング」（木の幹）の基本方針と実践を支え、成功へと導く土台となります。次に、基本方針と実践によって教師と生徒の能力やスキルが養われます。そうした能力やスキルを教え方や学び方に適用することで、長期的な成果（木の枝）を生み出し、成果が維持できるようになります。

「エンゲージ・ティーチング」の基本方針をふまえて実践に取り組むと、クラスや学校全体に効果がすぐに現れます。さらに、エンゲージ・ティーチングを実践できる学びの環境を整え、長期にわたって同僚とともに取り組めば、より持続的で総合的な成果が得られます。

それでは、第１章において「エンゲージ・ティーチング」の大前提を明らかにし、五つの要素

図0－2　エンゲージ・ティーチング

長期的成果
クラスや学校の雰囲気の改善
生徒の学力向上
教師の満足度向上と
離職率の改善
教師と生徒が習得する能力と中期的成果
SELの
スキルの向上
自分自身と、
学校に対する態度の変化
より良い
協働状態
自己を
見つめる
おおらかで
広い心を
育む
エンゲージ・
ティーチング
「今、ここ」
に集中
する
感情の器を
大きくする
お互いを
尊重するための
一線を設ける
エンゲージ・ティーチングの基本方針と実践の五つの要素
エンゲージ・ティーチングの
根の部分
SELを
教科の学習と
統合する
関係性と
コミュニティーを
大切にする
文化的背景に
対応する
つながり、意義、
目的を育む
発達段階を
考える

の定義を示したうえで、このアプローチの成果を裏づける実証研究について紹介していきましょう。

第1章　エンゲージ・ティーチング

素晴らしい教師というのは、大学を卒業すればなれるというものではないし、また生まれつき教師であるという人もいない。教師とは、常に「教師になり続ける」という存在である。同僚との語らいのなかで、信念をもって突き進む学びのなかで、そして自らが築きあげたものへの深い内省のなかで、教師は自分が何者で、何をしようとしているのかを見いだし続ける。

（ソニア・ニエト）(1)

（1）（Sonia Nieto）マサチューセッツ大学アマースト校教育学部の名誉教授で、多文化主義が専門です。『アメリカ多文化教育の理論と実践』（太田晴雄ほか訳、明石書店、二〇〇九年）の邦訳があります。

自己の振り返り

あなたが今までに影響を受けた教師について思い出してみてください。どのような影響を受けましたか？　その教師がもっていた資質や行動の特性や気質とは、具体的にどのようなものでしたか？

今度は、あなたが教えている生徒について考えてみましょう。彼らは、あなたのことをどのような先生だと言うでしょうか？　あなた自身は、どのような教師でありたいと願っていますか？

しばしば私たちの社会では、『フリーダム・ライターズ』（二〇〇七年）、『落ちこぼれの天使たち』（一九八八年）、『いまを生きる』（一九八九年）といった映画に登場するような教師こそが理想の教師であるとされます。生徒のためであれば身を粉にして尽くす教師が理想、と思われているわけです。

このような教師像は、素晴らしい教師というものは、「なる」ものではなくて生まれつきの資質であり、生徒に影響を与えるためには一種のカリスマ性が必要で、生徒の心を動かすために見返りを求めることなく犠牲を払うのが当然である、という風潮をつくりあげています。

あなた自身が影響を受けた教師を思い浮かべてみてください。おそらくその教師は、あなたに何か大切なことを教え、学校や人生についてのあなたの考え方を変え、自分の才能に気づかせ、学びへのやる気に火をつけてくれたり、独りよがりな見方を変えるきっかけを与えてくれたりしたのではないでしょうか？　その教師は、ユーモアや教科への情熱にとてもあふれていた人だったかもしれません。また、思いやりが深く、あなたの意見に真剣に耳を傾けてくれたのではないでしょうか？　もしかすると、あなたが辛そうなときには、気にかけながら、いつもと変わらない様子でそっと見守ってくれたかもしれません。

本書において大前提となっているのは、真に効果的な指導法というものは、習得可能で、何度も実践して継続的に向上でき、さまざまな面で生徒によい影響を与え、教育者としての経験値を驚くほど向上させるということです。そのために私たちは、「カリスマ教師」になることも「自分らしくない仮面」を用意する必要もありません。自らを追い詰める必要はないのです。

それどころか、真の教育実践とは、継続するなかで、私たち一人ひとりが自らにしかない才能に気づき、それぞれの強みをいかし、他者から学び、生涯学び続けることを意味します。それは、私たちのなかにある最高の資質を養い、教師としての自分を成長させ、自己認識力を高め、ストレスに対処し、生徒と素晴らしい関係を築き、今まで感じたことのないような、もしくは一度なくしてしまった「教育への情熱」を感じることへとつながります。

「エンゲージ・ティーチング」という木の根

「エンゲージ・ティーチング」とは、型にはまった単純なプロセスではなく、むしろ生涯にわたる「学びの旅」と言えます。このアプローチにおいて目指すのは、振り返りのできる実践者であること、自らの経験をよく研究すること、成功と失敗から学ぶこと、SELスキルを高めること、そして効果的な教え方とはどのようなものかを深く理解することです。ベテランの教師であれ、着任したばかりの教師であれ、「エンゲージ・ティーチング」は今いる場所からはじめられます。

本書の「はじめに」において、「エンゲージ・ティーチング」を木にたとえて説明しました。第1章でも、引き続き木のたとえを使って、「エンゲージ・ティーチング」についてさらに詳しく見ていきます。

私たちは、「エンゲージ・ティーチング」には五つの太い根があり、それぞれがこのアプローチを支える土台の役割を果たしていると捉えています（一五ページの**図0－2**参照）。同時に、これらの根は教師としての職務を全うするエネルギーを教師に与え、二一世紀が抱えている複雑さに対して生徒が効果的に準備できるような、教え方と学び方の全体像をサポートします。そして、「エンゲージ・ティーチング」の幹の部分（基本方針と実践）や枝の部分（長期的成果）に対して直接的に作用します。

土台となる五つの根は次のとおりです。

①ＳＥＬを教科の学習と統合する。
②関係性とコミュニティーを大切にする。
③文化的背景に対応する。
④つながり、意義、目的を育む。
⑤発達段階を考える。

①ＳＥＬを教科の学習と統合する

脳研究と学習理論から、ＳＥＬと教科の学習は切っても切れない関係にあることが明らかになっています。これらを統合することで、生徒が学校や社会で生き抜くための手助けとなります［参考文献50］。

「これまで目にしてきたあらゆる職業のなかで、教師ほど難しいものはないだろう。医学の世界では、13年かけて医者になる。しかし、教師の場合、たった１年で教師たることが求められる場合が多い。教師は非常に厳しい窮地に追いこまれ、援助らしい援助も与えられない。このような環境はさておき、我々は、一体どうして教えることはこんなにも難しいのか、などと言っている」（リー・シュルマン(2)）

（2）（Lee S. Shulman）アメリカの教育心理学者で、スタンフォード大学などで教授職に就いていました。

図1－1　ロバート・シルヴェスターの感情と学びの連鎖

オレゴン大学の名誉教授（教育学）であったロバート・シルヴェスター（Robaert Sylwester）は、「感情は興味や関心を生み出し、その興味や関心が学習や記憶の原動力になるので、教育課程において感情が非常に重要であることは明らかだ」［参考文献208］と述べています。それは、**図1－1**に示すとおりです。たとえ教師と生徒がテストでよい成績をとることだけを重視していても、その成績をとるために必要となるのはSELのスキルと能力を身につけることなのです。

②人とのつながりとコミュニティーを大切にする

何もないところから「学び」は生まれません。常に、特定の要素から生み出されます。信頼関

「若者が社会性を身につけ、感情を育み、良心に基づいた生活を送れるようにすることは、今すぐに取り組むべき重要課題である。よい教育を受けた人とは、頭脳だけでなく心や精神の教育も受けた人のことである」（リンダ・ランティエリ[3]）

係を築き、お互いの文化に理解を示して対応するように心を込めて取り組めば、生徒は学びと成長の可能性の幅を広げることができます。仲間意識を大切にして、健全な学びの「環境」をつくりあげることができれば、安心感とレジリエンス（五ページを参照）を育成することも可能です。

　優秀な学業成績を収めることは、相手を思いやる関係づくり（教師と生徒、生徒と生徒）に結びついています。したがって、安全な学習環境を計画的に整えることに時間や労力を割くことは、学力の到達目標を達成するほか、学校を安全な場所として確立させるために必要不可欠です［参考文献52］。私たちが関わりあいを大切にし、効果的な手

「私たちの学習能力は、人間関係に深く根ざしています。どれだけのことを学び取れるかは、学びの場における心の状態に大きく作用されます」（ナンシー・フレイ、ダグラス・フィッシャー、サンディ・エバーラブ[4]）

（3）（Linda Lantieri）現場経験があるＳＥＬ教育に関心をもっているハンター・カレッジの教授です。

（4）この三人による『Productive Group Work: How to Engage Students, Build Teamwork, and Promote Understanding（効果的なグループワーク——夢中で取り組ませ、チームをつくり、理解を促進するための方法）』は未邦訳ですが、前者二人による『「学びの責任」は誰にあるのか』と『学びは、すべてＳＥＬ』は邦訳されています。

法を用いて生徒・同僚・地域の人々をつなげれば、直接生徒の学びと精神的な安定に対して影響を与えることができます。

③文化的背景に対応する

文化とは、私たちが泳ぐときの水であり、呼吸する空気であり、ものを見るために使うレンズです。生徒と教師は、それぞれがもつ文化的背景と生まれ育った環境に基づく価値観を携えて教室にやって来ます。文化がもつ役割（リソースへのアクセスや公平性に関係する諸問題への対処などを含めて）を認識すると、学校に存在する複数のアイデンティティーや文化をより適切に認識し、評価し、対応できるようになります。教育学者であり、教師でもある人たちが次のように書いています。

「誰もがそれぞれにとって大切で譲れない生き方、価値観、信念をもっていると認識できれば、お互いがどのようにつながっているのかが理解できる」（キム・ケネディー・ホワイト(5)）

文化は学びの中心にある。文化は、情報をやり取りするときだけではなく、集団や個人の思考プロセスをつくりあげるのにも影響を与える。一人ひとりがもっている文化を認めて対応し、その存在を公にすれば、いかなる文化的背景をもっている生徒に対しても、完全に公平な教育の機会を与えることができる。［参考文献7］

私たち教師自身と生徒に互いの文化を受け入れる心を育むことは、学力到達目標を達成し、不公平さに立ち向かい、誰をも排除せず、また誰もが熱心に取り組む学習コミュニティーを構築する鍵となります。文化の重要性を認識している教師であればあるほど、生徒を惹きつけるパワフルな機会を見いだせます。とはいえ、一方で教師は、知らず知らずのうちに文化を押しつけてしまっていること、そして、それ自体が与える影響を自覚しておかなければなりません。

『Cultural Identity and Teaching（文化的なアイデンティティーと教え方）』という論文を書いた著者たちは、「自らの信念、経験、価値観、大切にしているものが、いかにして文化に結びついているのかと理解することは、互いの文化を認めあえるようになる際の本質的な特徴である」と主張しています［参考文献223］。

自分には欠けている文化のフィルターに気づくと、クラスに存在する文化の多様性に、より柔軟に対応できるようになります。互いの文化を認めあい、生徒に安心感、所属意識、一体感、平等な扱いを受けている認識にさせられる教師は、生徒を惹きつけ、やる気を引き出すことが容易になると研究で明らかになっています［参考文献183］。

（5）（Kim Kennedy White）コロラド大学デンバー校の講師（民族学）です。引用文の具体的な方法を提示してくれているのが『好奇心のパワー』ですので、ぜひご一読を！

④つながり、意義、目的を育む

「危機にある子どもたち委員会（Commission on Children at Risk）」の報告によると、脳には「つながり」をつくる機能が組みこまれているようです［参考文献119］。この場合の「つながり」には、ほかの人とのつながりだけではなく、価値観や意義といった深いつながりも含まれています。

教室で意義・目的・つながりの感覚を育むことは、教えるという行為と学びの成果に直接関係します。生徒が目的意識をもち、自分自身、教師、クラスメイト、そしてより大きなコミュニティーとのつながりを感じれば、逆境により強くなり、思いやりの気持ちが深まり、物事に対してより意欲的に取り組めるようになります。そのような生徒は、学業への関心も高まり、学校や私生活において健全な選択ができるようになります。

生徒は、学校でさらに「つながり」をもつこと（つまり、

「生徒が自らの人生に意味と誠実さを与えると信じているものや、自分にとってもっとも大切なものにどのようにつながれるかと模索しているとき、私たち教師はその姿勢を尊重する。若者は、探究しながら絶えず自問したり、何かを強く追い求めたりするなかで、自らの人生と、人生そのものについて大切なことや自らの才能を世界に知らしめてくれるものを発見する」（レイチェル・ケスラー[6]）

気にかけてもらえる、知ってもらえる、理解してもらえるという感覚）を強く望んでいます。「つながり」という感覚が乏しい生徒ほど、不登校や自主退学に陥ったり、物事への興味関心を失ったり、問題行動を起こしたりする可能性が高くなります。「つながり」の感覚が不足して学習内容と自分との関連が見いだせないと、生徒の意欲は減退し、学業成績も満足のいく結果とはなりません。

およそ四〇～六〇パーセントの高校生が慢性的に熱心に取り組めない状態にあるとの研究報告があります[7]［参考文献174］。「つながり」は、学業において優秀であることや目標が達成できること、つまりレジリエンスの基本となるものです。ケスラー（Rachael Kessler, 1946～2010）は、一九九九年一月号の雑誌〈Educational Leadership（教育のリーダーシップ）〉のなかで次のように述べています。

——つながりを十分に感じている生徒は、「確かに生きている」という感覚を得るためにわざ

（6）（Rachael Kessler）ＳＥＬのパイオニアの一人であり、本書に多大な影響を与えた一人です。三〇～三三ページを参照してください。

（7）日本では、学習の理解に困難を抱えている生徒の割合（高校が七割、中学校が五割、小学校が三割）を表す数字として、「七・五・三」という言葉が有名となっています。

わざ危険なことをしようとは思いません。つながりがあれば、虚勢を張って銃を持つ必要もありません。誰のことも傷つけたいと思わないからです。つながりから生まれるもの、それは思いやりの気持ちと情熱です。それは、周りの人への情熱であり、自らの目標と夢への情熱であり、人生そのものへの情熱なのです。［参考文献110］

生徒がつながりを感じられるように私たちにできる重要な方法の一つは、生徒の「内面生活」に働きかける具体的な活動を行うことです。本書では、内面生活を、人間の本質的な面と捉えています。それは、自己、他者、コミュニティー、世界との深いつながりへの渇望や、生きる意義と目的への問いや、自己表現のあるべき形の追求や、学びと成長を望むことなどです。

内面生活には、私たちの思考、信念、感情、疑問、直感、希望、夢、ビジョン、創造への衝動、倫理的および道徳的な傾向、つながりへの強い欲求なども含まれます。さらに、内面生活のなかには、私たちが生まれながらにしてもっている好奇心も含まれており、好奇心が刺激されると、学びたい、貢献したいという意欲や欲求が自然に生まれてきます。

学校での内面生活を支え、それを外面生活につなげることが極めて重要です。「エンゲージ・ティーチング」は、生徒と教師の内面生活と外面生活を支えるアプローチなのです。

⑤発達段階を考える

個人としても集団としても、生徒は発達段階に沿って自然に成長を遂げるものです。そして、その成長の様子は学びに直接関係します。したがって、一人ひとりの生徒や集団の発達段階に配慮することは、発達状況をふまえた（個人や集団の）ニーズに、学期または学年を通して関心を向けることとなります。

日々の教育実践にこの認識をいかすことは、発達におけるどの段階でどのような活動や実践が効果的であるかを見極める際に役立ちます。つまり、「年度の中頃に実施してこそ信頼関係の構築に適する活動」を年度当初に実施すればリスクが高くなる可能性があるということです。

生徒の発達上のニーズについては、小学校、中学校、高校への「移行期」にいる生徒を手厚く支援することも挙げられます［参考文献155］。（小学校から中学校などへの）変化の大きな移行期にもかかわらず、何の支援も受けられないと、この時期特有の複雑な感情や問題に生徒は自らの力で対処しなければならず、この葛藤が学習への妨げとなります。発達段階に応じた移行に、カリキュラム、必要な支援、個別指導、移行プログラムまたはSELプログラムなどを通じて直接かつ意図的に取り組めば学習支援ができますし、生徒は健全な選択を行い、問題行動を避け、学ぶことへの意義を見いだし、学業を続けるための後押しが得られます［参考文献52］。

「エンゲージ・ティーチング」の起源

「エンゲージ・ティーチング」は、数多くの教育者や専門家の知恵、知識、経験から生まれました。このアプローチは、先見の明のある教育者であり、執筆家でもあり、「パッセージ・ワークス・インスティテュート(Passage Works Institute)」(8)の創設者でもあったレイチェル・ケスラー(二七ページ前掲)の共同研究に端を発しています。

ケスラーは二五年にわたる取り組みのなかで、アメリカ全土の幼稚園年長組から一二年生までを対象とする教師や教育研究者と協力して、生徒と教師の内面生活を学校に迎え入れるアプローチをつくりあげました。彼女を有名にした一冊『The Soul of Education: Helping Student Find Connection, Compassion, and Character at School(教育の真髄――生徒が学校で他者とのつながりを感じ、思いやりの気持ちを養い、個性を見いだすために教師ができること)』は、教育の目的と実践内容に関する独自のパワフルな視点を世に知らしめ

「社会に出て、生活費を稼ぐための合理的な機会を得たければ、最低限必要となるのが高校の卒業証書です。そうであるにもかかわらずアメリカでは、非常に高い割合の高校生が卒業する前に教育という空間から離脱してしまっている。このような事実は、ほとんど知られていない」［参考文献166］

ました。そして、出版されて以来、全米の大学で教科書として使用されています。

ケスラーらはアメリカ国内のさまざまな学校に赴き、クラスによって学びの質に大きな差があるという現状を目の当たりにしました。その違いを観察するにつれて、同じ指導案であっても、あるクラスでは生徒をやる気にさせ、信頼関係を築き、学びの深さを確保している一方で、別のクラスでは、生徒は混乱し、自分との関連を見失い、達成感が低い状況があるのはなぜか、という疑問を抱きました。

もちろん、それぞれのクラスに独自の特質や実態があることは理解できます。しかし、何よりも生徒の学びと取り組みに影響を与えるのは、そのクラスを教えている教師が人として、どのように教師としての自らの存在を表現しているのかである、という結

「たとえ実践できうる最高のカリキュラムがあり、指導技術と理論の面において教師を訓練することができたとしても、教師自身の精神や心、そしてSELスキルを発達させる機会を用意しなければ、生徒に安心感を与えることはできず、取り組みは無意味なものとなるでしょう」（レイチェル・ケスラー）

（8）アメリカ・コロラド州にある教育支援機関です。幼稚園から高校までの年齢の子どもたちを教える教育者と家族を支援し、ＳＥＬスキルをもったコミュニティーの構築を目的としています。

論が見いだされました。ケスラーらは、教えることに関するこの側面を「教える人の存在感(teaching presence)」と呼びました。

ケスラーらは、この「教える人の存在感」という言葉によって、カリキュラム、教え方、指導技術などよりも、「私たちが誰であるか」、「自分自身をどのように表現するのか」、「どのように生徒とつながるのか」などがとても重要であると示しています〔参考文献171〕。このような真の存在感は、教育という場において私たちが本当の自分自身をどのように表現し、具現化するのかに関係してきます。

ケスラーは論文「The Teaching Presence」のなかで、「教える人の存在感」の要素として、①おおらかで広い心をもつこと、②相互尊重のある規律、③「今、ここ」に目を向けること、という三つを定義しています〔参考文献112〕。さらにケスラーらは、のちに次の二つの要素、④自分自身をよく振り返ること、⑤感情の幅を広げること、を追加しました。その後は、これら五つの要素は共同研究者たちによってさまざまな発展を遂げ、教師個人と教室全体での実践においてさらなる効果をもたらしています。

「エンゲージ・ティーチング」は、多くの教師や教育研究者の意見を取り入れ、時間をかけて発展してきました。このアプローチは、意味のある、真のつながりを育む手助けとなります。そのつながりとは、教師と教師、教師と生徒、生徒と生徒、生徒とコミュニティー、生徒と自己とのつながりです。また、クラスや学校で、ＳＥＬスキルや認知的側面の取り組みを実践するためには、まず私たち教師がこの分野における自らの能力を向上させることが重要となります。

ある中学校の教師が、「教える人の存在感」を年間通じて伸ばすことによって自分に何がもたらされたのかについて話してくれました。彼女は次のように述べています。

「時間が経つにつれて、生徒の目に、私はより人間らしく映るようになりました。そして今では、多くの生徒と強い絆を築いています」

この絆を育むことができれば、かつては到底できるとは思えなかったような方法で生徒を鼓舞し、やる気を引き出すことができます。

エンゲージ・ティーチングの五つの要素

「エンゲージ・ティーチングの五つの要素」は、「エンゲージ・ティーチング・アプローチ」の中心に位置しています。この五つの要素は、私たち教師が信頼できる存在であることを示し、生徒や同僚と良好で前向きな関係を築き、最新の理念と実践を教室にもたらします。

五つの要素は、一つずつ順に育まれるものではなく、同時に育成されつつ相互に影響しあう能

図１－２　エンゲージ・ティーチングの五つの要素

表　エンゲージ・ティーチングの五つの要素の特徴

おおらかで広い心を育む――温かさ、優しさ、心遣い、思いやりを表す。教師と生徒および生徒同士の関係を育む。互いを信頼でき、誰一人として置き去りにしない学習集団を構築するための取り組みをとくに重視する。

自己を見つめる――自分の行動について、より意識的に選択をするために、自らの考え方、信念、偏見、感情、行動を知り、観察し、振り返ることができる資質を育成する。生徒の自己観察や「セルフ・サイエンス（自分研究）」の育成も含む。

「今、ここ」に集中する――「今、この瞬間」に目を向け、学びの妨げになるものを克服して、今すべきことに集中することによって、責任感、認識力、集中力、創造力を育む。生徒が学習のレディネス（準備の度合い）を高めるための支援をすること、つまり興味をもって集中し、課題に熱心に取り組めるようにすることを含む。

お互いを尊重しあうための一線を設ける――クラスや学校コミュニティーで、自分に、または他者との間に相互尊重に基づく一線を明確かつ丁寧に設ける（自分に設ける場合の目的は自己規律が中心）。学級経営に関する予防的なアプローチによって、生徒と学習環境を支えることを含む。

感情の器を大きくする―― EQ（心の知性）を高め、私たち自身の感情の幅を広げ、自己と他者のさまざまな感情に適切に対応できるようにする。感情を表現したり、コントロールしたりする能力を育むために生徒を支援することを含む。

図1－3　三つの領域におけるエンゲージ・ティーチングの能力とスキル

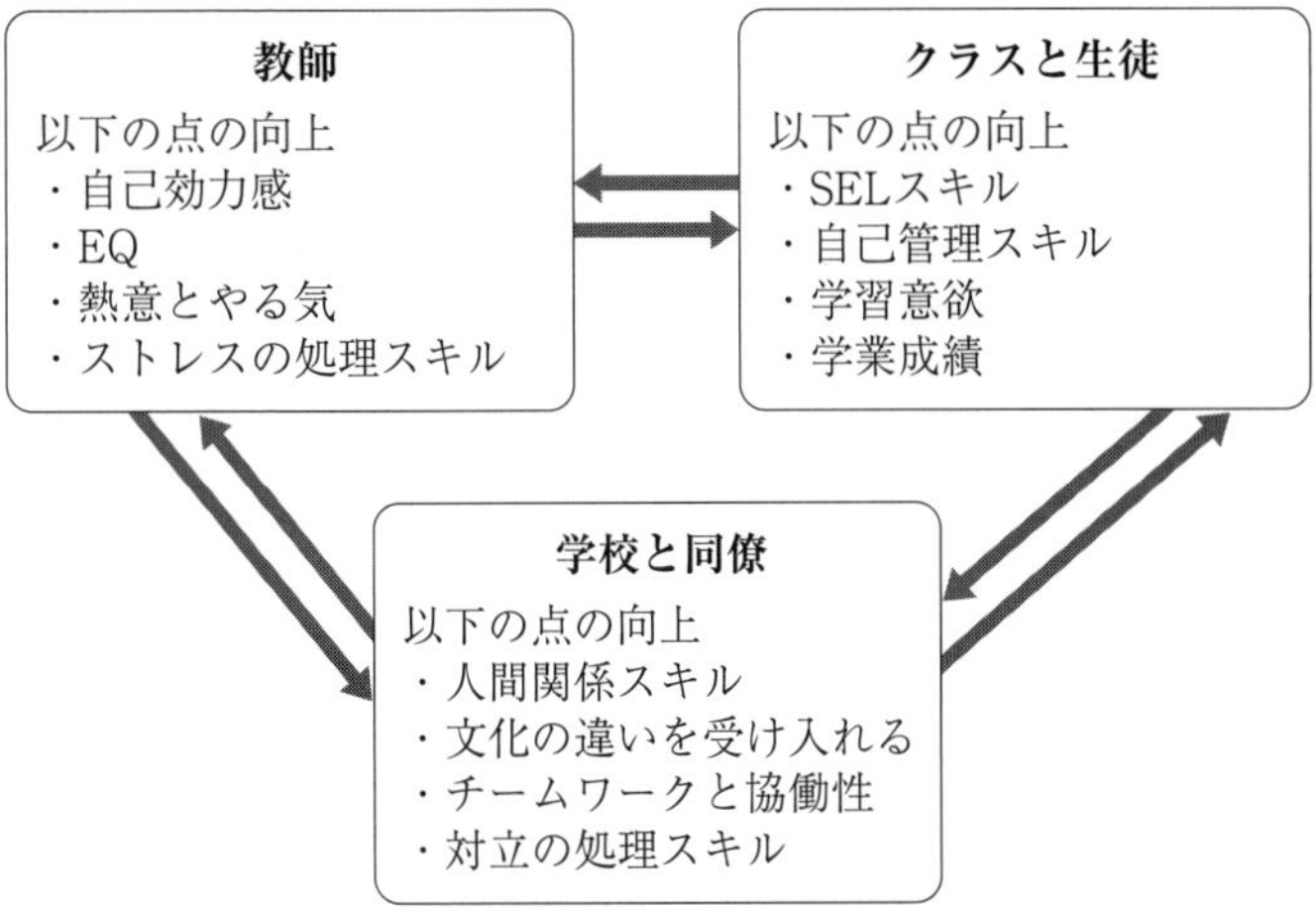

力です。五つそれぞれが互いの発達を支え、全体として相乗効果を発揮するのです。**図1－2**（図と表）がその五つの要素を示したもので、**図1－3**はそれぞれの領域における特徴をまとめたものです。

「エンゲージ・ティーチングの五つの要素」を分かりやすく表現するために五つのアイコンを使っています。のちの章では、これらのアイコンを見れば、五つの要素のうちどの項目の発達に関連している活動や情報なのかが分かるようになっています。

「エンゲージ・ティーチング」のための能力とスキル

本章以降では、「エンゲージ・ティーチング」の基本方針と実践を以下の三つの領域において教師と生徒の能力とスキルを磨くために、どのように学び、実践できるのかについて説明していきます。

❶それぞれの教師の教育方法や実践のなかで
❷今担当している授業やクラスで（エンゲージ・ティーチングの五つの要素を養うために）
❸同僚や学校のコミュニティーで

これらの能力とスキルを磨くことは、教師が中長期的な教育成果の目標を達成するために役立ちます。前ページの**図1－3**には、三つの領域における能力とスキルの例が書かれています。

旅の道しるべ

私たちは本書を通して、長期的なビジョンや目標に、日々の授業実践を結びつけるために、「エンゲージ・ティーチング」がどれほど役立つかについて詳しく説明していきます。「エンゲージ・ティーチング」の五つの要素における「基本方針と実践」は、求める成果とこのアプローチの基盤とを実際につなげる道筋として重要な役割を果たします。三八ページに掲載した**図1－4**は、「エンゲージ・ティーチング」の全体像を示したものです。

「エンゲージ・ティーチング」の実践事例

「エンゲージ・ティーチング」の取り組みが生徒のＳＥＬスキルと学力向上によい影響を与え、教師の指導力を向上させるという、ますます多くのエビデンス（証拠）が報告されています「参考文献42、104、188」。教師の経験と研究や学習理論とがうまく連携することによって、**図1-4**で示した、教師と生徒にとっての「中期的な成果と能力」が、到達したい「長期的な成果」へとつながることが明らかになっています。長期的な成果とは、**図1-4**にあるように、学業成績と校風に関する目標などです。

次に紹介するのは、「エンゲージ・ティーチング」の重要なスキルと能力のいくつかに関連する研究を簡単にまとめたものです。

教師のＳＥＬスキル

- 生徒の授業での取り組み、やる気、学びを引き出す学習環境を築くためには、まずは教師と生徒、および生徒同士の良好な関係が重要となります「参考文献187」。

教師がクラスでの一体感をつくり出せれば、生徒はお互いのためになる協力的な行動をとるよ

図１－４　エンゲージ・ティーチングの全体図

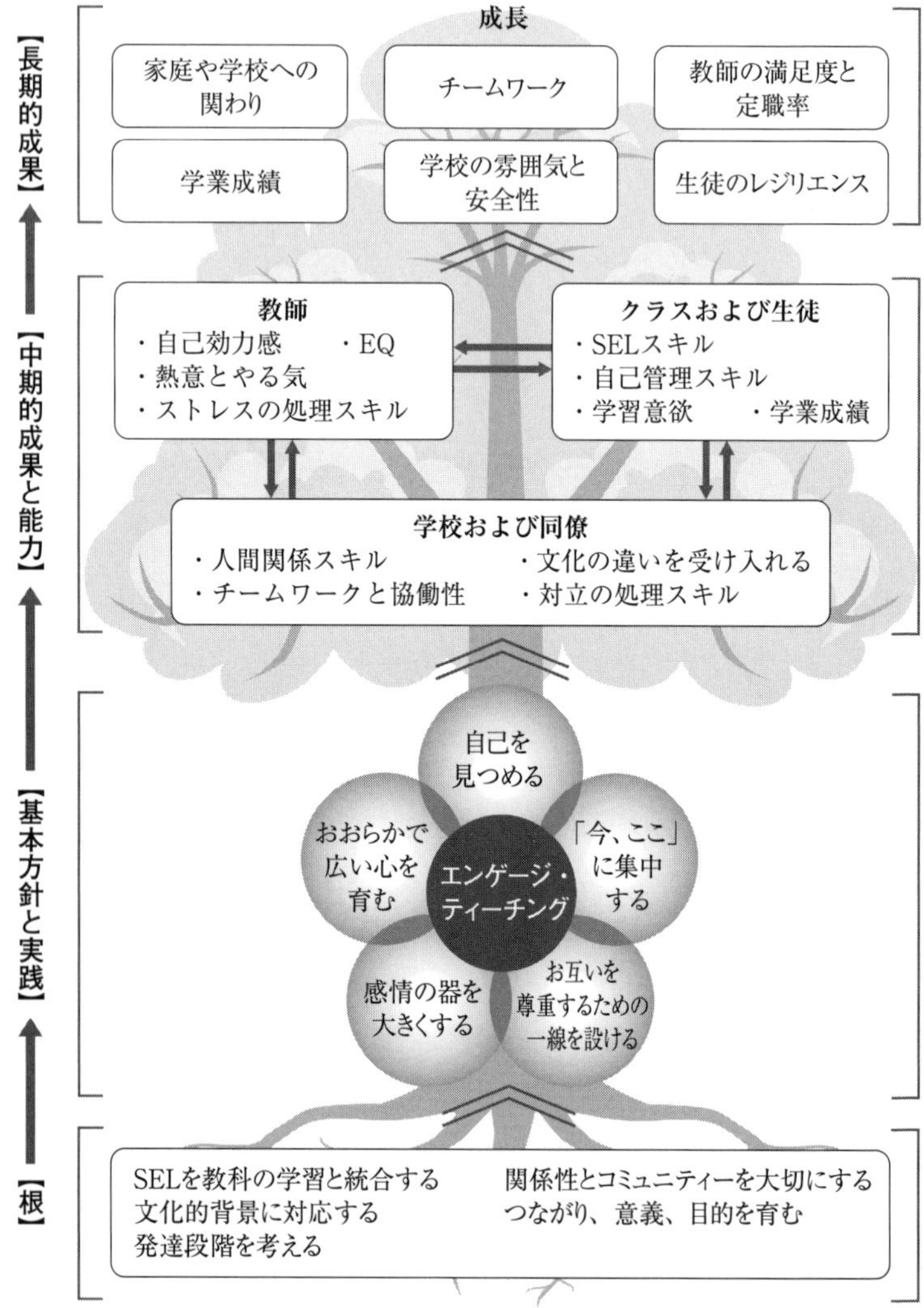
【長期的成果】
【中期的成果と能力】
【基本方針と実践】
【根】
成長
家庭や学校への関わり
チームワーク
教師の満足度と定職率
学業成績
学校の雰囲気と安全性
生徒のレジリエンス
教師
・自己効力感　・EQ
・熱意とやる気
・ストレスの処理スキル
クラスおよび生徒
・SELスキル
・自己管理スキル
・学習意欲　・学業成績
学校および同僚
・人間関係スキル　・文化の違いを受け入れる
・チームワークと協働性　・対立の処理スキル
自己を見つめる
「今、ここ」に集中する
お互いを尊重するための一線を設ける
感情の器を大きくする
おおらかで広い心を育む
エンゲージ・ティーチング
SELを教科の学習と統合する
文化的背景に対応する
発達段階を考える
関係性とコミュニティーを大切にする
つながり、意義、目的を育む

うになり、周りへの関心も高まります。教師がこのように心掛けさえすれば、たとえ貧困が学業成績に悪影響を与えるとしても、そうした状況を乗り越えるだけのクラスの雰囲気がつくり出せます［参考文献5］。

・「生徒と教師との協力的な関係」は、成果を挙げるための学級経営の要となります。一〇〇以上に上る研究報告を分析した結果、生徒と質の高い関係を築いた教師は、そうでない教師よりも年間を通じて対応しなくてはならない問題行動が三一パーセントも少ないことが分かりました［参考文献136］。

教師と生徒との協力的な関係は、健全な学校と教室の環境、生徒と学校とのつながり、学業とSELスキルの向上という面において重要な役割を果たします［参考文献1、40、70、142、167］。

・思いやり深く支援する教師のもとでは、生徒は学校にいる多様な人々と、人間関係というつながりを感じ、新しいアイディアを模索し、勇気を出して何かに挑戦する際に必要な安心感と安全な環境を得ることができます。学習には、これらの要素が不可欠です［参考文献150、152、219］。

生徒が挑発的な行動をとった際に教師が支援的で丁寧な対応をとれば、とくに低学年においては、SELスキルの発達に持続性のあるよい効果をもたらすことができます［参考文献128］。ある論文では、幼稚園の教師（九ページの注を参照）が特定の子どもに否定的な感情を抱いてしまったら、その子どもは、少なくとも四年生ごろまで社会的および学業的に問題を抱えることが予測できる、と報告しています。さらに、生徒があるクラスメイトに対して好感がもてるかどうかを判断する際には、教師の態度を参考にしていることも研究によって明らかになりました［参考文献99］。教師がある生徒をよく思わない場合、ほかの生徒もその生徒を嫌う可能性が高くなるということです。

教師の自己効力感、熱意、やる気

• 私たちは、「自分たちが誰であるか」を教えています。カリキュラムを熱意と情熱あふれるものにできる教師は、生徒の学びを後押しします［参考文献66］。

• 教える内容に精通して（おり、教える方法を模索して・訳者補記）いる教師はやりがいを感じやすく、教えることがより楽しくなります。困難を乗り越えてきたという経験をもつ教師であれば、生徒が社会性や感情に関する課題を乗り越えようとする際に手助けができます［参考文献78、185］。

教師のストレス管理と「思考の習慣」

• プレシャーのある状態にあっても冷静さを保ち、感情で動かずに事実に基づいた方法で問題行動に対応できる教師こそが、もっとも効果的に学級経営ができる教師と言えます。「メンタルセット」は、規律を乱す行動の減少に非常に効果的です［参考文献136］。

「メンタルセット」という考え方は、「高いレベルでの状況認識と、その状況に関連する思考や行動の意識的な制御」を含む、元ハーバード大学教授のエレン・ランガー（Ellen J. Langer）のマインドフルネスの構成概念に似ています［参考文献122、136］。普段からマインドフルネスを心がければ、感情をコントロールする能力を高め、ストレスと苦痛を軽減し、主観的な幸福度が高まります［参考文献98］。

マインドフルネスは感情面での自己認識と関連しているため、「心理的存在感」と呼ばれるものを獲得するうえでの一助となるかもしれません。心理的存在感は、「自分に対しても周りに対しても思いやりがあり、仕事やそのほかのものにつながりを感じ、それぞれの物事を断片的ではなく包括的に捉え、自分に与えられている役割を遂行すること」と定義されています［参考文献20］。

- 「今、この瞬間」に目を向けるマインドフルな気づきは、認知と感情をコントロールする際に役立ちます。自分の考え方を振り返り、より広い視野で考えようとすれば、ストレスの多い状況に対する理解と対応の幅が広がります［参考文献234］。教師向けのマインドフルネス・トレーニングは、「教師の『思考の習慣』[9]を育み、二一世紀に必要とされる教育の実現」を可能にします［参考文献188］。

生徒の学習意欲

• 生徒の自主性と内発的動機づけを大切にする教え方は、点数や成績をつけること（外発的動機づけ）や管理に重きを置く教え方よりも効果的です。ある研究では、ほかの誰かから与えられた目標よりも自ら設定した目標のほうが自発的に動機づけられ、より良い成果が現れることや、その成果が長期に継続することが分かっています［参考文献214］。

• 生徒がクラスの一員であることを自覚し、意欲的になれば、そのクラスはより大きなことを成し遂げられます。中学校に通う生徒に関するある研究において、所属意識と教師によるサポートが生徒の意欲に関連しており、所属意識と意欲が目標達成に影響を与えていることが明らかになりました(10)［参考文献83］。

教師によるサポートは、クラスにおける学習への興味の度合い、学習を重要だと感じるかどうか、そして学習することの意義について、生徒が示す理由の三分の一以上を占めていました。さらに、教師や学校とのつながりは、青年期における心の健康、できるだけ暴力に頼らない問題解決と相関しているほか、アルコール、タバコ、マリファナの使用といった問題行動の軽減にも大きく貢献しています。つまり、青年期の若者にとっても、学校や教師とのつながりが彼らを守る保護因子になっていることが分かります。

・つながりの感覚を育むことは、生徒の気持ちが学校から離れてしまわないようにする予防策です。ある研究によると、生徒の意欲と退学率は密接に関連しています。「読み書きや計算の基本的スキルが低いことが退学率の高さに関する主な原因ではありませんでした。読み書きや計算のスキルではなく、生徒の意志がもっとも重要な要素であることが分かったのです」［参考文献217］

国立教育統計センターによると、生徒が学校を中退する主な理由のなかには、以下に挙げるようなSELスキルに関係するものが含まれています。

＊教師やクラスメイトとの関係がよくない（それぞれ三五パーセントと二〇パーセント）

＊疎外感を感じる（二三パーセント）

＊安心感がもてない（一二パーセント）［参考文献236］。

---

(9)「思考の習慣」については、https://www.habitsofmindinstitute.org/what-are-habits-of-mind/ が参考になります。日本語をご希望の方は、下のQRコードをご覧ください。詳しくは、この団体の共同代表であるベナ・カリックが執筆した『学びの中心はやっぱり生徒だ！――「個別化された学び」と「思考の習慣」』を参照してください。

(10) このテーマについては、ローリー・バロンとパティ・キニー著の『「居場所」のある学級・学校づくり』を参照してください。

生徒のSEL、および自己管理スキル

・SELプログラムは学力向上にも役立ちます。学力とSELの統合を目的にして一九九四年に設立された非営利団体「CASEL（Collaborative for Academic, Social, and Emotional Learning）」は、SELを次のように説明しています。

「SELは、子どもと大人が人生を意味あるものにするために必要となるスキルを身につけることを助けるプロセスであり、自分自身や周りの人、そして仕事に対して、効果的かつ倫理的にかかわっていくために誰もが必要とするスキルを養ってくれます」［参考文献28］（**図1－5**参照）

約二七万人の幼稚園児から高校生までを対象とした研究のメタ分析（二〇一一年までに発表された二一三本の研究が対象）では、この主張を大きく裏づける報告がありました。SELプログラムに取り組む生徒は、SELスキル、態度、行動に大幅な改善が見られ、学力が一一パーセント上昇したのです［参考文献50］。また、ある研究グループは、二〇〇六年に発表した論文で次のように結論づけています。

「生徒のSELの発達を促すことは、学力向上の基盤づくりに役立つだけでなく、生徒にとって安全で思いやりがあり、包括的な環境を整えるための基盤づくりにも役立つ。それは、社会的責任をもつ市民であるための、普遍的な人間性（人を思いやる、善悪の判断ができる、人を尊重す

図1－5　SELの要素

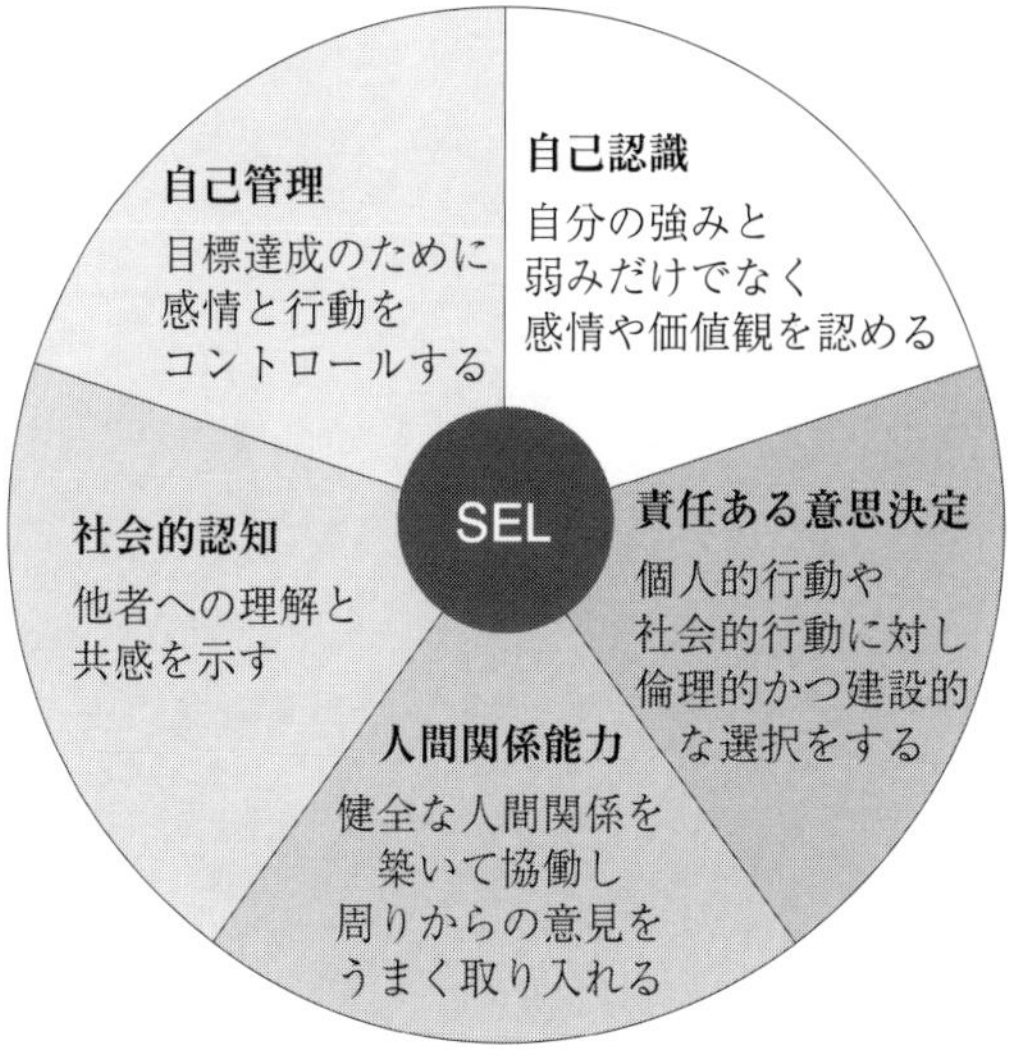
SEL
自己認識
自分の強みと
弱みだけでなく
感情や価値観を認める
自己管理
目標達成のために
感情と行動を
コントロールする
社会的認知
他者への理解と
共感を示す
人間関係能力
健全な人間関係を
築いて協働し
周りからの意見を
うまく取り入れる
責任ある意思決定
個人的行動や
社会的行動に対し
倫理的かつ建設的
な選択をする

る）を育む環境である」(11)［参考文献100］

学校や同僚の能力開発
——チームワークと協働性

• 導入しようとするプログラムがエビデンスに基づいていることは必須ですが、改革を成功させるためにはそれだけでは十分とは言えません。実装科学(12)の分野における広

---

(11)　SELを日々の授業や学級経営にいかすには、本書以外に、『感情と社会性を育む学び（SEL）』、『学びは、すべてSEL』および『成績だけが評価じゃない——感情と社会性を育む（SEL）ための評価』が参考になります。

(12)　ないし「実践科学」と呼ばれるものは、科学的な根拠となるエビデンスのみを重視しているわけではなく、実践に十分に活用できる方法に対する科学的な探究を目指す研究となっています。

範囲にわたる研究によって、「改革の試みが意図した効果を得られるかどうかは、導入のプロセスを重視するかどうかによって決まる」ことが明らかになりました。

したがって、学校をあげて教え方の改善や生徒への予防的支援を取り入れようとする場合、前向きで持続可能な成果を実現するためには、丁寧な導入方法が不可欠となります。さらに、改革を成功させるためには、教職員研修や組織的なサポートなどといった要素も必要となります［参考文献49、62、163］。

- 教職員一人ひとりの能力と組織全体の能力が、質の高い教え方を成功させるための重要な要素であることが分かっています。もちろん、全校的な介入を含む、さまざまな予防および介入プログラムの実施においても同じことが言えます［参考文献87、148］。

ある調査では、教職員の能力、経歴、寛容さが効果的な教え方やプログラムの普及と実施に影響を与える特徴であると分かりました［参考文献63］。また別の研究では、自己効力感の高い教師ほど、プログラムの実施に向けた労を惜しまず、その努力がプログラムの成功の大きな鍵となり、よい結果につながることが明らかになりました［参考文献91］。

- メンタリングは実践をサポートします。メンタリングは、教師が長期にわたって質の高い実践を続けるための支えとなります。優れたメンターとは、相手を励ますことができ、協力的で、献身的で、親身になれ、物事に柔軟で、周りへの敬意を忘れることなく熱心で、気が利き、忍耐強く、積極的に自分のもつ情報や知識、認識をほかの人と共有する人です［参考文献137］。

・教師へのコーチングと教室における教師へのサポートが、学校をあげての新たな取り組みを導入する際の成功率を高めます。全校的な取り組みで教員研修を含むものを対象にしたメタ分析研究の結果によると、教員研修に組み合わせる形で、個々の教師への継続的なコーチングを実施した場合は、学校改革が実施段階まで進んだ確率は約九五パーセントまで上昇したということです。逆に、ただ研修のみを実施した場合は、学校改革の試みが実施された確率はわずか五パーセントでした[13]［参考文献106］。

このような研究は、教えることと学びに関する、社会的な面、感情面、学力面の相互関係と相互作用を示しています。本書では、各章の基本方針と実践の基礎となる最近の研究にも言及していきます。

---

(13)　この数字は、下のＱＲコードの二つ目の表にあるように、すでに一九八〇年代の前半に明らかになっていたことですが、日本の教員研修のほとんどではいまだにいかせていません。

おわりに

本章では、「エンゲージ・ティーチング」の由来（**図1－2**と**図1－4**の木の根の部分）について詳しく説明し、それが各章で示す基本方針と実践をどのように支えているのかについて紹介してきました。また、私たちのアプローチの根底にある、教育と学びについての研究データの例も示してきました。

次章からは、「エンゲージ・ティーチングの五つの要素」を掘り下げ、それぞれの要素の基本方針と実践について述べていきます。まず第2章では、「おおらかで広い心を育むこと」をテーマにして、教育実践、教室の環境、専門職としての同僚との関わり方について探究していきます。

第2章 おおらかで広い心を育む

私の教育哲学は、自分の苦い経験から生まれました。学校に通っていたとき、私は周囲のほとんどの大人から賢くない人間のように扱われました。公教育という広い海に浮かぶ唯一の島は、思いやりのある何人かの先生だけでした。

先生たちは、私の気持ちを理解してくれただけでなく、私の能力を心から信じてくれました。先生たちは、有能な先生は知性とは何かを知っていて、私にはそれがあると信じてくれました。このような考えのもとで行動していました。

（コロラド州のある高校校長）

自己の振り返り

あなたが教室にいるとき、どのような行動や経験が、あなたの心を開いた状態にしますか？　逆にどのようなことがあると、あなたの心は閉じてしまいますか？

「おおらかで広い心を育む」は、次のようなことに関係しています。

❶温かさや思いやりを身につけ、気遣いができ、互いに信頼感を伝え合えること。
❷生徒や同僚に対して、時には自分の弱い部分を見せられること。
❸すべての生徒が「自分はクラスの一員として受け入れられている」と感じられるように、生徒との有意義なつながりの育成に意識を向け、互いを認め合えるクラスづくりをすること。

これらに取り組むことによって、生徒にとって学びと成長に集中できる学習環境が整います。教えることや学ぶことにおいて、「おおらかで広い心を育む」という側面が無視されたり、おざなりにされたりする場合には注意が必要です。たとえば、「エンゲージ・ティーチング」に関するオンラインセミナーにおいてある参加者が、「エンゲージ・ティーチングでは、思っていたよりもはるかに感情に踏みこむ感じがしました。でも、とても前向きで、教室での学びを改善するためにとてもパワフルで、効果的でした」とコメントしています。

「感情に踏みこむ」(1)という言葉を使用する場合、人々が本当に言いたいことは何でしょうか？　また、この言葉が、時としてコミュニティーの構築やSELの重要性を低下させる目的で使われるのはなぜでしょうか？

みなさんは、教員研修やグループワークの際、次のように感じたことはありませんか？　無理に参加させられている、表面的である、つまらない、効果が感じられない、問題の解決に役立たない、などです。おそらく、そのような場合は、参加者同士の信頼関係がまだ確立されていない状態でファシリテーターが、必要以上に参加者自身の内面をさらけ出すように促すなどして、リスクをとることを求めているはずです。あるいは、そのような研修は、参加者を丁寧に迎えるのではなく、義務を課すような雰囲気で進行されており、話したくもないことをみんなに話すようにと強制するものであったかもしれません。

このように、うまく設計されていない研修やワークショップを体験してしまうと、それからは、心を扱ういかなる専門的な研修にも参加したくないと感じてしまうものです。しかし、私たちのアプローチには確かで適切な方法と実践があります。このアプローチでは、思考と感情を大切に

(1)　touchy-feely が原語です。人と一定の距離を保つのではなく、感情に踏みこむことによって、なれなれしく感じられたり、感傷的になったりと、感情が動かされる様子のことです。

しながら感情を扱うスキルの育成が可能です。教師が自分の感情をうまくコントロールし、常にしっかりと生徒に向きあえるようになることは、教師としてもっとも挑戦的でやりがいのある取り組みです。そしてそれは、教えることと学ぶことの目的を実現するための中心となります。

「感情に踏みこんでくる」という理由だけで、ＥＱ（心の知性）など心を扱う専門的な研修やカリキュラム自体を否定してしまったら、私たちは極めて重要な学びの機会を失うことになります。認知的な思考だけではなく、経験を通して学び、心から熱中して取り組み、感情をコントロールする方法を身につけるための教え方や学び方に自らの心の扉を開いておくことは、教えることのプロである教師と生徒にとって非常に大切です。

おおらかで広い心をもって教える

それでは、「おおらかで広い心を育む」ことに関する基本方針と実践をこれから見ていくことにします。これらは、私たち自身の教育実践を啓発し、生徒や同僚とのつながりや良好な関係を築くための能力を支えるように設計されています。

基本方針──おおらかで広い心をもち続けること

おおらかな心で教えることとは、優しくするとか、同僚や生徒を気遣うことだけでは決してありません。それは、相手に対してより安全に、かつ賢く心を開くために、明確な感情の境界線をもつことです（これについては、相手のことを考えて丁寧に線引きすることについて述べている第５章で詳しく説明します）。境界線をもつことと心を開くことは、いわば鳥の両翼のようなものです。この両方がないと、まっすぐに飛ぶことも、長時間飛ぶこともできません。

境界線をもつとは、たくさんのことを引き受けすぎていないか、また意識的にせよ無意識的にせよ、生徒や同僚を「矯正」しようとしていないかを見定める能力のことです。さらには、明確な境界線をいつ引くべきかについて判断する能力も含まれます。

次のような場合、学校で教師や生徒が安心して心を開くことが困難となります。

・学校全体が、お互いを尊重する雰囲気と信頼を欠いている。
・仕事とプライベートを区別することが難しく、生徒の個人的な問題を解決したい気持ちで常にいっぱいになってしまう。
・どうすれば「仕事の持ち帰り」をなくせるかが分からない。
・教室において、信頼関係や境界線、相互尊重が確立できていない。

教育におけるもっとも困難なことの一つは、プライベートな生活が仕事にのみこまれてしまわないように、職務上の書類などを持ち帰らない術《すべ》を身につけることです。とくに教師という仕事は、生徒・生徒の家族・同僚などとの個人的なやり取りが非常に多いため、多くの教師が感情的な負担に苦しんでいます。日々の仕事における心配事と上手に距離を置くための健全な習慣を身につけることができれば、仕事とプライベートとの境界線がより明確になります。

たとえば、一日の終わりにその日あったことを振り返り、意図的にそれを職場に置いて帰るために、五分間の瞑想や同僚と話し合うことなどができます。あるいは、放課後の散歩を日課にする、仕事とプライベートとの区別をはっきりさせるために体を動かす活動に参加する、などといった選択肢もあります。

仕事と私生活の線引きがしっかりとできれば、学校にいる間は仕事に集中して生徒を思いやり、大切に気遣う気持ちで接することができ、それは自分自身の環境を整えることにもつながります。次に示す実践を通して、「おおらかで広い心をもち続けられる」ようにしてください。

実践――優しさを邪魔するものを取り払う

おおらかな心を育むためには、生徒やほかの人に優しく接するための妨げとなっていることが何なのかについて理解する必要があります。そのためには、「クラスで自分の心が開いているのはどんなときだろうか？」とか「閉じてしまうのはいつなのか？」などと、絶えず自問することが効果的となります。

このような簡単な問いかけが、心の状態についてより理解を深める手助けとなります。また、このような問いを通して、自分の心の状態が、共感や思いやり、前向きなつながりを築く能力にどのように影響しているのかを理解することに役立ちます。

心が閉じているときに抱く感情としては、「抑制」、「孤独」、「窮屈」、「防御的」、「柔軟性の欠如」、「麻痺」、「イライラ」、「無関心」などがあります。呼吸は浅くなり、胸は締めつけられ、注意力が散漫になることもあります。また、家で起こったトラブルや同僚との意思疎通がうまく図れなかったことが心を閉ざしてしまう原因になる場合もあるでしょう。あるいは、日常生活のスピード（ペース）に疲れ切っていることが原因かもしれません。

原因が何であれ、自らの心の状態に目を向けることさえできれば、より意識的な選択をすることができます。

たとえば、同僚との意思疎通がうまく図れなくて心が閉じているときには、「普段は何とも思わない生徒の行動に対して過剰反応をしてしまう可能性があるので気をつけよう」と、自らに言い聞かせればいいのです。

心が閉じてしまう理由として挙げられる一般的なものは次のとおりです。

・傷つけられたり、批判されたりすることへの恐れ。
・計画や成果に固執し、心を開くことは妥協につながると思って懸念すること。
・過剰な仕事に圧倒されて、これ以上は無理だと感じている状態。
・まちがうことへの恐れ。
・挑戦や困難は自分一人の力で解決しなければならないという思いこみ。
・プライベートや仕事における感情の高まり、麻痺、または悲しみの経験。
・ほかの人に自分の価値観を理解してもらえていないと気づくこと、または自分の考えが評価されていないと感じる状態。
・心を開いたアプローチをとるには時間や余裕がない、と決めつけること。

心の状態を探れば、優しくしたい気持ちを妨げてしまっているものが分かります。それが分かれば、どのような支援や手段によって再び行動し、心を開けるのか、またそのために必要なものが見極められるようになります。

たとえば、学校現場で自分の考えが全然評価されていないと感じれば、校長との個人面談を行ったり、協力的な同僚を見つけたりする必要があるでしょう。心が閉じる原因となる行動や態度をとる生徒がいる場合は、これまでとは違う新たな関係を築く方法を模索したり、こちらの態度を変えたりするほか、その生徒がとる行動の裏に何があるのかを知るために個人面談を行う必要があるかもしれません。

また、過剰な仕事に圧倒される感覚に苛《さいな》まれることが理由で心が閉じている場合は、要求されたことやしなければならないことに対して「ノー」と言えるような練習をしたり、沈んだ気持ちを回復するためにリフレッシュすることや、より多くの余裕や時間をつくり出す必要があるかもしれません。

次に紹介するのは、「優しくしたい気持ちを邪魔しているもの」を取り払うために教師たちが行った実践例です。

優しくできない原因を取り払うための活動

・これからの一週間、「自分の心がいつ開き、いつ閉じるのか」に意識を向ける。そして、自分の心が開いたり閉じたりするのには、特別な理由があるのかどうかにも注意を払う。
・閉じた心は、何があれば開きやすいのかについて意識する。
・一週間毎日、心が開く活動を実践してみる。そして、自分自身や生徒にどのような変化をもたらすのかということを探る。
・生徒一人ひとりの取り組みや行動について、よかったところを言葉で伝える。

・授業の前に、生徒一人ひとりやクラス全体について、自分が感謝していることを一つ思い浮かべてみる。
・一日の終わりに、仕事からプライベートへと意識を切り替えられるように、重圧や負担を手放すための行動を意図的にとる。
・必要に応じて、同僚、家族、友人に助けを求める。

実践——自分の弱さを受け入れる

ヒューストン大学ソーシャルワーク大学院の研究者で、勇気・心の弱さ・恥・共感などについて研究を行っているブレネー・ブラウン（Brené Brown）は、「人とのつながりを求めるのであれば、自分の弱さに正直になる覚悟をしなければならない」［参考文献17］と述べています。

弱さ（あるいは脆弱性）とは、自分のなかの完璧ではなく未完成だと感じる部分を誰かと共有したいと思うことを言います。そこには、自分らしくありたい、自分にとって何が真実であるのかを分かちあいたい、そして、さまざまな面も含めて自分をありのままに認めてもらいたいという気持ちが含まれています。

それは、何かについて自分が知らないということを認めたり、同僚に「助けてほしい」とお願いしたり、生徒にとって大切な話を自らの人生経験から語ったりすることかもしれません。または、個人的な出来事が理由で、悲しみを癒すために「少し休む必要がある」と生徒に話すことかもしれません。

時には、弱さを見せることは「真実を語る」ことにもなります。たとえば、職員会議において困難な問題に関してあえて発言することや、以前に対立した同僚と対話することなどです。また、自分の弱さを見つめれば、「謝罪する」、「まちがいを認める」、「反対の見解を示す」などにつながることもあります。さらに、自らの経験や知見に照らして自分の弱さを話すという場合もあるでしょう。人というのは、自分の強みについて話すよりも、自分が完璧ではなく、疑いの気持ちや欠点があるといった弱みについて話すほうが気軽なものです。

もっとも単純な意味で言えば、自分の弱さに正直でいることは、人間のあらゆる面を受け入れ、自分の適性や才能から癖や欠点に至るまで、人間性のすべてを生きることを意味します。弱さを避けようとすれば、人生で得られるほかの豊かな体験を閉ざしてしまいます。先に紹介したブレネー・ブラウンは次のように指摘しています［参考文献17］。

私たちは、弱さあふれる世界に生きています。その弱さへの対処法には、心が傷つく感覚を麻痺させるという方法があります。しかし、研究結果から、「人間は、ある特定の感情だけを選んで意図的に麻痺させることはできない」ということが分かっています。要するに、

「よくない感情がある」として、それだけを切り離すことはできないのです。

心の弱さ、悲しみ、恥、恐れ、失望……このような感情を人は感じたくないものです。しかし、これらの負の感情を麻痺させようとすると、そのほかのすべての感情まで麻痺してしまいます。要するに、ある感情だけを麻痺させることはできないのです。負の感情を麻痺させようとすれば、私たちは同時に、喜びや感謝、そして幸福感までも麻痺させてしまうのです。

このように、心の弱さに正直でいることは、自分らしく生きることから生まれる喜びや生きる目的、そして意味を感じるための最初の一歩となります。正直でいることを自らが認め、受け入れるためには、ありのままの自分を大切にすることが効果的です。自分に優しくなれる気持ちは、私たちのもっている完璧主義や、自分や人を裁くようなものの見方から私たちを解放し、自分自身を受け入れて許すように、そっと背中を押してくれます。

休みの日や、抱えている問題の答えが出ないとき、失敗してしまったとき、または単に助けやサポートを必要としているときなどには、自分に優しくするという気持ちを大切にしてください。もちろん、いつ、どのように自分の心の弱さを外に表すのかについては、それぞれの環境や状況に配慮して、自らの基準に従う必要があります。

教育現場では、もしカウンセリングなどの治療場面であればもっと慎重に扱われるべきであろう個人的な問題について、安全で適切に取り扱われない場合があります。大人のコミュニティーにおいても、生徒に伝えるときと同様、「本当のことを語るとはいえ、自分の内面をさらけ出しすぎることのないように留意してください」と伝える必要があります。

この点に配慮しながら、個人的な話、欠点、強み、喜びを適切に共有することができれば、互助的で、お互いにとって有意義な教師集団が形成できるでしょう。

次に紹介する活動は、私たちが心の弱さに対応する際の助けとなります。

心の弱さに対応するための活動

・今週は、自分や他者にしてしまったまちがいに目を向けてみる。まちがいを認識し、それを共有することで、どのような変化が起こるのかに注目する。

・どのような状況や瞬間に、自分がもっとも心の弱さを感じるのかを明確にする（時として、喜び、遊び、自発的な行動の表現を苦手と感じる場合もある）。自分の弱さから得られるものを認識できるかどうかを確かめる。

・「自分を裁く心」と「完璧主義」が、人生にどのような影響を与えているのかについて考えてみる。自分は、どのようなことについて自らに厳しいのか？　それはなぜか？　今週は、自分を思いやる行動を何か一つとってみる。
・傷つきやすい感情に対して、普段どのように反応しているのかに目を向ける。その感情を恐れている？　その感情を押し殺す？　切り離す？　それとも、他者からのサポートやつながりを求める？
・誰かが傷ついている様子を見た場合、その人に対してどのような反応または対応をするのかと考えてみる。同僚にはどのように反応する？　それが生徒であれば？
・弱さが、イノベーション、(2) 創造性、生き方の変容などのきっかけになっているのかについて考えてみる。

実践――許すことについて考える

許すという言葉は、恨《うら》むことをやめる、もしくは罪を赦すことを意味します。南アフリカの聖公会牧師であり、反アパルトヘイト・人権活動家でもあるデスモンド・ツツ（Desmond Mpilo Tutu, 1931～2021）は、「人間は完璧ではなく、とくに愛する人を傷つけてしまう生きものなので、人間関係におけるまちがいを解決するためには、常に許しのプロセスが必要だ。それこそが人間が人間である所以《ゆえん》である」［参考文献213］と述べています。

毎日、生徒も教師も何らかのまちがいをします。教えたり学んだりすることはごく自然な行為であり、かつ必要不可欠なことです。自分自身や他者を許そうとする気持ちは、おおらかで広い心で教えるための、重要でパワフルな要素なのです。

私たちが怒ったり傷ついたりするとき、または自分がまちがったと感じるとき、私たちの思考は固まります。そして、それらのまちがいは誰のせいなのか、自分か生徒か同僚のせいか、と決めようとします。

一方、私たちは、自らの意志で「許す」という行為を選択することができます。許すことさえできれば、自他に対してこれまでとは違う、おおらかで広い心を向けられるようになり、今置かれている状況での苦しみを認識するとともに、今後の新たな関わり方を模索するという可能性が得られます。

たとえば、踏みこんでほしくないところに踏みこまれた場合、意識的に許すためには、何が起こったのかをはっきりさせ、それがどのようなことにつながっているのかを言葉で説明する必要があります。許すとは、その行動を大目に見ることではなく、事実を認め、自分自身の痛みと恨みをなくすためにはどうすればよいのかと考えることです。と同時に、意図的であろうとなかろ

（２）「革新」と訳されることが多いですが、意味するところは「新しくて、より良い何かを創造する」ことです。『教育のプロがすすめるイノベーション』を参照してください。

うと、自分が誰かを傷つけてしまった場合は、その原因を考え、許されるために何をすべきかを考えます。

かつて自分が生徒だったときを振り返ってください。あなたが境界線を越えたり、規則を破ったり、誰かを傷つけてしまったとき、教師はあなたにやり直しの機会を与えてくれましたか？ そのとき、どのように感じましたか？ また、どのように反応しましたか？

多くの場合、生徒が何らかのルール違反をすると、そのことを見過ごしたり軽視したり、または罰として教室から追い出したり、レッテルを貼ったりして、その生徒の心を閉ざしてしまう傾向があります。しかし、生徒をコミュニティーから追い出すのではなく、教室に留まらせてコミュニティーに関わらせることによって、生徒が自分のまちがいを認識することを支援し、明確な一線を共有することを通して責任感を育み、新たなスタートが切れるように支援できます。

許せる人は、恨《うら》みを抱く人よりも幸せで、健康的であるという研究結果があります［参考文献138］。ある研究では、罪を犯した人を許すことで、心臓血管系と神経系の機能がどのように改善されるのかについて報告しています［参考文献231］。

とはいえ、過度の暴力行為などの場合は、許すことが非常に難しいケースもあります。たとえば、ある生徒が別の生徒をいじめた場合、その行為自体をどのようにすれば許せるでしょうか？

このような場合、許すとは、起こったことを否定したり、容認することではありません。行為自体を許そうとするのではなく、時間をかけて当事者の話を聞き、いじめ行為が起こった背景を明らかにし、起こってしまったことをどのように収拾するのかを明確にします。問題をなかったことにするのではなく、その背景や原因を丁寧に明らかにして、今後の責任ある約束を共有すれば、もしその生徒が別の生徒にいじめを行うという新たな事案が起きたとしても、再度その生徒に対して心を開いて寄り添うことができます。

ある教師が次のように述べています。

「私は生徒に、毎日が新しい日であり、学校でどのような行動をするのか、そして何を経験するのかについては、いつからでも変えられると伝えています」

この教師は、このような言葉によって、学校生活でのびのびと生徒の力を発揮してほしいということと、過去にしてしまったことによって今の自分が縛られる必要はないということを伝えています。

ちなみに、許すことが他者との和解を必要とする場合には、まちがったことをした人がしっかりと考えを改めて、壊してしまった関係性を修復し、今後同じ行動を繰り返さないと約束をすることが条件となります。(3) 許すことについて考えるときには次の活動が役に立ちます。

（3）「関係修復アプローチ」については、『生徒指導をハックする』を参照してください。

許しを考える活動

・今週の自分を振り返って、自らを許したいと思うことを一つ思い浮かべる。
・これからの一週間、同僚や生徒に対して、許すという行為にどのように取り組むかを考えてみる。
・許すことと信頼について、生徒と話し合う場を設ける。許せる限界を超えている場合、心では許したいと思っていても、再び信頼関係を築くのに時間がかかることがよくある。
・相手との信頼関係をどのような言葉や行動で表せられるのかについて、生徒や同僚とブレインストーミングを行う。そして、「信頼すること」と「信頼してもらえる行動」について考える。

ここまでは、私たち自身の教育実践において、おおらかで広い心をもって取り組む方法を紹介してきました。次では、生徒がおおらかで広い心と自己や他者とのつながりの感覚を育む、安心感が抱ける、信頼のできる、誰にとっても居心地のよいクラス環境をつくるための方法を紹介します。

教室においておおらかで広い心を育む

研究で示されているように、良好な人間関係とクラスのよい雰囲気を築くことは、生徒の学び、発達、成長、学校への愛着心にとって非常に重要です。次に挙げる基本方針と実践は、生徒の思考と心を育む、安心で魅力的で、居心地のよい学びの場をつくり出すための方法となります。

基本方針――人間関係とコミュニティー構築への投資

安心感があり、誰にとっても居心地がよく、互いに尊重しあえる学びの場をつくりあげるために時間とエネルギーを割くことは、ＳＥＬと学業成績を向上させるためにも重要です。頭と心をフル回転して学びに夢中で取り組んでほしいのであれば、それを可能にするような安心感のある環境を整える必要があります。体・脳・心の安全における相互関係について、ある研究者は次のように述べています。

「放課後にいじめられるかもしれないと怯《おび》えたり、いつも周りから嫌な視線を向けられたりしていると、効果的に学ぶことはできない」〔参考文献165〕

つまり、不安や恐怖を感じる生徒は、学びに集中できないだけでなく、不安や恐怖といった感情が脳の中にある学びを司る部位に直接影響を与えることが研究によって明らかになっています［参考文献50］。

学びのコミュニティーをつくりあげるには時間がかかりますが、大きなメリットをもたらします。そのメリットには、より効率的で落ち着きのある学習環境、学校生活に対する生徒のやる気や学業成績の向上、学習における喜びの増大、そして教室で行うことに対する意義と目的の深化に至るまでさまざまあります。

事例

七年生（学年に関しては九ページの注を参照）を教えているある教師が、毎日対応に苦慮していた女子生徒についての話をしてくれました。彼女は、教師に口答えをしたり、ほかの生徒に心ない言葉を浴びせていました。その生徒が教室に入ってくる姿を目にすると、教師の心は閉じてしまい、全身がこわばりました。

いつしか教師は、彼女の「暴言」に対して自分を守るための壁をつくっていました。ある日、その女子生徒が嫌味を言ったことで教師はカッとなり、彼女を廊下に立たせました。そして、休憩時間にほかの生徒が教室からいなくなると、彼女に「教室に入って話をしよう」と言いました。教師が「なぜ、自分を嫌うのか？」と尋ねると、彼女は目に涙を浮かべました。それを見た瞬間、教師は、自分こそが人間関係の悪さの原因であったと気づきました。

この出来事のあと、同僚の一人が、とくに手のかかる生徒に対して自分が長年にわたって行っている方法について話してくれました。それは、授業前に手のかかる生徒たちの顔を思い浮かべ、彼らの大きな可能性に目を向けて、一人につき一つずつ感謝していることを考えるというものでした。

この方法を聞いたこの教師は、早速自分も取り入れて、例の女子生徒が入ってきたときに温かく挨拶ができるように全力を尽くしました。ほかの生徒たちには自然な挨拶ができたのですが、その女子生徒には、やはり気にかけるあまり少しぎこちなさがありましたが、時間が経つにつれて彼女の態度は大きく変化し、心の通った信頼関係を築くことができました。また、この女子生徒の授業への関わり方が変化したことで、クラス全体の雰囲気も変わりました。

実践――ありのままの自分を表現するモデルとなって、生徒にもすすめる

ありのままの自分を表現するモデルとなるには、自分が興味をもっていることや、これまでどのように生きてきたのか、また何に対して面白いと感じるのか、自分に起きた個人的なことなどを話す必要があります。

教師として、自分の人柄やこれまでの経験を、生徒の学びにつながるように適切な方法で伝えることが大切です。たとえば、教えている教科について話すのであれば、そもそもなぜ自分がその教科に興味をもつようになったのかについて話すとよいでしょう。

また、もしヒーローをテーマとして取り上げるのであれば、自分の子ども時代にはやっていたヒーローと、現在のヒーローについて話してもよいでしょう。多くの生徒は、学校の外での教師の姿などについてあまり考えたことがないので、このような話がクラスの学習目標や内容とつながるのであれば、生徒にとっては興味深く、魅力的なものとなります。

個人的なつながりを築くために、生徒が教師についてよく知るための多様な活動があります。ある高校では、新年度の初めに「先生ビンゴ」を行いました。たとえば、「コロラドの三つの山を登った先生」、「メキシコシティ以外の村で育った先生」、「野球のセミプロだった先生」などの事柄に当てはまる教師が誰かを生徒が当てるというものです。

生徒たちは、正解を知って大いに驚いたり喜んだりして、教師にもプライベートの生活や歩んできた歴史があることを理解するようになりました。

もちろん、生徒も、互いのことをより良く知るという目的で同じ活動ができます。学びの場をつくる際には、何に興味があり、これまでどのような経験をしてきたかなどをクラスで話し、人生における意義や目的、つながりをより深く理解できるように、定期的にこのような活動を取り入れることをおすすめします。

次に紹介する活動は、クラスでありのままの自分が出せるようになることに役立ちます。

ありのままの自分を表現するモデルとなって、生徒にもすすめる活動

・年度の初めに、「先生ビンゴ」など、先生やクラスメイトがどのような人かをよく知るための活動を行う。

・学生時代から現在までの話を生徒にする。どのような生徒であったか？　何が自分の人生に影響を与えたか？　どんな大変なことがあったか？　当時の学校はどうだったか？　生徒は、このような話に心を動かされます。

・年度の初めに、生徒に自分自身のことについて簡単にまとめてもらう。または、夏休みのことや前の学年のときの話をしてもらう。可能であれば、それぞれの生徒にその話の一部をほかの生徒と共有してもらう。まずは、教師自身の話からはじめる。

・人生において重要なものを五つ入れた「人生バッグ」を生徒に持参してもらい、それぞれが自分にとって重要である理由を説明してもらう。何よりもまず、教師自身が「人生バッグ」を持参して生徒に説明する。

実践——感謝の気持ちを育む

個人で、またはクラスで、感謝の気持ちを表す取り組みを意識して行うことで、教師、生徒、クラス全体の状況を劇的に改善できます。感謝の気持ちを表すことで、私たちはおおらかで広い心をもって生徒に接することができるようになり、困難な状況にあっても見方を変えることでうまく対応し、教師生活のなかで思いがけずに与えられていた物事を見いだし、感謝できるでしょう。

感謝の気持ちを表す実践は、困難にあってもレジリエンスを生徒に育成することにつながります。研究によれば、クラスで生徒と感謝の実践をすると、「注意力、熱心さ、意志の強さ、配慮の深さ、エネルギーの良好な状態が高まる」〔参考文献61〕ことが分かっています。

一例を挙げれば、毎週月曜日の朝を、五分間の「祝福の時間」からはじめるという教師がいます。短い時間ですが、今週、またはこれまでの人生において、お祝いしたいことを生徒に話してもらいます。ほかにも、授業の最初に、「感謝の気持ちをジャーナル(4)に書くように」と指示する教師もいます。

ジャーナルに書いたら、次はグループに分かれて、それぞれリストのなかから一つ、小さなことでも大きなことでもよいので、選んで互いに発表しあいます。嬉しかったこととして生徒は、友人と廊下で過ごしたことや、学校への道を親と一緒に歩いたことについて書いていたかもしれません。または、サッカーの大会で勝ったことかもしれません。あるいは、太陽が輝いているという、ただそのことに喜びを感じる、と書いた生徒がいたかもしれません。

世界は複雑な問題と諦めや無力感に満ちていますが、感謝の気持ちを表す取り組みは、私たちの内外にすでにある素晴らしいものに目を向け、人生における前向きな面を基盤として、将来直面する課題に対応する力を身につけるのに役立ちます。とはいえ、感謝の気持ちを育み、実践することは、誰かに強制されて行うものであってはいけません。それぞれが自分の意志でするものです。また、感謝の気持ちを表すこの実践には、「参加できる」と心から感じられない日や瞬間があるかもしれないので、そのことを理解しておく必要があります。

次に紹介する活動は、感謝の気持ちを育むうえにおいて私たちの助けとなります。

感謝の気持ちを育む活動

・一日の初め、または終わりに時間をとって、生徒一人ひとりに、今この瞬間に感謝している

(4)　板書されたものを写すノートと違い、生徒が考えたことや浮かんだ疑問などをメモしておくためのノートです。「思考ノート」とも言われています。

ことや、その日のなかで感謝したことを一つずつ発表してもらう。または、授業の終わりや一日の終わりに感謝の気持ちをカードに記入したり、サークル（輪）になってそれぞれが感じている感謝の気持ちをひと言ずつ発表しあう。

・生徒が感謝の気持ちを記録する「感謝のジャーナル」をはじめることを検討する。この取り組みは、自分や相手に対しておおらかで広い心をもって接することに即効性がある。

・生徒への感謝の気持ちをもつようにする。クラス、生徒、同僚、教師生活について、あなたが感謝していることを日々書き留めてみる。

・一週間、生徒が教室に入ってくる際、入り口で心をこめて誠実に挨拶をする。その際に、生徒に対して感謝の気持ちをもつ。この取り組みが、自分の教え方と人間関係にどのような影響を与えるのかを考える。

実践――思いやりの気持ちを生徒が育めるように支援する

生徒が自分自身や他者に対して思いやりの気持ちをもてるようにするために、私たちはどうすればよいでしょうか？　クラスメイトとのこれまでの関係を取り払って、お互いを改めて知る機会を与えると、生徒は自然に、これまでとは違う新しい見方でクラスメイトに目を向けるようになります。

思いやりの気持ちを育むための方法としては、クラスでサークルになってお互いの話をするといった活動のほか、明確な目的をもって取り組むグループ・プロジェクトなど数多くあります。クラスメイトに対して温かさと思いやりがもてるようになる活動を次に紹介します。

思いやりを育むための支援となる活動

・新しい学年に慣れてきたころに、三人のクラスメイトに対して感謝の気持ちを書く時間を時々設ける。各生徒は、ほかの生徒から感謝のメッセージを、文書もしくは口頭で三つ受け取る。

・クラスとして、何らかの奉仕活動に取り組む。生徒が地域で気になっていることがないか聞いてみる。クラスとして行動を起こすようにと声をかけ、彼らの努力を支援する。

・生徒一人ひとりが、画像や文章、ハンドプリント（手形）などを持ち寄り、ポスターや壁画を制作する。これは、クラスの多様性と美しさを象徴するもので、できあがった作品を教室に飾る。

実践——生徒同士の信頼と優れた判断力が養えるように支援する

クラスにおいてコミュニティーの構築を目的とした活動を順序立てて行う際には、初期の段階から深すぎるやり取りを生徒に強要しないように留意し、全体の場で個人的な話が安心してできるようにサポートする必要があります。また、「自分の話をするように」と求める場合でも、その生徒が話をしたくなければ、その場に参加してほかの人の話を聞くだけでもよい、といった選択肢を与えることも必要です。

次に紹介する話は、個人的な話をする準備ができているかどうかを見極めることの大切さを伝えています。

事例

九年生を教えているある教師が、「クラスに馴染めない生徒がいて心配だ」と話していました。教師は、その生徒のプライバシーを尊重していました。彼女が恥ずかしがり屋であることや、育ってきた環境で「あまり出しゃばらないように」と言われ続けてきたといった生徒の背景を理解していたからです。

クラスである程度信頼関係が築けたころに、それぞれの生徒が自分の体についての思いを話し合いました。順番が回ってきたとき、恥ずかしがり屋の彼女が話しはじめました。クラスメイトに初めて自分のことを語る瞬間です。

彼女はみんなの前で、「最近、体重が増えるといった病状の可能性があると診断されて、心配している」と話したのです。そして、「個人的なことを正直に話すことは怖いけれど、クラスメイトに頼れば、きっと自分をサポートしてくれると思った」とも話しました。

クラスメイトは、これまで何も話さなかった彼女が、とてもプライベートなことをみんなの前で話したことに驚きました。そして、口々に、「彼女の強さは素晴らしいと思った」とか「内面も外面も美しい人であると気づいた」などという感想を述べました。

授業が終わるころには、この女子生徒は晴れやかな気持ちになり、教室の中にとても強い絆ができていました。もし、彼女の準備が整っていない状態で「クラスメイトに向かって話をするように」と教師が強要していたら、彼女が安心して話すことはなかったでしょう。

自分のことをクラスで話すもっともよいタイミングがいつなのか、それは生徒自身が心得ていると信頼すれば、教室はより安全な場所となります。また、みんなに話してもよい内容や体験談がどのようなもので、カウンセラーのオフィスで話したほうがよいと思われる内容はどのようなものなのかを区別するためのサポートも、私たち教師にはできます。

生徒が自分らしくありながらも、適切な方法で自らのことをクラスで話すためにはどうしたらよいのか、そのための方法やスキルを身につけることは、学校生活でもプライベートでも必要です。「個人的な話をするというのは、秘密を話すことではない」と、お互いに認識しておく必要があります。

心を開いてクラスメイトに話をするというのは、自分自身や他者についてもっとよく知り、クラスのSELスキルを発達させ、学業面においても成長できるようにするという目標のためなのです。

また教師は、とくに中学生や高校生の場合、「生徒自身や他人を傷つける恐れがある場合には、生徒の安全と幸福が懸念される状況を報告するという法的な義務がある」ことについてしっかりと共通理解を図っておくことが重要となります。(5) なお、この点については、「秘密保持に関する注意事項」について書いている二八一ページを参照してください。

個人的なやり取りの程度について話し合っているときには、ソーシャルメディアの取り扱いについても考えるとよいでしょう。人気のある多くのリアリティー番組などは、ある種の「告白文化」をつくりあげており、個人的な話や感情を伝える方法に影響を与えています。

このようなメディアを真似て、生徒は自分についての衝撃的なことや、みんなに話すべきではないことを話してしまう可能性があります。言うまでもなく、そのようなことはクラスや学校生活において悪影響を及ぼします。次の活動は、人々との信頼関係を築き、優れた判断力を生徒が身につけるために役立ちます。

生徒が信頼関係を築き、優れた判断力を身につけるための活動

・学習目標と関連する形で、教師自身の体験談を生徒に話す。その話は、生徒が学んだり、記憶したり、つながりをつくったり、取り組んだりすることをどのようにサポートするだろうか？
・学年が上の生徒の場合は、クラスメイトに話してもよい話と、カウンセラーやセラピストに話すべき内容の話とを区別できるように、それぞれの例を挙げる。
・クラスに対してする個人的な話を、義務的ではなく、どうすれば生徒の意志に基づいてできるかについて改めて話し合う時間をとる。学年が上の生徒の場合は、その理由についても話し合う。
・個人的な話をするにあたって、信頼することと、信頼されるに値することについて話し合う。
・テクノロジーの役割について話し合う。インターネットやフェイスブック、テキストメッセージ、さらにはリアリティー番組などのメディアが、自分を表現する方法や内容にどのような影響を与えているのかについて話し合う。

---

(5)　話す内容によっては秘密を守れるわけではなく、危険と思われる場合には、管理職や保護者、カウンセラーなどに報告の義務があると理解しておく必要があります。

実践——パーソナル・ストーリーテリングを行う

生徒におおらかで広い心を育み、誰もが安全に過ごせる学びの場をつくりあげるための効果が期待できる方法として、「パーソナル・ストーリーテリング」を授業中に行うことが挙げられます。

一九九〇年代の半ばに三年間、栃木県で英語教師を務め、二〇〇六年には、日米友好基金が主催する日米芸術家交換プログラムのメンバーに選出されて再来日した（以上、訳者補記）教育者で、作家のローラ・シムズ（Laura Simms）が次のように述べています。

> 自分の話を誰かに聞いてもらえることほど、画期的で有益なことはありません。（中略）学校やカリキュラムのような日常世界では、それぞれの生徒の歴史は、創造的なエネルギーと意味をつくりだす、「生きた図書館」あるいは「薬箱」と言えるでしょう。
>
> （二〇一二年六月一六日、シムズとの個人的な会話より）

パーソナル・ストーリーテリングという活動では、いかなる生徒の声も受け入れて尊重するので、報告や発表、ディベート、対話などといった従来のやり方よりも生徒のコミュニケーション・スキルがはるかに向上します。

人前で実際に話をすると、生徒は居場所意識や安心感を高めるようなおおらかで広い心をもち、お互いを理解しあうようになります。また、クラスで話すのにふさわしい話題を選ぶようにとすすめれば、実生活と学校の学習内容とを結びつけるのに役立ちます。自分の話をしっかりと聞いてもらえ、敬意を払ってもらっていると感じると、生徒は教師やクラスメイトにとって大切な存在だと認識するようになります。

作家で哲学者のサム・キーン（Sam Keen）が次のように述べています。

「人は、自分の身に起こった出来事やこれまでの歩みを、おおらかで広い心で聞いてくれる、信頼できる人に語ることで、自分が何者なのかを知るのです」［参考文献53］

この取り組みは、すべての生徒が自分の話を聞いてもらえ、自分のことを分かってもらえると感じるための、またとない素晴らしい機会を生み出します。効果的なパーソナル・ストーリーテリングの二つの形式は、「ミーティング」と「コミュニティー・サークル」です(6)（三二三～三三二

(6)　これらについては、『生徒指導をハックする』、『学びは、すべてＳＥＬ』、『聞くことから始めよう！』のなかでも詳しく紹介されています。

四ページおよび資料の三八四ページを参照)。これらを実践すると、共通のテーマで、途中で遮《さえぎ》られることなく、生徒は一人ずつ自らを語る機会がもてます。

参加する生徒には、自分の判断を入れずに、お互いの話にただ耳を傾け、先入観なく相手を受け止めるようにと促します。また、本当に話したいことを、何ら気にすることなく話すようにとすすめましょう。そして聞くときは、分析的ではなく、心から聞くようにと促します。

これらは、学校だけではなく、人生にとっても欠かせないスキルです。お互いのことをよく知ると、固定観念をもったり、レッテルを貼ったりすることが少なくなり、思いやりをもって優しく手を差し伸べられる機会が増えます。ある中学生は、「誰かを本当の意味で知ると、その相手を傷つけることができない」と言っています。

このように、パーソナル・ストーリーテリングは生徒同士の関係を深めるために効果的で、心に訴える方法となります。お互いの違いや共通点を知ることで、たたえあったり、尊重しあったりできるのです。

次に挙げる活動を行えば、パーソナル・ストーリーテリングを通しての支援ができます。

パーソナル・ストーリーテリングを行うための活動

・単元の一部として、生徒自身の文化的な背景について書いてお互いに紹介しあう。

・それぞれの家族か地域における大切な伝統を一つ紹介してもらい、コミュニティー・サークルを実践してみる。
・毎週金曜日の初め、生徒のなかから一人を募って、授業のテーマやトピックに関連する歌や詩、本、または映画について全体に披露してもらう。
・生徒たちの様子を見て、可能と判断できれば、ポール・フライシュマン（Paul Fleischman）の『種をまく人』（片岡しのぶ訳、あすなろ書房、一九九八年）を読み、文化の素晴らしさやさまざまな文化が交流していることについて話し合う。もしくは、サンドラ・シスネロス（Sandra Cisneros）の『マンゴー通り、ときどきさよなら』（くぼた　のぞみ訳、晶文社、一九九六年）(7)を読んで、自分のオリジナル・バージョンを書いてもらう。その際、家族や地域、文化に関する挿絵も入れてもらうようにする。
二冊とも、生徒が自分自身について語る活動に直接つながるものである。

（7）　日本人読者には、ブレイディみかこ著『ぼくはイエローでホワイトで、ちょっとブルー』のほうがなじめるかもしれません。ほかにおすすめの本があったら、pro.workshop@gmail.com に教えてください。

同僚とともにおおらかで広い心を育成する

教師自身が同僚とともにおおらかで広い心を育むことに取り組めば、学びのコミュニティーで前向きな関係を築くことができますし、凝り固まった考え方をお互いに取り払い、本当の意味での可能性と協働を感じながら仕事に取り組めます。

基本方針——学校コミュニティーでの仲間を増やす

日々、私たち教師は孤軍奮闘していると感じています。同僚に対しておおらかで広い心がもてるようになるためには、「前向きで、お互いを思いやれるプロとしての関係」をより意図的に構築し、発展させる必要があります。

学校コミュニティーにおいて、意見やフィードバックを豊富にやり取りするという考え方は魅力的ですが、クラス内に課題を抱えていると孤独を感じてしまう場合がよくあります。激しい業務から受けるプレシャーは、時には辞職の原因ともなります。とくに、同僚との間においてありのままをさらけ出せず、助けあえる関係が成立していない場合はそうなります。

「学校が教師の能力を向上させたとき（つまり、教師たちが向上したとき）、イノベーション[8]の最強の源となったのは仲間でした」（マッキンゼー・アンド・カンパニー[9]）

そうはいっても、忙しくてストレスを感じているときは、同僚に手を差し伸べるための時間をつくることが難しいでしょう。しかし、仲間を見つけられれば協働や関係構築が可能となり、より効果的かつ効率よく働くことができ、ポジティヴな学校文化を内側から発展させられるようにもなります。

次に挙げるのは、協力的な同僚がいる場合の利点です。

- 生徒への教え方や関わり方を変えるにはかなりの労力を必要としますが、一人でもいいので同僚からの心の支えがあれば、継続的に「エンゲージ・ティーチング」のアプローチに取り組みやすくなります。同僚とともに取り組めば、ちょっとしたつまずきや失敗、そして困難があっても継続することができるでしょう。
- ベテランの教師であったとしても、その理解を支えているのは自分一人の経験です。さまざまな教師と視点や知識を共有すれば、教育や学校文化について、より多く、より豊かな、より細やかな理解が得られます。

（8）イノベーションについては、六三ページの注を参照してください。

（9）（McKinsey & Company, Inc.）シカゴ大学経営学部教授のジェームズ・O・マッキンゼーが一九二六年に設立したコンサルティング会社で、東京にもオフィスがあります。引用は、この会社が出したレポート「世界でもっとも改善された学校システムはどのように改善され続けているか」より。

• 同僚は、異なる見解やアイディアをもっているだけでなく、特定の課題に対応するのにより適した解決策やスキルをもっている場合があります。
• 協力的な同僚がいると仕事の質が高まります。人数は少なくても、協働できるネットワークがあれば、クラスの実践を変える決意も揺らがずに持続することができ、学校により大きな変化をもたらすことができます。

次に紹介する活動は、同僚に働きかけて、学びのコミュニティーをつくる際の手助けとなるものです。

同僚に働きかけてコミュニティーをつくるための活動

・同僚と、教科ごとのグループや学校内でのチームをつくり、自分たちにとって重要な問題に取り組んだり、新しいことに挑戦したりする。
・自分の学校や地域（教育委員会）にとって重要な問題に焦点を当てた本を読んで、「話し合うグループに参加しないか」と同僚に声をかけてみる。
・一週間に一回、昼食をとりながら課題と成果を共有し、翌週の目標を設定する同僚を一人見つける。お互いに意見を交わし、それぞれの教え方と教育哲学を知る。

・同僚と仕事以外の面で関わる機会を探る。共通の趣味をもっている同僚と毎月集まるといった機会を設けるなど検討してみる。
・研修日や教材研究の時間を使って、生徒の文化的背景や伝統について話し合う。一年を通して、さまざまな文化のお祭りや祝日を紹介したりするイベントを検討してみる。
・どのようなときに、自分の心が同僚に対して開いたり閉じたりするのかと考えてみる。心を閉じてしまいやすい同僚は誰か？

また、特定の同僚に心を閉ざしてしまう理由について深く考えるために、自らに問いかけてみる。相手を信頼できない？ 怖い？ 決めつけ？ 競争心？

時間をとって、その同僚について何か新しいことを見つけるための努力をする。

・普段は避けている同僚との距離を縮める方法を見つける。できるだけ素直に、その相手に対して感謝の気持ちを抱いてみる。気がすすめば、感謝の気持ちをメモで伝えたり、お茶に誘ったりするなどして、相手に歩み寄る。(10)

(10) ほかにあなたは、どのようなことが考えられますか／していますか？ 学校の同僚以外の教員仲間とは、どのようなことが考えられますか／していますか？

おわりに

本章では、「おおらかで広い心を育むこと」に関するさまざまな面を、教師自身の実践と生徒や同僚の関わりという視点から見てきました。私たち教師が深い気遣いができ、思いやりある行動がとれ、つながりを築き、他者と効果的に関われるようになれば、それは学習環境の向上に直結します。そして、教師自身が生徒や同僚と仕事のうえで良好な人間関係を築き、維持することができれば、職場での満足度と喜びは高まりやすくなります。

次章では、自分自身を見つめ直す活動が、私たちの教育実践のさらなるサポートにつながる様子を見ていきます。

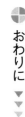

第3章　自己を見つめる

振り返りは、私たちの思考や行動をよい方向に変えるための、もっとも効果的な方法です。[1]
（ロビン・R・ジャクソン）

自己の振り返り
現在、あなたは、自分の教え方を振り返り、強みをいかし、困難から学ぶためにどのような方法をとっていますか？

（1）（Robyn R. Jackson）高校の英語教師と中学校の管理職の経験があり、より良い学校づくりのためにすでに九冊の本を書いています。

「自己を見つめる」というのは、以下のようなことができる力を養うこととなります。

❶自己の内面へと目を向け、自分の思考や行動、またそれらを引き起こすきっかけ（トリガー）が何であるのかに気づくこと。
❷気づいたことを振り返ること。
❸意志に基づいて行動の選択ができること。
❹必要に応じていつもの行動を変えること。

本章では、私たち教師が「自己を見つめる力」を磨くとともに、生徒が「自己を見つめる力」を育むことについても述べていきます。

教師が自己を見つめる

「自己を見つめる力」を磨くというのは、「教えること」に関して、生涯にわたる学びのアプローチを手に入れることになります。そのプロセスを通して私たちは、実践から学び、改善することができます。深く自己を見つめることによって、過去から学び、現在の行動を振り返って変化を起こし、今後に備えられるのです。

基本方針――「振り返りながら教え方を磨き続ける教師」になること

「振り返りながら教え方を磨き続ける教師」になるとは、自らがどのように教えるのか、どのように行動するのか、何を信念とするのか、そしてそれらが生徒や同僚にどのような影響を与えるのかという点に、常に意識を向けることを意味します。ある心理カウンセラーは次のように述べています。

「私たちはみんな、自分の職業と生徒の教育にある種の深い考えをもっている。これらの信念は、私たちの行動に影響するだけでなく、時に新しいやり方や考えを試したり、検討したりすることを妨げてしまう場合がある。私たちの目標が、教師と生徒との

明らかに、教えることはスキルであり、そのほかのスキルと同じく練習する必要があります。スキルの向上を目指すアスリートが、自らの強みと課題を特定し、目標を設定し、その目標を達成するために集中して練習を繰り返す場合と同じく、教師も自分の実践を精査し、成長目標を設定し、その目標を達成するために集中的な練習とその振り返りを行う必要があります。これらの振り返りは、教え方の専門性を高めるために不可欠なものです。(ロバート・マーザーノ[2])

(2)　(Robert J. Marzano)　一九九〇年代から二〇〇〇年代にかけてアメリカの教育研究および実践をリードした人の一人で、多数の影響力の大きな本を出版しています。

信頼関係の構築や、困難なことに遭遇しても立ち直れる力の育成であるならば、私たちは自分の信念を注意深く振り返る必要がある」〔参考文献215〕

実践――自己を見つめる

定期的に自己を見つめる時間をとれば、私たちは自分の実践を振り返り、感情のコントロールができます。授業前に少し時間をとれば、授業に臨むための気持ちが整い、その授業で目指す方向が明確になります。また、授業が終わったあとの数分間で、何がうまくいったのか、逆に何がうまくいかなかったのかを振り返ることは授業改善に役立ちます。

生徒がいつ熱中したのか、知的な好奇心はいつ高まったのか、そして生徒同士がつながりを感じたのはいつなのかについて知れば、教師は自らの実践がうまくいく秘訣が分かりますし、さらなる成果へとつなげられます。そして、信頼できる同僚と頻繁に話せば、自分では気づかなかった教え方の偏りが認識でき、理解を深めるきっかけともなります。次に挙げるのは、自分の経験に目を向け、そこから学びとる能力をさらに発展させるための方法のリストです。

自己を見つめるための活動

・いつストレスを感じたり、打ちのめされた気分になったりするのかに注意を向け、意識的に時間をとって自分を大切にする。
・教師生活のなかで、今とくに課題だと感じていることを書き出してみる。そのなかの少なくとも一つについて、同僚、友人、メンター(3)、またはコーチ(4)から、アドバイスやサポートを受けてみる。
・どういうときに元気になったり刺激を受けたりするのか、逆にどういうときに大変だと感じたり疲れ切ってしまうのか、そして、どうすれば自分自身と自分の教え方について理解を深められるのかについて気づくための実践をはじめる。
・自分の教え方のなかで、何がうまくいっていて、何がうまくいっていないのかに注視する。そのなかで、とくにうまくいっている授業とその進め方について分析してみる。今後の授業計画のために、うまくいった授業についての分析を積み重ねる。
・自分自身がもつ世界観、信念、多様な視点（文化、個性、品格など）について関心をもつ。そのためには、文化の違いを受け入れることに関する研修または研究グループへの参加などが必要になることもある。

(3)　相手の成長を支援する役割を担う、よき先輩のような存在を指します。四六ページ参照。
(4)　明確な目標実現に向けて、そのプロセスを支援する人のことを指します。

・ほかの教師と学びあえる場を設けて、サポート、ガイダンス、またはフィードバックをお互いにしあう。そのメンバーは、同じ学校に勤める同僚でもいいし、ほかの学校の教師でも構わない。
・自分自身の教え方を振り返るために、定期的な（可能であれば、毎日または毎週）時間をとる。学期ごとの目標を設定し、それを同僚と共有してみるとよい。そして、目標の達成に向けての進捗状況はどうか、どこでサポートが必要なのかについて話し合いを行う（目標設定の詳細については第8章を参照してください）。

実践——マインドフルネスに取り組む

カッとなっているとき、自分自身を客観視することは難しいものです。しかし、私たちは気持ちを鎮めて、「行動の振り返り」をすることができます［参考文献199］。この力の練習方法の一つが、マインドフルネスに取り組むことです。マインドフルネスとは、「特定の方法（意図的に、『今、ここ』に心を向け、何事も判断や評価をしない）で注意を払うこと」と定義されています［参考文献107］。

教師や管理職が簡単なマインドフルネスの実践ができるように、研修や講座の数が年々増えています(5)。あるストレス軽減プログラムのマニュアルには、マインドフルネスの利点が以下のように記載されています。

マインドフルネスの実践において重要な点は、一つ一つの経験に寛大な気持ちで臨むことです。単純なことですが、自分に対して厳しい目を向けることが当たり前になっていると、決して簡単ではありません。

生活にマインドフルネスを取り入れれば、物事をより深く理解し、知見を広げ、リラックスできる機会が増えます。多くの機関がマインドフルネスの実践をさまざまな形で取り入れはじめており、現在、病院、刑務所、学校、企業、スポーツチームなどでマインドフルネスが教えられています。(6)［参考文献36］

「気づきの呼吸」という活動

次のマインドフルネスの活動は「気づきの呼吸」に関する実践例です。この活動は、マイン

（5）日本では教育界でまだブームにはなっていませんが、それ以外ではかなり増えているようです。関連書がたくさん出版されています。

（6）もっとも進んでいるのは、グーグルなどのＩＴ企業かもしれません。チャディー・メン・タン著の『サーチ・インサイド・ユアセルフ――仕事と人生を飛躍させるグーグルのマインドフルネス実践法』があります。

ドフルネス講座の最初のステップとして用いられる場合が多いです。

❶静かな場所を見つける。
❷両足が地面につくように椅子に座る。可能であれば、椅子の背にもたれかからず、リラックスしながら背筋を伸ばして座る。
❸目は、開いた状態でも閉じた状態でもよい。目を開いている場合は、目の前の床に視線を落とす。何にも集中しないようにして、ぼーっと、ただ床を眺める。
❹ゆっくりと息を吸ったり吐いたりして、三回深呼吸をする。
❺通常のリラックスした呼吸の仕方に戻し、身体のどこで呼吸が行われているのかを意識する。鼻、胸、腹などが意識される。すべての意識を呼吸に向ける。
❻しばらくすると、呼吸に注意が集中せず、何かについて考えていることに気づくだろう。その内容が何であれ、考えていることを受け止め、意識を身体の呼吸の感覚に戻す。この動作は、自分が行っていることに気づき、呼吸と今この瞬間に意識を戻す手助けとなる。(7)
❼週に数回、「気づきの呼吸」の練習に五分から一〇分をとり、振り返る力を育てる。

実践——自分への優しさの育成

意識的に自己を見つめることで、自らの価値観と強みがよりはっきり認識できるようになります。そして、時には、私たちがあまり見たくない自分に焦点を当てることにもなります。

自らの行動や考え方をより詳しく見ていった場合、分かったことのすべてが自分の気にいることではないかもしれません。そのため、自己を見つめる力を磨くうえにおいてもっとも重要なことは、自分自身への優しさを育むこととなります。

自分がもっているとは認めたくないような習慣や偏見、価値観が明らかになったとき、自らに対する厳しい目があると、自己発見をそれ以上すすめる努力をやめてしまうかもしれません。寛大さをもって自らの改善に継続的に取り組むという覚悟をすれば、自らの強みと課題を認識し、個人的な能力や教師としての専門的な能力を伸ばし、発展させ続けることに役立ちます。次に挙げる活動を行えば、教師としての資質向上と発展のプロセスに関する後押しとなります。

自分への優しさを育む活動

・車や電車で帰宅する際、数分でもいいのでその日にうまくいったことを褒め、自らの強みを認める時間をとる。

(7)　呼吸法を含めてマインドフルネスに興味をもたれた方は、検索するなどして情報収集をしてください。原書で紹介されているのは、www.mindful.org/resources です。

・自分に対して優しさや思いやりの気持ちをもつのが難しいと感じたら、仲のよい友人に励ましの手紙を書くというイメージをしてみる。その友人に何と書きますか？
・自分ではなく他者に優しくするほうが簡単な場合が多いので、傷ついている家族、友人、同僚への共感を育むことに焦点を当てるところからこの実践をはじめ、次に自分自身と自分が抱えている課題に対して、同じような共感の範囲を広げていく。自分自身や他者に対しての優しさを表現する練習のために、毎日数分の時間をとる。

実践――行動そのものと、その行動をとる自分を振り返る

一般的に、私たちは行動を起こして、その結果を振り返ることによって、何がうまくいって、何がうまくいかなかったのかに気づきます。目標達成ができなかった場合は、新しい行動を試します。これは「シングルループ学習」と呼ばれており、単純な問題を解決する際に効果的です。しかし、それでも私たちが試みた行動が目標を達成するためにうまくいかないと、私たちはいら立ちや落胆を感じることでしょう。特効薬を探して新しい行動を試み続けることもできますが、振り返りから見えてきたまったく別の観点を行動改善のプロセスに取り入れることもできます。その場合、行動だけでなく、その行動をとる自分についても振り返ります［参考文献200］。このプロセスは「ダブルループ学習」（**図3-1**を参照）と呼ばれています。

図3－1　シングルループ学習とダブルループ学習（訳者作成）

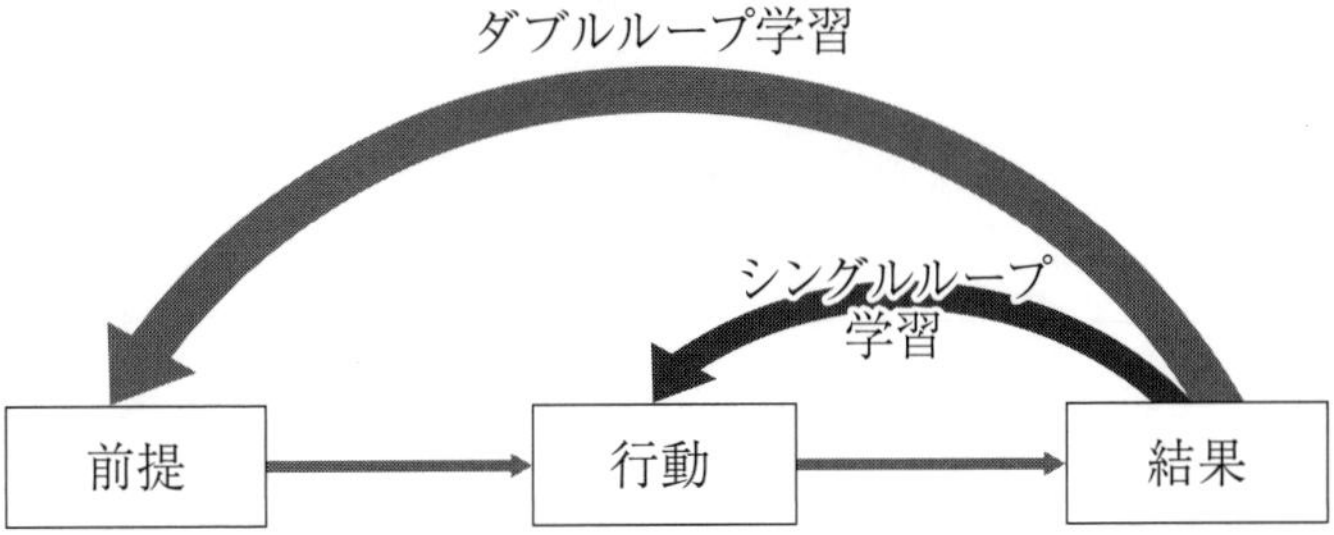

次に紹介する話では、自己を見つめ、その結果として起こるダブルループ学習が、新入生セミナープログラムをより良くするためにどのように役立ったのかについて見ていきます。

都市部のある高校が、中学からの移行をよりスムースなものにするため、新入生向けのオリエンテーションの実施を決定しました。関係構築とリーダーシップの研修をするために、巷《ちまた》で評価の高い、これらに関するアクティビティーが掲載された本が教師に何冊か与えられました。しかし、研修開始から一か月も経たないうちに、多くの教師が研修に不満を感じるようになり、研修時間が生産的で楽しいものだと感じられなくなりました。と同時に、この研修でどうすれば成果を上げられるのかについて理解する必要があると全員が感じました。

結局のところ、研修で大切だとされるのは[8]、生徒たちとのつながり、人間関係の構築、メンターシップの構築であり、それらはすべて、教師たちがうまくやれていると感じていることばかりだったのです。研修導入の初年度、多くの教師は不満を感じてやりがいをなくし、単に自習時間を設けて時間をやり過ごしたり、時折、投げこみ教材としてのゲームや活動を取り入れただけでした。しかし、教師の多くが、このようなやり方を改善するときが来ていると感じました。

そこで教頭は、全体の状況を新たな視点で捉えられるようにと、職員会議を開くことを提案しました。教師が、ビジョン、目標、成果、そして課題の再検討ができるようにしたのです。そしてまた、次のような質問を投げかけました。

・アドバイザリー(9)に対してどのような印象をもっていますか?
・アドバイザリー制度に自信をもって取り組むための十分な時間は研修前にありましたか?
・明確な目的はありましたか?
・明確で詳細なカリキュラム(何をどう教えるか)を組むために十分な時間を費やしましたか?

この話し合いのなかで、ある数学教師が次のように発言しました。

「教科については、ありとあらゆる研修を受けていますが、アドバイザリーを行うための研修はこれまで一度も受けたことがありません。今日、ここに集まるまでは、研修など必要ないと思っていました。しかし、話し合いをして、なぜ私たちにこの研修が必要なのかが明確になった今では、是非この研修を受けるべきだという気持ちに変わりました」

　また、別の教師が次のように付け加えています。

「学校がこれまで当たり前のように行ってきたことを改めて見直せたこの研修は、週に一度の、中身のない四五分授業のようには感じられません」

　この二人の教師の発言を皮切りにして、教職員全体が活発な議論をしはじめ、研修の「問題点」を新しい見方で捉えるようになりました。彼らは、生徒とともにこのようなやりがいを感じる時間を生み出すには、研修を受けて移行プログラムが上手くいくためのリソース（情報や人材などのソフトと、教材やＩＴ機器などのハード）を手に入れる必要があることに気づいたのです。

（8）　メンタリングと同じです。経験豊富な教師が若手の教師に対し、その経験をシェアしながらお互いに学び合う仕組みのことを言います（四六ページ参照）。
（9）　アドバイザリー制度とは、異なる学年の生徒数名と大人のアドバイザー（教師だけでなく、校長をはじめとする管理職や職員）からなる「アドバイザリー」と呼ばれるグループを編成する方法です。従来のホームルームに代わるもので、人数の上限を一五人ぐらいに設定しているのがポイントです。『一人ひとりを大切にする学校―生徒・教師・保護者・地域がつくる学びの場』（築地書館）の第三章と『シンプルな方法で学校は変わる』（みくに出版）の第六章を参照ください。

私たちはみんな、突然ある問題に対して新たな視点をもったとき、自発的な気づき、つまり「なるほど、そういうことか！」といった体験をします。そして、解決策がはっきりするのです。

これは生活のなかにおいて自然に起こることですが、自己を見つめることで、このような瞬間がより頻繁に起きるようになります。自己を見つめて、ダブルループ学習を行うことは、「何がうまくいき、何がうまくいかなかったのか」について単なる考察をするだけには留まりません。「自分がその状況をどのように認識するのか」ということが、その後の結果にどのように影響するのかをより深く理解するさらなる探究へと導きます。

ダブルループ学習では、自分のなかのさまざまな前提を明確にして、現在の状況をなぜそのように捉えているのかが理解できます。この学習法は、行き詰まってしまうような困難な課題に対する新たな解決策や対処法を見いだすときに役立ちます。

基本方針――反応を対応へ変える

私たちはみんな、教室で困難な状況に直面する場合があります。教師が生徒とはまったく異なる考え方をもっているために、生徒の話に耳を傾けづらい場合もあります。絶えず授業を妨害する生徒には怒りの感情が蓄積されてしまうこともあるでしょう。ある同僚が職員会議で発言するのを聞くと、その人と似ている付き合いづらい誰かのことが思い出されて沈んだ気持ちになってしまったり、校長とは互いに神経を逆なでしてしまう関係で、軋轢《あつれき》を感じつつ、その理由が明確にできないこともあるかもしれません。

自己を見つめると、反応の奥に潜むものが明らかになる可能性が高まります[10]。私たちは、行動を意識的に選択して、「反応」から「対応」へと変えられるようになるのです。

実践 ――自己を見つめてトリガーとうまく付き合う

反応を対応へと変える第一歩は、何がトリガー（きっかけ）であるかを認識してうまく扱うことです。「トリガー」とは、ある状況や行動に対するパワフルで反射的かつ、瞬発的な反応のことを言います。トリガーは、踏みこんでほしくないラインを越えられたと感じたり、脅かされていると感じたりするときによく起こります。また、トリガーは、私たちのもつ力や威厳、権限などが損なわれると感じたときにも起こる可能性があります。生徒、同僚、クラスでの出来事などがトリガーとなり得ます。

実際、トリガーは、自己の内にある他者に越えてほしくない一線に対する重要な事柄に注意を払うようにと注意を向けさせることもあります。自分がトリガー状態にあることが分かった場合

(10)　反応と対応の違い、および切り替え方については『生徒指導をハックする』（第6章）が参考になります。

には、行動を起こす前に一度立ち止まり、タイミングを見計らってよく考えることで視野が広がり、別の対応策が検討できるようになります。

自らへの「問いかけ」を実践することは、私たちに無力感や疲労感を与えるような、反応的なトリガーの悪循環を食い止める際にも役立ちます。ロバート・マーザーノ（九一ページを参照）が次のように述べています。

自らの解釈に対する気づきとコントロールの練習をするために、教師は次の三つの質問をしてみるとよい。
・私はこの出来事をどのように捉えているのだろうか？
・この解釈は前向きな結果につながるだろうか？
・もし、そうでないなら、より良い捉え方とは何だろうか？［参考文献133］

これらの質問のなかの少なくとも一つを自分に問いかける時間をとれば、より生産的な方法の選択ができます。次の話は、不快で緊迫した状況で自己を見つめる力の例です。

とくに長く感じられたある日の午後の終わり、五年生の二人をひどく叱ったあとに教師は、この生徒たちの性格がきつくて支配的な一面があるという理由で、ほかの生徒よりも多く叱っていることに気づきました。

彼女はこの状況を振り返り、自分のとる行動にある特定のパターンがあると気づきました。それは、この二人の生徒たちが授業を邪魔をしたり冗談を言ったりするとき、彼女は彼らをきつく注意したり、追加の課題を与えたりしていたわけですが、そのあとに自分のとった反応に罪悪感を抱いてしまい、彼らのことを避けてしまうという事実でした。

彼女は、その状況を改善するために努力しようと決意しました。さらなる振り返りを行ったあとに、彼女はこの生徒たちが自分のトリガーとなったのは、彼らの性格が、幼少期に友達と一緒になって自分のことをいじめていた兄を思い出させるからだと気づきました。一瞬フラッシュバックしたのは、友達がいる目の前で兄に怒鳴るのではなく、兄だけがいる場で直接話をしたことで、ようやく兄に自分の気持ちが伝えられたときのことです。

同じことをクラスで問題行動をとっている生徒たちに対して行うことで、彼らの態度に対して私的な感情を入れたり、過度な反応をせずに、彼らをより正しく褒めたり、尊重したり、指導できるということが分かりました。

実際、彼女は、これが自分にとってトリガーになりやすいことを心に留めておくこと、そしてこのような生徒との関係において、思いやりのある明確な方法で意識的に行動を選択することこそが自分の仕事であると気づきました。

また彼女は、この二人の生徒がなぜこのような行動を起こすのかについても疑問を抱き、それぞれと一対一で面談することにしました。面談のなかで彼らは、自分たちの行動が周りの迷惑になっているとは思っておらず、ただその場を盛りあげて「面白くしようとしていただけだった」と明かしました。

彼女は、集団特性やクラスでの期待、そしてそこに笑いを取り入れたいのであれば、どうするのが適切な方法であるかについて話し合いました。そうすると、彼らがクラスにもたらしていた明確なよい点にも気づき、今後の守るべき境界線の設定もできました。彼らとの面談のあと、その内容を足がかりにした彼女は、生徒一人ひとりとの健全な関わりをもち続けられるようになったのです。

次の活動は、自分のなかにあるトリガー・サイクルを食い止めるのに役立ちます。

トリガーをうまく扱うための活動

トリガー状態にある（怒りの引き金が引かれた）と感じたときには、冷静に状況を振り返って一旦落ち着き、以下のようなことを自らに問いかけましょう。

❶今、実際に何が起きているのか？

❷私は、今どのような感情をもっているのか？　私の身体は何を体験しているのか？

❸今起こっていることで、何か思い出す出来事はあるか？

❹私は、一体何に反応しているのか？　私は、今起こっていることをどのように捉えているのか？　私の捉え方を形づくる価値観や信念、前提は何か？

❺私は、今ここにいるのか？　それとも、この状況は私を過去の記憶に連れていってしまっているのか？

❻この生徒（または同僚）は、本当は何を望んでいる／必要としているのか？　行動の根底には何があるのか？

❼より多くの選択肢をもつために、どのように状況を捉え直すことができるか？

❽どのように、そしていつ対応するのが望ましいのか？　今？　それとも、少しあとか？

実践――立ち止まる練習

職員会議での発言やクラス内で生徒にクスクスと笑われたりすることに対してカッとなってしまうときは、「扁桃体《へんとうたい》ハイジャック」の状態になっている可能性があります。この言葉は、作家や科学ジャーナリストとして活動するダニエル・ゴールマン（Daniel Goleman）が、脳で起こる扁桃体の反応を説明するためにつくり出したものです［参考文献79］。

扁桃体《へんとうたい》とは、大脳辺縁系である側頭葉のなかのアーモンド型の器官で、脳の安全警報装置といった役割を果たしています。扁桃体が潜在的な危険につながりそうな強い刺激を感知すると、その状況について理性的に思考をめぐらせるよりも前に、身体が勝手に反応してしまいます。すると、扁桃体が脳のほかの主要部分に緊急信号を発し、「逃走・闘争反応[11]」のためのホルモン分泌を促し、脳の中枢を動かして心臓血管系を活性化します。

このようなハイジャック状態に陥ると、私たちは文字どおり理性を働かせて自らの反応を意識的に選べなくなります。しかし、身体がこの「逃走・闘争反応」を起こそうとしているサインに気づくことさえできれば、大脳新皮質と実行機能（目標を達成するために、自分の行動や思考、気持ちを調整する脳の機能・訳者補記）を使ってハイジャックが起こる前に食い止められるようになります。

次に紹介する話は、「立ち止まる練習」と「問いかけ」を使って、どのように「反応」から「対応」に切り替えられるのか、そしてどのような困難な状況にあっても新たな可能性が模索できるのかを示したものです。

郊外にある公立高校で、ファシリテーターが五〇人の教師に対してSEL（感情と社会性の学習）のワークショップを行っていました。みんなで脳の研究とEQについての議論を交わしていたとき、あるベテラン教師が突然立ちあがり、「私の教員歴は二〇年だ。そして、何も問題はない。こんなことは時間の無駄だ」と声を張り上げました。

ファシリテーターの心が葛藤しはじめました。彼女は、今しているこのワークショップを守りたかったし、このSELを通して身につける取り組みこそが生徒の学業の中核をなすという研究結果を示したいと思っていました。

彼女はひと呼吸置いて、今こそが「立ち止まる練習」のときだと考え、反応したくなる衝動を抑えました。それから彼女は、彼への対応として、「なぜ、これがあなたにとって時間の無駄だと感じるのか、もう少しお話いただけませんか？」と言いました。

「無駄だ」と言った教師は驚いた表情で彼女を見つめ、そしてこう言いました。

「分かった。話そう。私は、あなたが私を別の誰かにしようとしているように思えてならない。申し訳ないが、私は、廊下で出会う生徒とハグをするような教師になる気は毛頭ないんだ」

(11)　危機的状況に置かれると、恐怖への生物学的反応として、闘争もしくは逃走反応が生じると言われています。

その瞬間、ファシリテーターは、その教師が一体何を懸念しているのかが分かりました。「お話しいただいてありがとうございます。この取り組みは、生徒をハグするようになってほしいということでも、あなたらしさを失わせようとするものでもありません。この部屋にいるすべての先生方が、生徒とのつながりを築くための方法を確立することを目標としています」

彼はうなずいて、「それを聞いて安心した。これまで、あなたのような外部講師に、学級経営や生徒との関わりについて口を出されて、うんざりすることがあったので……」と言いました。

ファシリテーターは、その後の五分間、この教師の不安に寄り添い、それをふまえて、自分の専門知識や知恵が認められなかったり尊重されなかったりしたときに教師が学校で感じる無力感に関して、実りの多い議論へとつなげることができました。

セッションの終了後、ファシリテーターは、トリガーをうまく扱うカギは、自分とこの教師のやり取りにあったことに気づきました。そして、期せずして、「立ち止まる練習をすること」や「自分のトリガーに対して好奇心をもって立ち向かうこと」を思い描いたことで、このグループ全体を重要な領域へと導くことができました。このような深いところまでは、先の教師の発言がなければ探究し得なかったでしょう。

次に紹介する一連の流れは、「感情のハイジャック」から逃れたり、または反応を起こしてしまいそうな場面において「立ち止まる練習」をするときに役立ちます。

「立ち止まる練習」をするための活動

次に挙げる五つのステップからなる手順は、行動に移す前に立ち止まり、状況を振り返って、そこから気づきを見いだすために役立ちます。

❶何が起きているのかを観察する。

自分の内なる心の世界と教室や学校といった外の世界との両方において、何が起きているのかに注意を向ける。起きている状況と、それに対する自分の感情を切り離せるかを確認する。「怒りの引き金が引かれた」と感じるときは、たいてい過去に経験した感情状態に陥りやすい。そのため、今実際に起きている事象に対して生じるレベル以上の強い怒りを感じる。

例――「私は、信頼のおける同僚たちと会議室でミーティングをしている。メンバーのうちの一人が、私にある質問を投げかけた。その質問は、私を憤慨させる内容のものだった」

❷自分がしているのが「対応」なのか「反応」なのかに意識を向ける。

怒りの引き金が引かれたと認識したら、それに対して自分はどのような行動をとっているのか、自分の体に何が起きているのかに意識を向ける。落ち着いて、しっかり集中して、冷静さを保って「対応」しているか？　それとも、取り乱して、余裕がない状態で「反応」してしまっているか？　自分が周囲の人の行動に対して抱く感情や考え、解釈などに影響を与えているのはどのような習慣や価値観、偏見なのか？

例――「今、私の鼓動は激しく、胸は締めつけられている。私は平静を装っているが、実のところ強い怒りを感じている。私は、この同僚は強引で、他人の考えやものの見方を尊重しないと思っている。私のことも尊重せず、意見を聞こうともしないと感じている」

❸自分のした選択を認める。

状況にどのように「対応」するのかについては、常に選択肢があることを心に留めておく。状況をふまえて選択するのか、普段はしないような「反応」をしてしまうかのいずれかだ。

例――「私は今すぐ言い返すこともできるし、少し時間を置いて、この同僚と一対一で話すこともできる。いつもなら何もなかったような振りをしておくところだが、いつかはそれを変えなければならないことも分かっている」

❹自分の手には負えないものがあると認める。

誰しも、変えられないことがある（学校の方針や家庭の困難な状況など、どちらも生徒に大きな影響を与える）。そんな状況のなかで自分にできることは何か？　また、自分にはできないことは何か？

例――「この同僚は、私が話しても納得しないかもしれないし、この取り組みに対する考えも変えないかもしれない」

❺選択をする。

どのように「対応」したらよいのか、注意深く選択する。または、強い感情が落ち着いて、より明確に考えられるようになるまで、その決定を少し遅らせるというのもよい。

例――「今、この同僚と話ができるまでには、私の気持ちは整理できていない。今はミーティングを進めることを優先して、まずは議題に専念するように手を挙げて提案しよう。この同僚とは、明日の放課後に改めて話す時間を設けよう」

クラスで自己を見つめる

生徒が自己を見つめる手助けをすれば、生徒それぞれがもつ学びのプロセスや感情や社会性、認知的な強みと弱みについての理解がより深まります。そうすることによって、生徒の学業や学びのコミュニティーにさらに有意義な形で生徒の好奇心や探究心を向上させ、自分を振り返ることができます。

基本方針――生徒が「セルフ・サイエンティスト（自分を研究する人）」になれるよう支援する

教師自身が自己を見つめることによって教え方に直接的なよい影響が生じるのと同じように、生徒も自己を見つめることで学習面によい影響が生じます。私たちはしばしば「セルフ・サイエンティスト」(12)になるための第一歩として、振り返りがいかに重要かについて生徒に話します。ここで言う「セルフ・サイエンス」とは、科学者のような好奇心をもって自分自身を観察し、理解することです。こうすれば、自身の行動や感情、学習スタイル、強みと弱みについてさらに知ることができます。

また、セルフ・サイエンスは、生徒がより積極的で、やる気にあふれ、思慮深い学習者になるための新たな方法も示してくれます。セルフ・サイエンティストとして、生徒はより効果的に集中したり、困難なことに遭遇しても立ち直れる力を手に入れたり、困難な状況を乗り越えたりするためにはどのような方法が助けとなるかを見いだします。

私たち教師は、生徒が自己を見つめるための手助けや、そこから分かることに目を向けるための明確な実践ができます。たとえば、沈黙と振り返りの時間を取り入れて、その前後で感じたことを生徒に書き留めてもらうというのもよいでしょう。ほかにも、自分が取り組んでいる課題の進捗状況を振り返り、そこから分かる課題や苦労、そして成果を書き出せば、この学びをそのあとにいかせるようにもなります。

実践――沈黙と振り返りの時間を設ける

沈黙と振り返りの時間を設けると、生徒は気持ちを切り替えて学校生活に再び集中できるようになります。授業の最初に三〇秒ほどの沈黙の時間を設け、生徒が教室間の移動から落ち着き、心を整えられるようにしましょう。沈黙と振り返りの時間がより自然に取り入れられるように、この時間を延長するのもよいでしょう。

慣れないうちは落ち着かないかもしれませんが、時間が経ってこの時間のよさが分かれば、生徒は沈黙と振り返りの時間をもっと長くするようにと求めてくる場合もあるでしょう。

この時間では、はじまりと終わりにチャイムやベルを鳴らして知らせます。生徒たちには、ただ静かに座っている、頭の中で音楽を流すなど、もしくは今回にかぎって絵を描いてみるといった特別な選択肢を与えることもできます。

---

(12) セルフ・サイエンスは「自分研究」ないし「自分を科学する」と訳されます。『特別な支援が必要な子たちの「自分研究」のススメ—子どもの「当事者研究」の実践』(熊谷晋一郎ほか著)を参照ください。ここで紹介する方法は、教師対象にも使えます。

次の話は、生徒が集中できるように沈黙と振り返りの時間をたとえ短時間でもクラスに導入すれば、どのようなよい点があるかを示したものです。

小学二年生を教えているある教師は、「ゴールデン・モーメント」をクラスに取り入れたいと考えました。「ゴールデン・モーメント」とは、彼女と生徒が一緒に黙って座っている短い時間のことです。彼女は、そのはじまりと終わりの合図として、チャイムやベルを鳴らして生徒たちに知らせました。そして生徒に、「この時間を過ごすときには、セルフ・サイエンティストとして、沈黙の前後と最中に、自分がどのように感じているのかに意識を向けるように」と言いました。

年度当初は、まず一分間の沈黙からはじめました。最初のうちは、多くの生徒がこの時間を何とかやり過ごすというのがやっとでした。ソワソワしたり、教室を見回したり、机を叩いてみたりなど、気が散るような音を立てたりしていました。

しかし、この時間を導入してから二週間ほど経つと変化が起きはじめました。徐々にですが、生徒がこの時間にとてもリラックスするようになってきたのです。そして、年度の後半には、うっかり教師が授業の初めにゴールデン・モーメントを忘れても、生徒のほうが教えてくれるまでになったのです。

その後、時間を経て、生徒はこの沈黙の時間をますます快適に感じるようになり、年度末を迎えるころには、一日のはじまりとなる沈黙の時間は五分になりました。また、教室内の秩序が乱れると、生徒のなかから「ゴールデン・モーメントの時間を設けよう」という声が上がるようにもなりました。このようにして生徒は、セルフ・サイエンティストとして、いつ自分の意識が逸れてしまうのか、そしてそこから戻るためには何が必要なのかが分かるようになりました。

次に紹介するのは、クラスに沈黙と振り返りの時間を取り入れるための活動です。

沈黙と振り返りの時間を設けるための活動

・低学年の生徒たちには、床もしくは自分の座席において、目を開けるか閉じるかした状態で静かに座るという時間を取り入れてみる（詳しくは、三八〇ページを参照してください）。
・授業開始時に、またはクラス内の秩序が乱れているときに短い沈黙の時間を設定する。このときにはチャイムかベルを鳴らして、その余韻がなくなるまで音を聞くようにと言う。音が聞こえなくなったら手を挙げてもらうとよい。このように、チャイムやベルの音を聞くだけでも集中力は高められる。

・一日のはじまりに、自由なテーマで二～五分間の振り返りのジャーナル（七三ページの注を参照）を書いてもらう。
・短いスパンでの呼吸法を生徒に教える。そうすれば生徒は、お腹からの呼吸（腹式呼吸）[13]に注意を払い、より長い時間、息を吸ったり吐いたりすることができるようになる。

実践――生徒がもつ「学びのエッジ」を見つける

私たちが教えている生徒それぞれに、「学びのエッジ（縁）[14]」と呼ばれる課題があります。学びのエッジに向きあい、スキルと能力を伸ばすためには、生徒はリスクを冒してでも自分のコンフォートゾーン（快適な領域）を超えて、さらに先へと進む必要があります。

大声で話したり、活発に動き回るという性質をもつ生徒にとっては、ほかの人の話を静かに聞いたり、振り返りをしたりすることが大変かもしれません。彼らは、自分のもつ力や個性、またはクラス内での役割を制限されているように感じていることもあります。一方、恥ずかしがり屋の生徒の場合は、グループで話をしたり、活発に動いたりすることを避けたいと思うかもしれません。

算数・数学が苦手な生徒もいれば、言語科目が苦手な生徒もいます。生徒に、セルフ・サイエンティストとして、自分のもつ学びのエッジが何かを知り、それらに積極的に立ち向かうように声かけをすれば、新たな学びの領域へと歩みを進めるための自信と方策が与えられます。

レフ・ヴィゴツキーとマイケル・コールの論文を元に作成した**図３－２**は、学習者の置かれる環境を示しており、学習理論と人間の成長を関連づけています。この図は、生徒が自分のＳＥＬ（感情と社会性を育む学び）のエッジ、そして教科学習のエッジが何であるかを把握して、今後の目標を明確にする際に、教師と生徒で共有するのに役立つものとなっています。

生徒は、今現在どのような教科や活動が、自分にとってコンフォートゾーン／チャレンジゾーン（ストレッチゾーン）(15)／リスクゾーン（パニックゾーン）のどこにあるのかを理解します。それに応じて目標を設定し、達成に向けた進捗状況を振り返ることが可能になります。ちなみに、設定される目標には、特定の学習分野に関するもの（「九九の学習」など）や、ＳＥＬの分野に関連するもの（「仲間と効果的にコミュニケーションをとる」など）があります。

---

(13)　詳しい方法を知りたい方は、『感情と社会性を育む学び（ＳＥＬ）』（一四〇～一四一ページ）をご覧になるか、「マインドフルネス　呼吸法」で検索するとたくさんの情報が得られます。

(14)　学びのエッジは、ある人のそれまでの体験や蓄積および置かれている状況などに応じて刻々と変化し、同じ教室にいるからといって生徒たちがみんな同じところにいるとは考えにくい状態を表しています。

(15)　このチャレンジゾーンは、ヴィゴツキーが「発達の最近接領域（英語訳は、Zone of proximal development ＝ ZPD）と言ったものと同じで、成長するのに最適なゾーンです。「発達の最近接領域」を分かりやすく言うと、「今日誰かの助けでできることは、明日一人でできるようになる」です。

図３－２　学習ゾーン

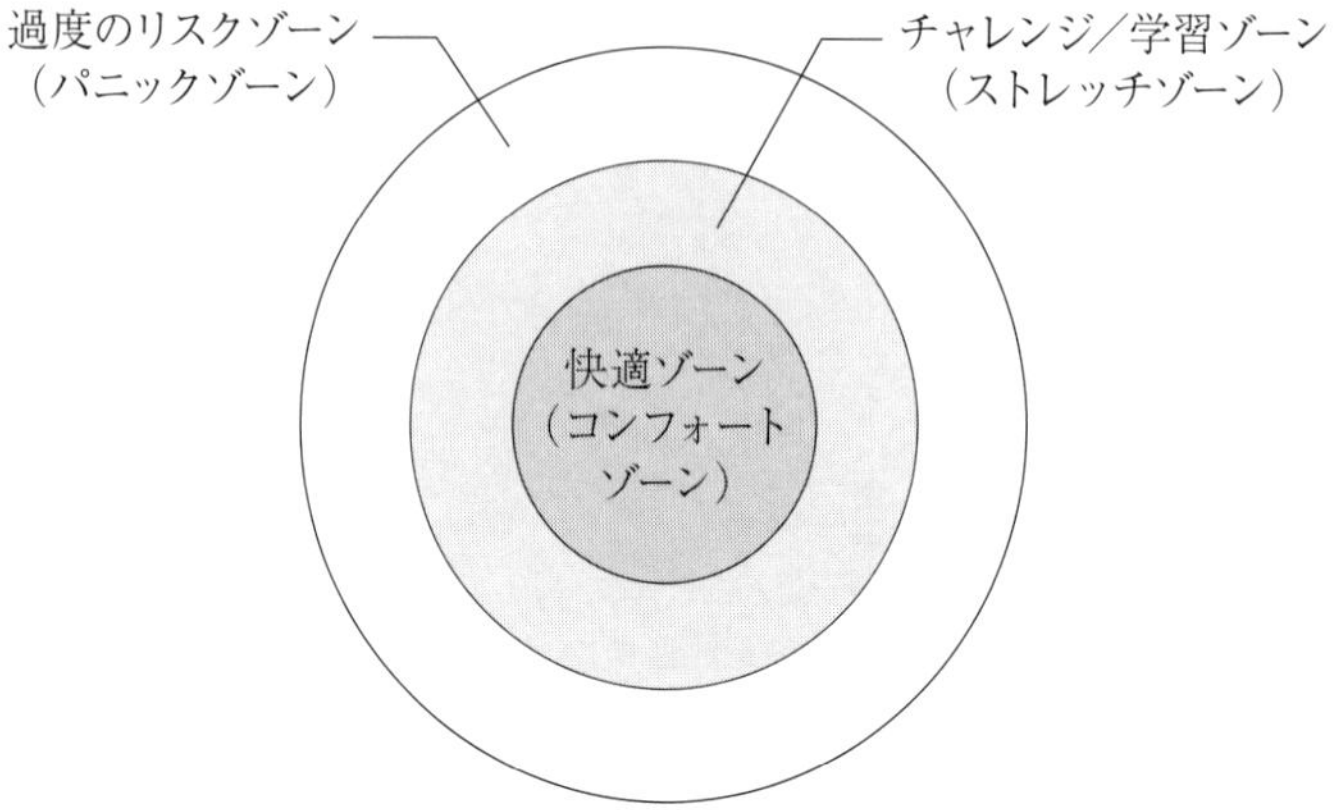

出典：［参考文献216］

学期または年度の途中で、生徒はこの図を再度見て、ゾーンと学びのエッジがどのように変化したかを確認します。また、この学習ゾーンは、授業計画を立て、ＳＥＬの足場づくりをし、生徒が目指す学習ゾーンへと進めるように信頼関係を築き、そのサポートができるという意味では教師にとっても役立つ枠組みと言えます。さらにこの枠組みは、教師自身が新たな学びにおける自らのコンフォートレベルを確かめる際にも役立ちます。

アメリカの心理学者であるキャロル・ドゥエック（Carol S. Dweck）は、著書『マインドセット――「やればできる！」の研究』（今西康子訳、草思社、二〇〇八年）のなかで、学びのエッジにうまく向きあうことがもつ別の重要な点について説明をしています。彼女は、生徒に自分が何者で、自分には何ができるのかについて固定観念がある場合はリスクを冒したがらず、難しいと感じることはすぐに諦めてしまいがちとなり、辞めたがると指摘しています。しかし、私たち教師は、生徒に対して「成長マインドセット」をもち続けるように励まし、サポートすることができます。

「成長マインドセット」については、「人間が生まれもった資質は、努力によって磨くことができると信じること」と、彼女は定義しています。さらに彼女は、「先天的な才能や適性、興味、気質などは人によって異なるかもしれないが、応用と経験を通して、誰もが変化して成長することができる」とも述べています［参考文献51］。

生徒に対して、学びのエッジを把握してそれと向きあうように促すことは、生徒が外的リソースと内的リソース（性質・能力・関心・嗜好など）をうまく扱い、レジリエンスを高め、自分が思っている限界（たとえば、「この教科ではCしか取れない」や「私が数学を得意になることは決してないだろう」など）の先へと進む能力を育成することにつながります。

神経可塑性[16]に関する研究により、私たちの脳には順応性があり、環境や自分自身の思想、および文化的背景によって深く影響を受けることが分かっています［参考文献118］。自分の知性は変え

（16）　成長と再編成を通じて変化する脳内の神経ネットワークに関する能力のことです。

られるものだと生徒が知れば、自分の脳と学習パターンを発達させ、変化する力を感じることができます。

自分の心理状態やネガティブな独り言、また自分の限界値の決めつけなどを生徒が理解さえすれば、ポジティブな独り言と目標設定の能力を高めようとします。生徒がこのような成長マインドセットをもつと、最初は困難だった状況を乗り越え、健全なリスクを負って、自分自身の学びと成長の能力を信頼するようになります。

次に紹介するのは、生徒が学びのエッジを知って、セルフ・サイエンスや振り返りができるようになる活動です。

生徒が学びのエッジを見つけるための活動

・学びのエッジについて、個人的な図を作成する取り組みを行う。この図には、教科やSEL全般などを含めるとよい。

・過度のリスクゾーン（パニックゾーン）に該当する活動がある場合、そのゾーンを変えるために、周りの人（家族・カウンセラー・メンター・教師）からのサポートがどこに必要なのかを明らかにするよう生徒に伝える。たとえば、生徒がグループの前で話すことに恐怖とパニックを感じる場合、この課題を克服するために踏める手順にはどういうものがあるのか。

・生徒に成長マインドセットの活動を紹介する。まず、ある特定の分野や授業のなかでの能力やスキルについて、自分がどのように捉えているのかが明らかになるようにする。生徒が思いこみでつくりあげている信念や予測を壊す手助けをする。そして次に、成長したい分野が何なのかを決めるようにと生徒に伝える。生徒はどの分野であれば、偏見や思いこみにとらわれない新しい形で、学び、成長し、自分を奮い立たせることができるのか？　成長マインドセットの考え方においては、まちがいも学びの一部として受け入れられるものであり、認められるものである。その一方で、成長マインドセットでは、卓越性と学びのためには、「努力」、「練習」、「困難に立ち向かうこと」が必要とされている。(17)

実践——振り返りと目標設定を行う

積極的にセルフ・サイエンスを行うように後押しするほかの方法としては、学期またはその学

(17)　本文で紹介されている成長マインドセット関連の本以外には、一二五ページのＱＲコードで見る「ＰＬＣ便り」の検索欄に「ぼくはにんげん」を入力して、二〇二〇年六月二一日の記事を開いたなかにある、『オープンマインド』とその下の幻の原稿がおすすめです。さらに、『教育のプロがすすめるイノベーション』には、成長マインドセットの次のステージとなる、これからの時代には不可欠な「イノベーターのマインドセット」が詳しく紹介されています。

年で、ＳＥＬと教科学習の目標を立てるという課題を生徒に与え、それを目的地へ誘導するためのツールとして用いながら成長の進捗状況を見ていくことが挙げられます。

生徒は、年に三～四回、自らが立てた学習目標の進捗状況を自己評価して、その評価を教師に提出します。このような評価は、教師と生徒にとって試金石として機能し、生徒と教師の間で行われるカンファランス[18]や「成績確認」の際に役立ちます。成績確認には、教師が学校での進捗状況を確認するために生徒と個別面談を行う時間や、強みや課題が何かについて話し合う時間が含まれています。

ある教師が受けもっている小学一年生のクラスでは、生徒は自分の強みと課題に向きあい、年に二回の目標設定と振り返りを行っています。まず年度初めには、読む、聞く、友達をつくる、などといった各項目（ＳＥＬと教科学習）における自分の強みを書き出したり、絵で描いたりします。次に、各項目で改善したいことを一つ書き出したり、絵に描いたりします。そして、年度の半ばで、生徒は自分の目標に立ち返り、目標に向かって進めているかどうかを振り返ります。**図３－３**は、幼稚園のクラス向けの振り返り活動を示したものです。[19]

生徒に振り返りを促すもう一つの方法は、自分の課題と進捗状況を、時間の経過とともに振り返り、評価する機会を定期的に設けることです。カリフォルニア州のある高校の英語教師は、生

図３－３　幼稚園児対象のアンケート調査

はい　**いいえ**　**時々**

私は、よい友達です。

私は、簡単に新しい友達がつくれます。

私は、ほかの人に優しくします。

私は、言葉で問題の解決ができます。

私は、困ったときに正しい選択ができます。

徒に対して、「自分のライティングへのフィードバックの記録と、評価済みで返却されたライティング課題をファイルして保存しておくように」と言いました。その記録のなかには、建設的なフィードバック、進捗状況、そして次のエッセイの目標が書かれていました。

(18)　カンファランスは、生徒が作家、読書家、科学者、数学者、歴史家などの本物になる体験を通して学ぶ際に欠かせない教え方です。下のＱＲコードの表の一番右側のアプローチの核に据えられています。そのブログおよび「ＷＷ／ＲＷ便り」の左上に「カンファランス」を入力して検索すると大量の情報が入手できます。ひと言でいうと、教師であることの醍醐味をもっとも味合わせてくれる教え方です。カンファランスと、このあと本文（＝成績確認）で参考になる本が『イン・ザ・ミドル』（とくに第九章）です。

(19)　幼稚園のクラスについては、九ページの注を参照してください。このアンケートは、小学校全学年で使える内容ではないでしょうか？

エッセイについてのコメントを受け取った生徒は、それらを読み、記録として残しておくために、建設的なコメントを三つ選び出しました。次に、以前のメモを確認し、過去のフィードバックと目標に照らして三つの改善点を挙げました。そして最後に、自分が書いたエッセイに見られる傾向に基づいて、次のエッセイの目標を設定しました。

このプロセスは、生徒が受けた「評価の先を見据える」こと、自己認識力を向上させること、学習習慣に前向きな変化をもたらすことを支援します。[20]

学習目標とマインドセットを振り返る方法と機会があれば、生徒は学習プロセスに対してより積極的に向きあい、どの点をどのように成長させる必要があるのかについて自分で判断できるようになります。さらに、生徒が振り返りと目標設定に集団として取り組めば、誰もが課題と強みをもっていることが分かるため、自分自身と他者に対してより深い思いやりの気持ちを育めるようになります。

これらの方法は、生徒が学校を卒業して自らの人生と将来について重要な決定を下す際などをはじめとして、生涯を通じて使い続けられるスキルを強化します［参考文献177］。以下は、生徒の振り返り、自己評価、目標設定の能力を伸ばすために役立つ活動です。

振り返りと目標設定を行うための活動

振り返りと目標設定のために、生徒に次のようなことに取り組んでもらう。

・学習プロセスを検証し、自分がどのように学習をしているのか、自分の学習スタイルを含めて、自分の強みと課題が何であるのかをより深く理解する。
・自分の「学びのエッジ」を把握し、リスクを前向きに受け止めて、楽しんで挑戦する。。
・自分の学びをサポートする具体的な方法を見極める。
・いつ集中できて、いつできないかに注意をし、集中できない状態を避けるための方法を検討する。
・将来の目標を設定する。
・時間の経過とともに変化したことやできるようになったことを観察し、受け入れ、書き留める[21]。

(20) 書くことと読むことの教え方が、欧米では四〇年前から根本的に転換しています。それを分かりやすく紹介しているのが、先に紹介した『イン・ザ・ミドル』や『国語の未来は「本づくり」』などです。ほかにも、下のＱＲコードで関連本のリストが見られます。ちなみに、この教え方があまりにも効果的なので、他教科への応用も進んでいます。たとえば、『だれもが科学者になれる！』、『教科書では学べない数学的思考』、『社会科ワークショップ』などです。

原書注　生徒自身が気づいたことについて教師やクラスメイトと共有することは、とてもパワフルで影響力があります。生徒に、これらのテーマのいずれかについて、文字にしたり、絵で描いたりしてもらうとよいでしょう。

同僚と行う振り返り

これまで紹介してきた自分自身や教育実践を振り返る能力は、同僚との取り組みにまで広げられます。大人の学びのコミュニティーでは、探究と振り返りを相互に行うことで多くの学びが得られます。同僚と行う振り返りは、互いの関係を強化するだけでなく、ほかの方法では思いつかなかったような実践を広げるのにも役立ちます。

基本方針――ピア・ラーニング(22)に取り組む

自分たちの課題や成功したことについて話し合う機会を定期的に設けると、私たちの視野は広がり、新しい可能性や解決策が見つけられるようになり、強みの構築へと導いてくれます。私たちは、よい質問を投げかけたり、見聞きしたことを振り返ったり、同僚の話に深く耳を傾けたり、それぞれが学んだことを共有するといった形でお互いに支えあいます。

実践——同僚と問いかけを行う

本章前半の「自分への問いかけ」においては、トリガーをうまく扱うための手順を示しました。それと同じ手順が「同僚との問いかけ」でも使えます。片方が取り組むべき課題を選定し、もう一方はコーチ役を果たします。ここで重要なのは、お互いに相手の課題を解決しようとするのではなく、次のような質問を投げかけ（個々のコミュニケーション・スタイルに合わせて）、相手が自己発見、学び、成長できるようなサポートをするために心から耳を傾けることです。

・この状況で、実際に何が起こっていますか？
・何を起こしたかったのですか？
・どんな感情が湧きましたか？
・これは、ほかのどのような状況を思い出させましたか？
・何があなたのトリガーになりえるのですか？

(21) これらのほかに目標設定の活動を知りたい方は、pro.workshop@gmail.com に資料請求してください。
(22) 教師や講師のような存在が一方的に教えるのではなく、学習者同士が協力しあい、対話や学びのプロセスを共有することで進めていく学習方法です。

・この状況になった原因は何ですか？　今起こっていることをどのように捉えていますか？　その捉え方を決めている価値観、信念、思いこみは何ですか？
・異なる角度から見るためにどのような視点がもてますか？　たとえば、この状況に関わっている生徒や同僚は、何を望み、何を必要としているでしょうか？　彼らの行動の根底には何があるでしょうか？
・今は、状況をどのように捉え直したらいいと思いますか？
・今は、その状況にどのように対応したり、変えたりしたいと思っていますか？

一方がこれらの質問のいずれかに答えたあと、聞き手であるもう一方が、話し手から聞いたことをそのまま繰り返します。そして、この問いかけのプロセスに加えて、以下のような活動を使って自己を見つめる力を育成することもできます。

同僚と問いかけを行うための活動

・信頼できる同僚に働きかけて、自らの教育実践のなかでとくに厄介な問題について、一緒にダブルループ学習（九八〜九九ページを参照）に取り組まないかと誘ってみる。まず、交代で問題点を挙げる。次に、質問を投げかけて、相手がもっている偏見や盲点に気づけるように助けあう。

・自分の強みを築ける方法として、同僚と「成功分析プロトコル（手順）」（三七九ページを参照）を活用する〔参考文献156〕。つまり、授業がうまくいったと感じたのはいつか、とくに効果的なアプローチを使えたのはいつか、また困難な状態にあっても生徒とうまく関われたのはいつか、と振り返ってみる。

具体的に、あなたが行ったことでうまくいったことは何か、その瞬間にどのように感じたのか、どのような考えや前提をもって自分の行動を選択したのか、そして、生徒やクラスにどのような結果や影響があったのかを特定する。

同僚と協力して、成果のどのような点がほかの状況や課題に応用できるのか、時間をかけて明らかにする。

・同僚と協力して、自分の教え方に関する「学びのエッジ」の図を作成する。互いの共通点と相違点はどこか？　課題としている分野で段階的なステップを踏むために、お互いにどの程度サポートしあえるのか？

もし、この取り組みからヒントが得られたなら、難しい課題をクリアするためにいくつかの小さな課題をお互いに設定して、一週間後に報告しあう。

おわりに

本章では、自己を見つめることを通して成果と課題から学び、「反応」するのではなく、「対応」できるようになる練習を通してトリガーの悪循環を食い止め、より多くの選択肢と気づきが得られるように、同僚や生徒と取り組む方法を模索しました。

また、生徒のセルフ・サイエンス（自分研究）の力を育成して、生徒自身が学びのプロセスをより深く理解できるように導く方法についても検討しました。そして最後に、同僚と協力して振り返りを深める方法を紹介しました。

次章では、「今、ここに集中すること」について、それに必要な、注意力、柔軟性、集中力、対応力をどのように育めるのかについて見ていきます。

第4章 「今、ここ」に集中する

　もし、私たちが学校における子どもたちのストレスを減らしたいなら、また教師に、思いやり深く行動する、責任あるロールモデルになってもらいたいと思うなら、私たちは教師のストレスを気にかけて軽減する必要があります。

　人は、ストレスを感じると脳の働きが阻害され、思考が混乱します。教室における教師のストレスを減らすことは、教師の燃え尽き症候群を減らし、クラスをよい雰囲気にし、その結果として子どもたちの学力向上を促します。

（アデール・ダイアモンド）(1)

自己の振り返り

授業中や職員会議のとき、または同僚といるとき、「今、ここ」に集中することからあなたを阻《はば》む要因にはどのようなものがありますか？　また、あなたの意識を「今、ここ」に戻すためにはどのようなことが役立ちますか？

「今、ここ」に集中できているとは、以下のような状態のことです。

❶生徒や同僚と心をこめて深く関わるために、この瞬間への意識を明確にしながらもリラックスし、注意を払うべきことに意識が払われる状態。

❷その日の学習目標の達成を目指しながら、クラスのニーズに対して柔軟に対応できる状態。

最初は「対応困難で指導が難しい」と感じる事案であっても、常に「今、ここ」に集中できれば、最終的には生徒が支援を必要としている瞬間を捉えて、最大限にいかせるようになります。たとえ、大きく動揺したり、過度のストレスを受けるような場合があっても、私たち教師は特定のトレーニングを通して、「今、ここ」に集中する力を向上させることができます。この集中力を育むためには、「集中するための活動や取り組み」(2)を授業中に行い、「心ここにあらず」といった状態に生徒が陥らないように、意識を明確にしていかなければなりません。

教師として「今、ここ」に集中する

評価指標や標準テスト[3]を学校がとくに重視している場合は、常に結果を求められるため、生徒の学びもすべてがそこを目指して駆り立てられているような感じがするかもしれません。「立ち止まる余裕がほとんどない」ほどの責任と重圧がかかっている現在の教育システムにおいては無理もないことです。

しかし、気分が落ちこんだり、かき乱されたりするとき、意図的に「今、ここ」に意識を向けてその瞬間を過ごすようにすれば、まったく新しいレベルで生徒に深く関わることができ、自ら

（1）（Adele Diamond）現在、カナダのブリティッシュコロンビア大学神経科学の教授で、発達認知神経科学の分野で世界的なリーダーの一人と目されています。教師の「燃え尽き症候群」や心の疲れ、過労、教える元気がない状態や情熱を失った状態、虚無感、閉塞感への対処法については『教師の生き方、今こそチェック！』を、教室をよい雰囲気にするには『「居場所」のある学級・学校づくり』を、そして「今、ここ」を含めたいい人間関係の築き方については『好奇心のパワー』を参照してください。

（2）この活動の紹介については、一五四～一六一ページおよび三八四～三八九ページを参照ください。

（3）日本で行われている学力テストや入試などですが、教師の関与が一切ない業者テストも一種の標準テストと言えるでしょう。

の教え方に活力を与えられます。そうすれば、私たちはより効果的に学力向上の目標を達成し、教室により多くの喜び、創造性、活気をもたらすことができるのです。

基本方針――「今、ここ」への意識と集中を育む

多くの教師には、自分の教え方を機械的でマンネリだと感じたり、余裕がなくなって落ちこんでいる状態をどうすればいいのかと悩んでしまったという経験があることでしょう。恐ろしいほど過密なスケジュールに消耗し、家から学校、授業から授業、放課後の活動、職員との打ちあわせに急ぎ、かろうじてトイレに行く時間を確保するといった状態になり、生徒や同僚とのやり取りを深く振り返ることができない状況へと追いこまれます。そのような環境下において、どうすれば教えることを楽しみ、心から生徒と向きあうことができるでしょうか？

> 「教師のストレスが軽減されて、感情面で良好な環境がつくれれば、生徒は感情面におけるレジリエンスを獲得し、より高次の思考を働かせる効果的な学びができます。この相関関係は、脳の画像検査によって裏づけられています」（ジュディ・ウィリス[4]）

教育現場では、さまざまなニーズや業務に対応する必要があります。一般的に、私たちは一度に二〇～四〇人の生徒を教えています。生徒たちにはそれぞれの学習スタイルとニーズがあり、

おとなしい生徒もいれば、私たちの気を引こうとする生徒もいます。教室が注意散漫な状態になってしまえば、何が起こっているのかに意識を向けることはほとんど不可能です。

私たちは、授業内容を淡々と進めたり、問題行動や挑発的な行動に決まりきったパターンで対処するといった状態に陥る可能性があります。しかし、私たちを「今、ここ」に戻し、ストレスに対する管理をし、教室に存在する多くのニーズや優先事項に対応するための、効果的で役立つ多くの実践があります。

実践——マインドフルネスを通して「今、ここ」に集中する

「心ここにあらず」の状態に対応する方法の一つは、呼吸を意識して、マインドフルネスの実践を定期的に取り入れることです（四〇～四一および九四～九六ページ参照）。ある教育学者が次のように指摘しています。

「マインドフルネスの実践は、その瞬間に起こっていることにすべての意識を向けるという姿勢を学ぶことです。マインドフルネスの実践を習慣にすれば、自らをケアできるほか、『今、ここ』

（4）（Judy Willis）神経学者でありながら、中学校などで一〇年間教えたという経験をもつ人で、現在はカリフォルニア大学サンタバーバラ校で教えています。脳科学をいかした教え方の本を数冊書いています。

への意識を高めるパワフルな方法であることが分かるでしょう。教師が『今、ここ』により意識を向けて目の前の生徒に関心を寄せさえすれば、生徒と教師との関係は改善されていきます」［参考文献149］

ある教師が、定期的なマインドフルネスの実践が仕事や個人的な生活に与えた影響について次のように語っています。

私は、以前よりずっと穏やかな気持ちでいられるようになりました。家でコーヒーを飲んでいるときに、もう心が揺れ動くような状態にはなりません。その瞬間は、ただコーヒーを楽しんでいるだけです。その瞬間になすべきことについて、きちんと取り組める術《すべ》を学んだおかげで、両肩にすべてを背負い続けることがなくなりました。かつての状態から解放されたことで、私は生徒たちにより愛情深く接し、個々の生徒のニーズにより対応できるようになったほか、私の経験を通して生徒たちにマインドフルネスを教えることができています。

［参考文献103］

ギャリソン研究所の上級研究員であり、ペンシルベニア州立大学の人材育成／家族研究学と予防研究センターの准教授であるパトリシア・ジェニングス（Patricia Jennings）が次のような報告をしています。

マインドフルネスは、生徒の感情面へのサポートを教師がするために役立ちます。マインドフルネスは、多様な視点をもつことや共感的な対応、人間関係づくりと親密性、思いを互いに伝えあうこと、そして怒りの感情管理などに関連しています。したがって、マインドフルネスによって、教師は個々の生徒により意識を向けられるようになるため、学びの好機をより的確に捉えられるようになります。

教えるという仕事は、感情面において求められることが非常に大きい職業です。幸いなことに、さまざまな研究によってマインドフルネスに基づく取り組みがレジリエンスを向上させ、心が燃え尽きてしまう前に感情面の疲弊を減らす可能性があると示されています。この事実は、教師が教える喜びを向上させ、職務に対する前向きな決意とともに、生徒に対する愛情や思いやりを維持するのに役立つでしょう。［参考文献103］

次に示す活動は、マインドフルネスを通して、私たちが「今、ここ」に意識を向ける能力を高め、それをサポートするものです。

マインドフルネスを通して「今、ここ」に意識を向けるための活動

休み時間やランチタイム、または授業の空き時間などといった一日のなかで、携帯電話やメールをチェックする代わりに以下の方法を使って、マインドフルネスな休息をとってみてください。

・窓の外に見える五つ（雲、生徒、凧、鳥、自動車など）に目を向けて、新鮮な眼差しで見つめる。
・深呼吸を三回ゆっくりとして、体のストレスや緊張をほぐす。
・食事やお菓子をゆっくりと食べ、そのことにすべての意識を向ける。
・自分が好きな引用句、詩、または文章を選び、インスピレーションの感覚と現在の大切なものへのつながりを新たにするために、それらを読む時間をとる。
・「五感を感じながら」校内を歩いてみる。見るもの、聞くもの、嗅ぐもの、味わうもの、感じるもの、に意識を向けながら歩く。五感に意識を向けることは、呼吸を意識する場合と同じく、「今、ここ」に戻るために役立つ。

実践――「今、ここ」に集中するのを阻《はば》むものに対応する

「今、ここ」に集中するのを阻むものに対応するためには、妨げとなっている経験、感情、出来

事、懸念、行動を特定して、それらに向きあう必要があります。同僚や生徒からのちょっとした言葉が私たちの心臓をドキドキさせ、「今、ここ」への集中を阻む引き金になってしまうこともあります。

予約している病院での診察が心配だったり、恋人や家族のことが気になっていることもあるでしょう。または、単に週末をどのように過ごそうかと考えたり、今日、仕事が終わってから友人とどのように過ごすかと思いをめぐらせているかもしれません。

気が散っていることを自覚するだけでも、自らを現在の瞬間に戻すのに役立ちます。そして、どのような場合に注意がそれてしまっているのかを継続して観察すれば、現在に戻る力を培うことができます。次に示す活動は、「今、ここ」に集中するのを阻むものに向きあうことで私たちの力を向上させてくれるものです。

「今、ここ」に集中するのを阻《はば》むものと向きあう活動

・「今、ここ」に集中することを妨害している内的・外的な要因のリストを作成する。リストのなかに何回も現れるパターンに注目してみる。たとえば、いつも特定の生徒を気にかけていないか？　または、自分の子どものことか？　健康上の問題か？　気がかりなことに対応するために何ができるのか？　それに対応したら、気がかりなことはなくなるだろうか？

・一日の初め、「今、ここ」から自らの意識を逸らすものを三つ書き出し、そのメモを籠などの中に入れて、授業と目の前にいる生徒と向きあえるように、意図的にそれらの存在をしばらく心から消してみる。一日の終わりに改めてそれらの気がかりなことを見直し、何か変化があったかどうかを確認する。抱えている懸念をいったん脇へ置いてみて、何か困ったことがあったかと自問してみる。

基本方針――教える絶好の機会を捉えて活用する

時に私たちは、教育の成果や指導案上の目標達成ばかりに気をとられているあまり、教室で生じる、唯一無二で、とても大切な教育の機会を見過ごしてしまうことがあります。指導計画にはないこれらの機会は、新たな方向に授業を向かわせるような生徒の質問という形で現れたり、また時には、二人の生徒間に生じている問題について話し合うために授業をいったん停止するといった、難しい局面に向きあうという形で現れたりする場合もあります。

さらに、生徒の心や学ぶ力に影響を与えるような、世界や学校での出来事に対応するために時間を取られる場合もあるでしょう。あるいは、人生の節目や重要な瞬間をお祝いしたり、ワクワクするようなイベントに時間をかけたりすることもあるかもしれません。

これらの瞬間を私たちが喜んで受け入れれば、予測しなかったような方法で生徒の心が引きつけられるとともに動機づけられ、創造的で大切なことを見極めるための思考が高められ、指導計画に書かれている目標が達成できる場合があります。

私たちがその瞬間と生徒のニーズにきちんと向きあってさえいれば、生徒の学びを阻《はば》む、いわゆる「部屋の中の象」(5)を見逃してしまう可能性がほとんどなくなります。この「象」には、対人関係の対立から、人種、階級、性別、文化、力関係の相互作用などといったクラス内にはびこる大きな問題までが含まれます。

クラスでこれらに対する意識を高めれば、学びのコミュニティーとしての信頼の基盤や、集中力を損なう可能性のある問題に対応するための適切な方法が見つけられます。教えるべき好期をいかそうとする行為は、学校と生徒の生活とのつながりをより深く理解することにも役立ちます。

次の例で考えてみましょう。

郊外にある高校での話です。カフェテリアの壁に人種に関する悪口が書かれていたため、生徒たちの間には恐怖と怒りが噴出しています。

朝のチャイムが鳴って、授業を行うためにある教師が教室へ向かうと、生徒たちの会話が

(5)　みんなが認識しているが、あえて見て見ぬ振りをしている重大な問題のことを意味しています。

聞こえてきました。ある生徒は、「事件は大したことではない、ただの愚かないたずらだ」と話していました。しかし、なかには、「今日、学校に来るのが怖かった」と話している生徒もいました。ほかにも、自分たちが通う学校でこのような感情が表現されたことを恐ろしく思っている生徒もいました。

その教師は歴史の授業をはじめましたが、気が散っていて生徒は集中できない状態でした。彼女は授業を中止し、学校での出来事について、生徒の気持ちと起こったことの本質について考え、それらを共有する機会をもつことにしました。その瞬間、彼女は公民権運動という歴史上の出来事と今実際に起こっていることを結びつけ、人種差別という行為が及ぼす影響について大切なことを伝えました。

その後、その教師は、人種差別という行為に対して学校で何らかの行動を起こすようにと生徒を導きました。その結果、学校内にコミュニティーとしての信頼関係を築くために「コミュニティーの団結日」という企画をクラスで立て、実際に実施したのです。

基本方針——自分を大切にする

飛行機が離陸準備をはじめると客室乗務員は、「緊急時には、ほかの人を助ける前にまず自分の酸素マスクを着用することが基本です」と繰り返し乗客に伝えています。これは、教えることにも当てはまります。もし、教師が自らに対するケアを十分に行っていなければ、生徒のニーズに対応することはできません。

もちろん、これは、自らに何かを課したり、時には長時間働いたりすることもすべてお断わり、などと否定するものではありません。しかし、仕事面の過度な状態と教師にのしかかっている重圧を解消するために、一日のなかで、あるいは一年のどこかで、自らをリフレッシュするために何らかの習慣を意図的にもつ必要があります。これらの実践には、運動や表現力豊かな芸術など、心の中の蓄積された感情を吐き出す手助けとなるものもあります。

セルフケアの実践は、私たちに静けさと落ち着きをもたらし、起こる出来事に対してより注意を払えるようにしてくれます。その実践には、昼食時にドアを閉めて休憩したり、静寂のなかで座ったり、インスピレーションを与えてくれる言葉やイメージ、または文章を改めて読み直してみることなどが挙げられます。

一年間の職務の間に、仕事から離れて、より長い休暇をとるといった計画も大切です。「自分自身を更新する」とは、くみあげて少なくなってしまった井戸を再び豊かにすることを意味します。そのために、多くのプログラムが用意されています。「教える勇気（www.couragerenewal.org）」、「教育における意識とレジリエンスの育成（教師向けのケア、www.care4teachers.org）」、「教育におけるストレス管理とリラクゼーションの技法（www.smart-in-education.org）」は、勤務校以外の教育関係者が集まるという場で、自分の内面を探究する機会を提供しています(6)。

もちろん、自分自身を更新するための方法はほかにもたくさんあります。単に美しい自然に触れるだけでも私たちの心は清々しくなり、気分を新たにすることができるでしょう。

私たち教師は、常に生徒のことに意識を向け、学校内外の会議や委員会に出席し、教師としての生活と自分個人としての生活を何とか両立させようと日々努力をしているわけですが、そんなとき、自分のことなど構っていられないと、自分のことを後回しにしてしまいがちです。その結果として、疲労、欲求不満、燃え尽き、といったサイクルに陥ってしまいます。このサイクルに巻きこまれてしまうと、その学年が終わるまでズルズルと引きずられるように過ごしてしまうという状態になりかねません。

私たちには、日常の決まった業務以外にも、多くの規律指導や生徒指導といった対応が必要です。少なくとも学期ごとに自分自身を更新するために少し長い休暇をとれば、「今、ここ」に集中することや専門的な学びを満喫し、自らの能力を総合的に伸ばせるようになります。「教育者のためのリトリート(7)」に参加した教師によって語られた次の話は、小学校一年生を担当していたマウラ・マクニフ先生へのインタビューから抜粋されたものです［参考文献192］。

―　校長先生は、私が「教える勇気」のリトリートに参加したことで、「教師としてとても変化した」と言います。彼によれば、私は以前よりも楽しそうで、より落ち着いて対応しており、穏やかにもなったとのことです。実は、自分でも明確に感じていたことでしたが、ほかの人から見てもそう感じられるということは思いもよりませんでした。

リトリートに参加する前の私は、人を裁くような見方をしていて、「それは違う」と思ったことは、すぐに口に出したり、行動で表していました。今は、以前より寛容になりました。なぜなら、人がどうかということよりも、自分自身を見つめることに、より意識を向けるようになったからです。

私は、「教える」ということは私自身の問題であり、自分自身からすべての変化と価値が生み出されることを理解しました。そのこと自体が、私にとっては本当に素晴らしい学びでした。

---

(6)　このような機会は、日本では提供されているでしょうか？　最初の「教える勇気」は、『大学教師の自己改善──教える勇気』（P・J・パーマー／吉永契一郎訳、玉川大学出版部、二〇〇〇年）という邦訳があります。このあとに続く事例で紹介されているように、とてもおすすめです。また、対象を大学教師に限定したものではありません。

(7)　リトリートとは、比較的長期の休暇など、日常生活から離れて心身をリセットし、新たな気持ちでスタートできるようになるための時間のことです。ここでは、教師のための研修合宿を指しています。

教師として教えはじめた当初、私はまったく違うものの見方をしていました。指導に苦労しているほかの教師を見て、「早々と三時に帰ったりしないで、週に五時間は余計に働くようにすればいいのに」、「あの先生、もっとこういうことが分かってくれたらいいのに」、「あの先生は、もっと会議の仕切り方を工夫しなくちゃ」、「あの先生は、もっと上手に組織を動かしたらいいのに」などと思っていました。しかし、実際には、自分の思っていた指摘事項が現実の問題解決につながるかどうかについては分かっていなかったのです。

多くの事実は今も変わっていません。ここ数年の教育界の状況においても、気持ちが落ちこんでしまうようなことが多々あります。しかし、よい方向に変わったというのが私自身の認識です。私自身が起点となって、仕事に対して価値のある影響力がつくり出せるという確信と、「今、ここ」を生きて、生徒たちと真に向きあうことの重要性が認識できたのです。

（マウラ・マクニフ、小学校一年生担当教師）

実践——セルフケアとリニューアル（更新）に取り組む

教師が話す内容や行動から、生徒たちはかなり多くのことを学びます。もし私たちが、ストレスや過労のために燃え尽きる寸前のような状態にあるなら、生徒の成長と学習へのサポートを十分に行うことは難しくなります。ですから、教師が自分自身を大切にするという行為は、決して自己中心的なことではありません。実際、教師が心身のケアを健康的な習慣として確立していれば、教師をもっとも必要としている人々に対して、心のこもった精いっぱいの贈り物をすることができます。

次の活動は、教師が自らをケアし、自分自身を更新することを支援するものです。

セルフケアおよび自分自身を更新するための活動

- 頑張ったことや、主要な節目などを祝うための時間をとる。
- 自然のなかで時間を過ごす。
- 散歩をする（散歩中に別のことをするのは避ける）。
- リラックスするために走る。または、ガーデニングをする。
- 心がワクワクするように仕事場の環境を整理し、好きなように飾り付ける。
- 定期的にほかの人に感謝し、その気持ちを言葉で伝える。
- 何もしない（ただ静かに座っている）。
- ジャーナルを書くか、スケッチや絵を描くか、またはほかのビジュアル・アートを作成する。[8]
- 自分で、またはほかの人と一緒に音楽をつくる。
- 静かに思考を深める練習をする（https://www.contemplativemind.org/ を参照）。

・感動を与えてくれる本を読んだり、勉強をする。
・行っていることを定期的に中断して、短時間であっても休憩をとる。
・リトリート（研修合宿）プログラムに、単独もしくは同僚と参加する。
・一日の最初に、あなたの目標としたいことについて改めて確認する。
・一日の終わりに、数分の時間をとってその日を振り返り、よかったと思ったり、感謝した瞬間や誰かとの会話を思い出す。
・あなたの仕事と生活のなかで、順調に進んでいることを改めて確認する。

教室で「今、ここ」に集中する

生徒にやる気がなく、常に受け身で、学ぶ準備が整っていない場合は、教師がいくら最善の努力をしても望むような学習成果は生み出せません。ジョン・メディナが指摘するとおりです。

「注意を向けることは、学習に影響するのだろうか？　手短に答えよう。絶対に影響する。（中略）与えられた刺激に脳が注意を向ければ向けるほど、その情報はいっそう念入りにコード化され、保持される。（中略）なんでも知りたがる幼児であっても、退屈しきった大学生であっても、うまく注意を向けるほどよく学習できるというものだ」［参考文献144］（『ブレイン・ルール』ジョ

ン・メディナ／小野木明恵訳、日本放送出版協会、二〇〇九年、九六ページより）

基本方針――生徒の学びに対する準備の度合い（ラーニング・レディネス）と「今、ここ」への意識を育む

しばしば私たちは、集中して学ぶための準備が生徒にはできていると仮定して授業をはじめています。時に、どんどん授業を進めてしまって、はたと気づくと、思っていた状態とは違っており、生徒の心は「ここにあらず」で、授業に意識が向いていなかったと実感することがあるでしょう。そんなときに私たちは、貴重な学習時間を失ってしまった、と不満を露わにするかもしれません。また、なぜ生徒は落ち着いて授業に集中できないのか、と不思議に思うかもしれません。

学校において生徒は、「ちゃんと聞きなさい」と繰り返し指示を受けるわけですが、多くの生徒は、それがどういう意味をもっており、どうしたらそれができるのかについては具体的に分かっていません。ですから、教室で「意識を向ける」とはどうすることなのかについて探り、集中して参加するための方法について学ぶ機会とスキルを提供する必要があります。ちなみに、これには、私たちが期待していることを具体的に共有するという面も含まれています。たとえば、授

（8）『見て・考えて・描く自然探究ノート――ネイチャー・ジャーナリング』は、まさにその方法を教えてくれている本です。

業中にiPodを聞いたり、メールを送ったり、友達にメモを書いたりしないことです。
次の活動は、生徒が意識を集中するために役立つものです。

「意識を向ける」状態を育むための活動

まず、静かな環境をつくる。次に、五感の一つを使った経験を通して生徒を導く。
・チャイムや楽器の音を鳴らして、その音が消えるまで注意深く聞いてもらう。
・空気、水、衣服の生地など、肌の感触に注意を向けるようにと伝える。
・生徒に甘いもの（チョコレート、レーズン）を少しだけ与えて、「変化する食感と味に注意を払いながら口の中で溶かすように」と伝える。
・香りに注意を払って、「いつもよりも香りを感じるように」と伝える。

これらおよび類似の活動は、短時間の取り組みであっても効果的です。これらの活動を紹介する際には、「これらの取り組みは心の働きについてより多くを学ぶのに役立つ」と伝えてください。生徒には、集中力を失うときはごく普通にあると知らせて、安心させてあげてください。そして、集中力が失われていることに気づき、集中するべき対象に戻ってくるようにと奨励しましょう。また、このような活動に取り組んでいる間に、「あなた方は、自分の内なる科学者（セルフ・サイエンティスト）を育てているのだ」と伝えてあげてください。

生徒の心身を呼び起こして、学ぶ準備をするための時間をとれば、驚くべきつながりや創造的思考、そして新しい学びが起こってきます。次の話は、休み時間のあと、授業へと気持ちを切り替えるときの例です。


小学校三年生を担当しているある教師は、休み時間が終わった直後の授業のはじまりの時間を使って、学びに向かう力を育むためのクラスミーティングを行っています。多くの場合、休み時間の直後は生徒の気持ちが高揚しており、学習モードに入るのが難しい状態です。

クラスミーティングにおいて教師は、「休み時間に起こったことを一つずつ分かちあいましょう」と生徒を促します。教師は生徒とともにサークル（輪）になって、生徒たちは、休み時間の出来事についてどのように感じたのかを共有します。相互に会話をするのではありませんせん。また、出来事を紹介するときには、誰かの名前を挙げることは控えるようにと求められます。

このように、休み時間にあったことを分かちあうために数分を与えるだけで、生徒は集中して、新たな気持ちで学習課題に向かえることが分かりました。この教師は次のように述べています。

「わずかな時間であっても、話を聞いてもらいながら、そのときに感じたことや起こったことを表現することを生徒は必要としているのです。その事実に、私はいつも感銘を受けます。このようなシェアリングのあと、自分の話を聞いてもらえ、自分を見てもらえているという感覚を生徒は高め、『今、ここ』により意識を向け、学ぶための準備を整えます」

実践――「集中するための活動」を取り入れる

「集中するための活動」とは、授業の始まりや終わりに気が逸れることを防ぐ助けとなるほか、生徒が学ぶ準備を整えて授業に集中できるようにするものです。

「集中するための活動」は、自らの経験、感情、思考を振り返る機会を生徒に与えることによって、自らの内面を探究する能力を発達させる手助けともなります。受動的に授業を受けている時間や、問題行動の対応に費やされる時間を短縮すれば、生徒がコミュニティーを構築し、人とのつながりを育み、課題に取り組める時間が増えます。

教師は、生徒が「今、ここ」により意識を向け、集中し、注意深くなれるように、授業の開始時（または、必要に応じて授業の途中でも）に学びに向かえるように、「集中するための活動」を活用することができます。

具体的には、深呼吸を五回してから授業をはじめたり、あるテーマに基づいた短い文章を書いて共有したり、コミュニティーをつくるための遊び心のある活動やリスニング・ダイアド（二人組で行う瞑想の手法）、ペアシェア（二人組で行い、それぞれが感じたことや考えたことなどを共有する手法）などといった活動をすれば、生徒だけでなく教師も余計なことを葬り去り、意識を現在の瞬間に集中させることができます（「集中するための活動」の詳細については、三八九ページを参照してください）。

「集中するための活動」は、どの学年でも、どの教科領域でも行えます。ある高校の国語教師は、いつも授業の初めに簡単な「集中するための活動」を行っています。生徒が授業で読んだ小説から一文を引用して黒板に書き、それについて静かに考える時間をとっています。その後、その引用文について思ったことをペアで共有します。そのほか、生徒が驚いたことや新たに学んだことについて、一文で共有しあうといった機会を設けています。

たった五〜一〇分間の活動ですが、(9) この活動が授業中での話し合いを大いに盛りあげているのです。

次に紹介するのは、「今、ここ」に集中するために生徒がグループで取り組める、楽しくて活発な活動です。

（9）活動によっては、それほど時間を要さないものがたくさんあります！

ボール・トス

小学校の中学年から中学生(10)を対象とした約一〇分間の活動です。生徒には、サークル（輪）になってもらいます。そして、「学びと集中をサポートする活動で一日をはじめる」と説明します。

❶生徒はボールを一度だけ投げ、一度だけ受け取れる。ボールを受け取った生徒は、今日の自分の気持ち（たとえば、ほとんど寝ていなくて疲れている、テストのことが心配、バスケットボールの試合が待ちきれない、など）をひと言で言って、まだボールを受け取っていない生徒に向かって優しく投げる。どのような順番でボールを投げたかを、あとで述べなければならないので、ボールを誰から受け取って誰に投げたかを覚えておく必要がある。

❷全員が一回ずつボールを受け取ったあと、最初からの順番を思い出して、それを繰り返していく。それぞれの生徒が、同じ順番で同じ人にボールを投げる。一つ目のボールが巡回している間に、教師は二つ目のボールをサークルの中に入れる。そして、タイミングを計りながら三つ目のボールを入れる。サークルの中では、三つのボールが順番に回ることになる。時折、生徒がボールを落としたり、転がったボールを追いかけたりするなどして、にぎやかな笑いが起こる。

❸数分後、教師が活動を止めて、生徒に簡単な質問をする。

・今の気分はどうか？　より「今、ここ」に集中できるようになったと感じるか？　頭は冴えているか？　集中しているか？
・この活動は、学ぶこととどのように関連しているのだろうか？（生徒は、「集中力を維持しなければならない」とか、「みんなで一緒に成し遂げようとすれば、複数のボール投げでも続けられる」などと答えるかもしれない。）
・いつ笑ったか？（生徒は、「ボールを落としたとき」、すなわちミスをしたときに笑ったと言うかもしれない。まちがいを笑ったときには、「まちがうことは学びの一部である」と説明する機会をつくる。また、笑いについて、グループで話し合うこともできる。人は、「一緒に」笑うのではなく、「自分のことを」笑われる際に敏感になるということについても話し合える。）

❹活動が終わったら、今度はそのエネルギーを次の活動に集中し、協働で取り組む力とチームワークの感覚をすべてクラスでの学びに向けるように促す。

一〇分間ボールを投げて集中力を向上するという活動によって、生徒はより「今、ここ」に意

---

(10)　この年齢に対象を限定する必要はないです！

識を向け、心から課題に取り組むための準備が整います。この活動は、生徒の心を目覚めさせ、身体全体を使って取り組み、コミュニティーを築くための機会なのです。毎日の授業の初めに何らかの「集中するための活動」を行えば、生徒は心をすっきりさせ、学びの準備を整えてから授業にのぞめるようになります。

「集中するための活動」は、グループでも個人でも取り組めます。どの活動をするのかを決める際には、グループのニーズを素早く捉える必要があります。たとえば、生徒が休み時間が終わっても興奮して騒々しい場合は、「黄金の沈黙の時間」や「よく考えて素早く書こう」などといった活動をすると、生徒の気持ちが穏やかになります。また、昼食後に眠くて心が離脱している場合は、授業の初めに立ちあがって体を動かせば気持ちもすっきりします。

「集中するための活動」では、生徒に実際に動いてもらうことで脳と体を関連づけられますので、学びの準備を整えるのに役立ちます。アントワネット・ヤンシー（Antoinette Yancey、カリフォルニア大学ロサンゼルス校教授、公衆衛生学）は次のように指摘しています。

——生徒たちは、活動しているとき、学習により意識を向けます。また、活動すると、教室での問題行動が減少する傾向があります。さらには、生徒たちの自己肯定感が増し、自尊心が向上し、うつ傾向や不安症状が少なくなります。うつ傾向や不安は、学力と出席状況に悪影響を与える可能性があります。［参考文献144］

次に紹介するのは、「集中するための動きのある活動」の例です。

ワイルド・リバー・ラン[11]

参加人数よりも一つ少ない数の椅子を円形に並べる。サークル（輪）の中央に進んで立つ一人の生徒を除いて、全員が椅子に座る。初めに、サークルの中央でこれからすることについて説明する。中央に立つ人が、以下のリストから選択するか、自分で文をつくり、「ワイルド・リバーは、これから言う人のために流れています。どんな人かというと……」と続けて、次のように言う。

- 黒い靴を履いている人
- 茶色の目をしている人
- イヤリングをしている人

（11）　椅子取りゲームのことです。

・スポーツが好きな人
・小説を読むのが好きな人
・夏が一番好きな人

中央に立つ人が言った内容に合う人は、全員が立ちあがって新しい席を見つける。すぐ隣にある左右の席には移れない。席を見つけられなかった人は、サークルの中央に移動し、それまでに言われていない内容を言う。この活動を五回から一〇回続ける。活動が終了したら、「注意力が高まった状態について気づいたことがあるかどうか」と生徒に尋ねる。

次に紹介する「集中するために深く考える活動」は、身体と心を静かにし、生徒の意識を内面へと向けるものです。この種の活動としては、引用やセリフについて何かを書くこと、芸術作品をつくること、ストレス管理のスキルを学ぶこと、または静かな状態で時間を過ごすことなどが挙げられます。

これらの「深く考える活動」は、あちこちに気が散っている生徒の気持ちのレベルを下げて、落ち着いた気分に導く助けとなります。ある教育者が次のように言っています。

「沈黙を巧みに利用することは、言葉を上手に使うことと同じくらいパワフルです。教師が沈黙を利用するときは、生徒に考えることを促しているのです。生徒は、何を言うべきかをそこで考え、時には話す勇気も得ています」［参考文献44］（動くことと深く考えることに関する「集中するための活動」例については、三八九ページからはじまる資料を参照してください。）

なかには、次の内容に学習を移行するための手助けとして、授業の初めに少し静かにして、考える時間を必ずとるといった教師もいます。もし時間があれば、「動きのある活動」と「深く考える活動」を組み合わせて生徒が自分自身とつながるようにするほか、クラスメイトや教師と関係をつくるための支援もできます。

小学校の一年生を担当しているある教師は、毎日の授業スケジュールとして「集中するために深く考える活動」を取り入れています。

休み時間から彼女の教室に入ってきた生徒は、すぐにジャーナルを取り出し、友だち同士が近くにならないように座ります。座ったらジャーナルの新しいページを開いて、教師が色鉛筆を配るのを待ちます。部屋の照明は少し暗めの落ち着いた感じにして、静かな状態にします。

五分間で、生徒の心の中にあることを何でも言葉や絵にします。次の活動をはじめるミーティングのエリアに集まるまでの五分間、生徒は心身ともに落ち着かせて自らの内面に注意を向けます。そうすれば、次の課題により集中することができます。

同僚と「今、ここ」に意識を向ける

仕事量が多すぎるために私たちは、生徒に関わることと授業の準備以外にかけられる時間はない、と感じているかもしれません。ストレスと多忙のサイクルが勢いを増すなかで、同僚たちとコミュニケーションをとることが難しいと感じ、孤立感や孤独感を深めてしまうといったこともあるでしょう。また、たとえ同僚とつながる方法を積極的に模索している場合でも、真のつながりや生産的な環境が得られているとは感じられないかもしれません。

しかし、私たちが効果的な実践を持ち寄って、意味のある集まり方をすれば、お互いを支えあい、心の深いところで元気を与えあうような関係をつくることができます。

基本方針――サポートを与えることと受け取ること

同僚と一緒に実践に取り組むという行為は、自分自身のケアとともに、常に新しいものを取り入れるといった努力を続けるために必ず必要です。より多くのサポートやつながりを感じていて、孤独感がないときにこそ、私たちは教室や日常生活のなかで「今、ここ」により自然な形で意識を向けることができます。

次に示す活動は、有意義であり、同僚同士でサポートしあうための方法です。

サポートをしあうための活動

・教師は、ストレスを解消しないまま、職員会議などの会議に突入していることがよくある。次の会議の初めに、静寂の時間や深く考える時間を一〜二分とったり、インスピレーションを与えるような引用文を共有したり、何かの節目を祝福したりしてみないかと同僚に尋ねてみる。もしくは、もっとシンプルに、各参加者がその日の嬉しかったことや楽しかったことを少し話してから会議をはじめるというのもよい。この種の活動は、一緒に協働する気持ちを高める方法である。

・同僚と「マインドフルネス・パートナー」になる。ペアで、マインドフルネスの実践を開始し、教室の内外で起こったことについてお互いに報告しあう。一緒に取り組みながら、それぞれが枯渇しないためにどのようなケアを定期的に行っているのか、または「自分の井戸を豊かに」する方法について共有する。

・一人の同僚を見つけて、毎週一緒に昼食をとりながら、うまくいったことや課題を共有するなどしてお互いの状況を報告しあい、翌週の目標を設定する。教え方や哲学を知るために、お互いの話を聞きあう。

・自分自身のケアと常に新しいものを取り入れることの一環として、同じような志をもつ同僚と心の距離を縮めるための交流ができないかと考えてみる。学校の仕事とは関係ない活動（ボーリング、ソフトボール、映画の夜など）を毎月行うのもよい。

おわりに

本章では、「心ここにあらず」の状態になることやストレスを管理して、教室で、または同僚と、「今、ここ」により意識を向ける方法を見てきました。また、生徒が「今、ここ」に集中し、学ぶ準備を整えるための支援方法も共有しました。次章では、「お互いを尊重しあうための一線を設ける」(12)ことについて掘り下げていきます。

要するに、限度となる一線を丁寧に設定して尊重することが、いかに自分を大切にしながら、みんなが安心して過ごせ、排他的ではなく、実りの多いクラスや学校をつくり出してくれるのかということについて考えていきます。

(12) 限度（boundaries）とは、ここではお互いに心身の健康を保つために、越えないように尊重しあうべき、目に見えない一線のことを言います。

第5章 お互いを尊重しあうための一線を設ける

私が生徒たちに与える愛と規律は、それぞれのなかに善なるものが確かにあるという信念に基づいています。一人ひとりのなかに、「伸びやかに、自由に成長したいという強い欲求が湧きあがるという本質がある」ことを私は確信しています。私たちが生徒の内なる善とつながり、それを育て、肯定し、認めることさえできれば種子は成長し、一人ひとり違った可能性の花を咲かせるでしょう。

（レイチェル・ケスラー、一三〇〜一三三ページを参照）

自己の振り返り

あなたは、「限度」という言葉にどのようなイメージをもっていますか？「限度」や「『ここまで』という一線を設ける」ことに対するイメージには、あなたの人生や教員経験におけるどのようなことが関係していますか？

「お互いを尊重しあうための一線を設けること」は、教えるという実践に関わる重要な部分です。というのは、それが、「教師としての権限を生徒たちに対して思いやり深く行使し、自分自身と生徒に責任をもち、一線を明確に定義して伝えること」へと私たちを導くからです。具体的には、次のようなこととなります。

❶自分自身の内なる一線や限界を知る。
❷一線を引くことに影響している、自分のものの見方や偏見を認識する。
❸「ここまで」という一線を設定できるスキルを身につけ、自信をもって実践できるようになる。
❹「一線」を設けることへの抵抗や不満、反対などに遭遇することをいとわない。
❺対立や厳しい状況のなかでも、思いやりある関係を保つ。

教師としてお互いを尊重しあうために限度の一線を設ける

教師をはじめとして人を助ける職業では、「ここまでが限度だ」という線を自分でうまく引いたり、自らの限界を示すことは難しいでしょう。たとえば、「もう一つ会議に出てほしい」と言われたときに「嫌」とは言えないと感じるでしょうし、教室での緊迫した状況を解決しようとする際、「ここまでが限度です」などとは口が裂けても言えず、奮闘することでしょう。

あるいは、同僚に対する遠慮があって、思い切って声が上げられないという状況もあるでしょう。また逆に、さまざまな面で硬直してしまい、自分の殻に閉じこもり、成長させてくれる可能性や経験を逃してしまうといったことも起こるでしょう。

限度を理解するということは、自分自身をよく知り、習慣として反応しているパターンを認識し、何が自分にとって継続可能かを見極める能力に直接関係してきます。それは、決して柔軟性をなくしてしまうということではありません。

私たちは、自分自身の限度を知ることで、余分な仕事を引き受けることが大切なときや、会議で取り決めたことをいったん撤回するときなどに、柔軟な対応力を発揮することができます。限度を知ることは、私たちが燃え尽きたり、何もかも嫌になってしまったり、それぞれの生徒に対して十分な配慮ができなくなってしまったりしないために、内なる限界に気づき、意識してその限界との関係を築いていくことを意味します。

基本方針――自分自身の「限度の一線」を理解する

いつ限度の一線を越えてしまったのかを知るために、どうすればよいでしょうか？　限度の一線を越えてしまうと、多くの場合、肉体的または感情的に強い反応を示します。胃腸の不調や心臓が締めつけられるような感じ、または呼吸が荒くなったり、微熱や突然の涙、または怒りといった波が押し寄せてきます。

そのようなときは、おそらく私たちは大切にされていないと感じ、認められていないような気分になります。いてもいなくてもよいとか、話を聞いてもらえないとか、自尊感情が傷つけられていると感じます。このようなことが起こったら、いったん立ち止まって、今の状況の根底にあるものを改めて問い直し、意識して対応の仕方を選択するとよいでしょう。自分の「限度」に深く向きあい、十分に思考をめぐらせるためには次のことが必要となります。

自己規律（1）――単に習慣で反応するのではなく、自分の対応を思慮深く選んで行動する能力。

識別――起こった反応が現在や過去と関係しているのかどうか、また、この問題は自分（たち）だけで解決するのか、他者と連携して解決する必要があるのかを判断する能力。

柔軟性――限度を越えたとき、対処法や行動する術《すべ》を見つけ出す能力。

勇気――快適ではない状況にも立ち入るだけの心の強さ。

本章のテーマを探究するうえでは、自らのものの見方と偏見についても考慮する必要があります。それらは、限度を越えたという感覚に影響を及ぼしている可能性があるからです。たとえば、私たちは、生徒や同僚の言動の背後にあるものを、自分自身の世界観や文化的な理解に基づいて、「おそらくこうだ」と仮定してストーリーをつくっています。

もし、生徒が話すときに目を合わせなかったら、私たちは失礼だと感じるでしょう。しかし、その生徒が目を合わせないのは、軽蔑の気持ちからではなく、その生徒の家族や地域社会では年長者への敬意の表し方が異なっているために下を向いているかもしれないのです。

または、同僚がとても近くで特定の問題について大声で話したら、私たちはパーソナルスペース（人と人との間の快適な距離・訳者補記）に侵入されていると感じるかもしれません。その同僚のコミュニティーや家族にとっては、表現力の豊かなスタイルとして大声が自然なことかもしれないのに、それを理由にして、この同僚を避けてしまうといったことも起こりえます。

あるいは、とても物静かな同僚に対して、自分たちと関係をもつことを望んでいないと思いこんでしまうようなこともあるでしょう。自分でつくったストーリーや文化的な背景を検討することは、私たちにおける「一線」の全体像を理解し、ほかの人と共通理解する場合に役立ちます。

次に示す活動は、私たち自身の「一線」を理解するのに役立つものです。

自らの限度を理解するための活動

・もし、誰かに何かをお願いされたり、何かを引き受けるように依頼されたら、イエスかノー

（1）自己規律とは、自分自身の思考・感情・行動などを、自ら管理して意思決定する力のことです。

の回答をすぐせずに、その依頼が、今自分がしていることに関して何を意味するのかと考えるための時間をとる。

・もし、自分が大切にしている「一線」を誰かに越えられたと感じたときには、自問自答してみる。それは、何についての限度か？　反応するのではなく対応するにはどうすればよいか？　目の前の状況に関する自らの「ストーリー」は何か？　その解釈は本当に真実か？　なぜ真実と言えるのか、または言えないのか？　そのことは、自分の対応や行動にどのような影響を及ぼすか？

・一か月間、日々起こったことを振り返り、誰かが仕事上の限度を踏み越えたと感じるたびにそれらを書き留める。そこに現れるパターンや、自分自身や自分が接する人々に関してもたらされる情報に目を向けてみる。

基本方針――好ましくないことを喜んで迎え入れる

「好ましくないことを喜んで迎え入れる」というのは、厳しい状況や行く手を阻《はば》む壁を、学びと成長の機会として捉える能力です。この基本方針は、不快な状況を避けようとせず、むしろ積極的に受け入れるようにするものです。

難しい問題が起こったとき、とくに生徒が挑発的な行動をとるようなときに、私たちはよく抵抗や負担、恐れなどを感じます。また、生徒や同僚と衝突が起こったときには、回避したいと考えるものです。しかし、もし状況を改めて検討し直し、「こうあるべき」という考え方を改められるなら、新しい可能性が生まれます。

何事に対しても開かれているという視点に立つなら、生徒や私たちに与えられているそれぞれの状況から、何が学べるのかを考えることができます。たとえば、生徒の問題行動は、授業方法や生徒のニーズ、心の状態などについて大切な情報をもたらしてくれます。

じっと座っていられない落ち着きのない生徒は、ストレッチをして、新鮮な空気を吸うための五分間の休憩が必要であることを気づかせてくれるかもしれません。クラスの後方からやじを飛ばす生徒は、何十回も同じ方法で繰り返してきたあなたの小説の指導法について、新しいアプローチが必要であると考えさせてくれるかもしれません。口答えばかりをする生徒は、良し悪しに関係なく、とにかく注意を引きたいだけかもしれません。また、自分のことをなかなか話してくれない生徒は、知られたくない厳しい家庭の事情があるかもしれません。そして、重要なことに関して会議で意見が対立した同僚は、伝えたいことの意味を明確にしたり、誤解を明らかにする機会を提供してくれているかもしれないのです。

自分にとって好ましくないことを喜んで迎え入れるとき、私たちは好奇心をもって、不快な状態に見えるガラクタのなかに存在する宝石に目を向けることになります。

「好ましくないことを喜んで迎え入れる」ことは、とくに学校で困難に直面した際、それが学びの機会であることを思い出させてくれます。たとえば、飲酒運転で教師が逮捕されたといったようなニュースが流れたら、生徒全員は勉強どころではないでしょう。しかし、私たちの捉え方次第で、大切な対話への扉を開くことが可能なのです。また、猛暑にもかかわらずエアコンが壊れてしまった日には、みんなで教室を出て木陰で授業をすれば、クラスの絆が強まるかもしれません。

学校ではさまざまなことが起こりますが、ストレスを感じてしまうことに対しても、結局は学びに向かう新たなスキルと能力を得るチャンスだと再定義することが私たちの仕事となります。さらに、「好ましくないことを歓迎する」ことは、何もかもまったくうまくいかないと思えるような日にもユーモアのセンスを見いだすために役立ちます。それだけでも、視点を変えて、課題に対応する能力が高まります。

実践――妨害する生徒に興味をもつ

安全で魅力的な学びの空間づくりを目指して努力をしていても、最善の計画を損なってしまうような生徒の行動を避けることはできません。「妨害」する生徒は、どこまでなら許されるのかを試したり、私たちやクラスメイトを軽蔑したり、ルールや合意事項を破ったりして授業を妨げ、みんなが学習できないようにしてしまいます。そのような妨害をする生徒との出会いは、生徒と教師との相互の関係を深め、生徒の声をよく聴き、明確な「一線」を設けるという最適の機会ともなります。

これは、授業内容からの脱線を生徒に許すことではありません。しかし、妨害行為に興味深い眼差しを向けさえすれば、生徒が行う挑戦の本質に迫り、創造性と寛容によって状況に対応することができます。

妨害行為は、私たちの指導法やアプローチを変えたり、文化的な視野を広げたり、生徒の行為を誤解していないかどうかについて改めて検討することへと私たちを導いているのかもしれません。その一方で私たちは、心を開いて率直に話し合える人間関係を築くために、毅然とした「一線」を生徒に示すことになるでしょう。

よくあることですが、妨害行為の仮面の下には、痛みや悲しみ、不安、皮肉などがあります。私たちが差し伸べた手がちゃんと生徒に届き、ポジティブなリーダー、または社会に貢献できる人としての可能性を生徒のなかに認識すれば、生徒はより広い視野でしっかり見てもらっている、分かってもらっていると感じ、自らの行動を変化させるための扉が開くことがあります。

たとえば、ある中学校の教師がコミュニティーを育成する活動をしはじめたとき、この種の取り組みによく抵抗する女子生徒がグループワークを鼻で笑い、中傷しはじめました。教師は、「中傷をやめなさい」とか「教室から出ていきなさい」などとは言わず、生徒のほうを向いて、「言いたいことがあるんだね、話してくれるかな」と尋ねました。このような質問をされたことに驚いた生徒は、その後、とてもまじめな様子で次のように言いました。

「このような種類の活動は滑稽だし、偽りのように感じる」と。

そのとき教師は、活動について、「この活動は地域社会、学校、学習に関連するすべての学びにつながっている」と説明したいと思いましたが、そうする代わりに深呼吸をし、ただ彼女の声を聴くことにしました。その教師は彼女の懸念事項を尊重して、「もし、そのような偽りの様子が見えたら僕に伝えて、力を貸してくれるかな」と頼みました。彼女は驚いた様子で教師を見て、肩をすくめながら、「いいけど」と言いました。

その後、数週間で彼女は、偽りではなく真の学びがあるポジティブな教室環境をつくり出し、授業を軌道に乗せるためのサポートに積極的に取り組むようになりました。

この事例では、リスクをとって教師が生徒の挑戦に向きあい、探究心と好奇心を通じて挑戦の本質に迫ることができました。教師は生徒の妨害行為をいかす対応をし、教室の片隅からやじを飛ばす妨害者としてではなく、学びのコミュニティーに、彼女をリーダーおよび参加者として招き入れることができたのです。

とはいえ、私たちがいくら手を差し伸べてさまざまな取り組みを行っても、生徒の妨害行為が変わらないという場合があります。そのような生徒は、もっともケアと思いやりを必要としている場合が多いため、対応する際には認識しておかなければならない重要なことがあります。私たち教師は、学びのコミュニティーにとってはよくない方法で、これらの生徒に対応してしまう傾向があるのです。

妨害行為をする生徒が抱えている痛みや悲しみに触れると、その生徒に対して心をこめてアプローチをすればその生徒の行動に違いをもたらすことができるのではないか、生徒は自ら変わってくれるのではないかと思うあまり、設けた限度の「一線」を外してあげたいといった温情が湧きあがってくるものです。

しかし、教師にはコミュニティー全体を守るという役目がありますから、生徒の行動そのものに直接向きあう必要があります。継続して特定の生徒にだけ例外をつくり続けると、最終的にはよくない結果となります。現実的には、同じクラスのほかの生徒は妨害行為に憤りを感じ、教師としてのあなたの能力（とくに、安全な学習環境をつくり、公正に対応する能力）に不信感を抱きはじめるでしょう。

次に紹介する話は、一人の生徒のニーズとクラス全体のニーズのバランスをとろうとした、ある教師の挑戦を描いたものです。

中学校のある語学教師が、問題を抱えているエマという名前の生徒を受けもっていました。初日からエマは、「私に近づくな!」という態度を全身で表現していました。学校のソーシャルワーカーから、エマの兄弟が夏に殺されたという話を教師は聞いています。彼女の過酷な経験を知ったこの教師は、彼女が不適切な振る舞いをしたときでも、その多くに目をつぶり、成績が足りなくて苦戦しているときには助け舟を出していました。

このような努力にもかかわらず、時間が経つにつれて、クラスでのエマの行動はより極端で、不安定なものになっていきました。教師はエマに、「あなたの気持ちが不安定で苦しんでいることは分かるが、ほかの生徒にそれをぶつけたり、バカにしたりするような態度をとってはいけない」と言いました。それに対してエマは、「もっと頑張る」と同意しました。

しかし、ある日、クラスで話し合いをしているときにエマが、ある生徒に対して人種差別的な汚い言葉を浴びせてしまいました。教師はエマに、「すぐに廊下に出るように」と言いました。エマは謝罪し、言い訳をはじめました。しかし、教師はエマに、その行為は一線を越えてしまったこと、「校長室に行く必要がある」と告げました。

この件について校長室に行けば記録書類がつくられ、停学になる可能性が高いので、「もう一度チャンスがほしい」とエマは懇願しました。自分を苦しめる非常に強い感情や衝動に誠実に向きあおうとしたエマですが、今や彼女の行動はクラスに悪影響を及ぼしています。

この件について教師は、エマを校長室に送ることに決めました。

教師は、エマが停学になる可能性が高いことに深い悲しみを感じました。また、エマとの個人的なつながりをつくってきたものの、長い間、あまりにも多くの猶予を与えてしまっていたことに気づきました。エマの力になりたいと取り組んだことに後悔はありませんが、これからはクラス全員の安全のために、またエマ自身のためにも、教師は「ここまで」という「一線」をはっきりさせようと思いました。

妨害行為を起こす根本的な問題に意識を向ければ、クラスでの力関係にじっくりと目を向けることができます。そうすれば、妨害行為について、何のためなのかという視点から捉え、明確な限度を示し、思いやりをもって手を差し伸べて、クラス全体を保護するために必要な行動がとれます。

次に示す活動は、妨害行為をする生徒と意味のある関わりをするために、私たちをサポートしてくれるものです。

妨害行為に好奇心をもつための活動

・問題行動が何度も続くときは、注意を引きたい欲求と助けを必要としていることの表れと考え、その問題行動を、その生徒なりの間接的なコミュニケーションの形であると捉える。
・妨害行為をする生徒のなかに、ポジティブなリーダーを見いだす練習をする。その生徒の肯定的な特性を捉えるための努力をして、できるかぎり前向きな特性（ユーモア、自己主張、知性）を捉える。もし可能であれば、妨害行為をする生徒に、みんなの成長のためになる何かの役割をしてもらい、その生徒が学びのコミュニティーを建設的に支えていけるように導く。
・どのような行動が生徒の妨害行為を引き起こす傾向があるのかについて探り、異なるアプローチが可能かどうかを検討してみる。
・可能であれば、妨害行為をする生徒と個別に話す時間を設けて、妨害行為そのものについてと、その行為が及ぼす影響について話し合い、今後どうしたらよいのかについて生徒と一緒に考えて計画する。

教室でお互いを尊重しあうために一線を設ける

教師の多くは、「もっとも重圧のある仕事は学級経営である」と言います。生徒たちの間で起こる難しい力関係の舵取りをせずに、ただ授業のために用意した内容のみに集中して教えられたらいいのに、とよく思うものです。しかし、学習を妨げるのは、まさにこれらの力関係です。だからこそ、クラスでの限度と期待される行動を明確に示して、学習環境を全員で尊重できるようにすることが極めて重要となります。

キャロル・アン・トムリンソン（『一人ひとりをいかす教え方』で有名なバージニア大学教育学部の名誉教授）が次のように指摘しています。

「効果的な教育とは、認知のプロセスと同じく、社会的・人間的な努力によってなせるものです。人とのつながりを構築し、その発展のために時間を投資すれば、のちに信頼、理解、感謝、コミュニティー、学ぶ動機などといった面で価値ある財産が生み出されるでしょう」［参考文献209］

基本方針――予防的な学級経営を推進する

明確で一貫した限度を設けて生徒と教師との関係を構築しなければ、生徒は私たちの規律指導を、無計画で、不公平で、恣意的なものと捉えます。しかし、教師が予防的な学級経営に取り組めば、生徒を効果的に導き、教師の指導力に対する信頼を高めることができます。学級経営に関する予防的アプローチには、次のようなことが含まれます。

・教室での適切な行動に対する明確な期待を作成すること。
・「限度」や合意を共有するプロセスに生徒の声を取り入れること。

・直接、教師の求めることを明確に伝えること。
・特定の問題行動に伴う結果について事前に話しておくこと。
・私たち自身の行動、信念、仮定が、問題行動にいかに関係しているのかについての意識を高めること。

実践――規律や「限度を設けること」への前向きな捉え方を育む

多くの人は、「規律」という言葉に否定的な印象をもっています。この言葉が、軍国主義時代の軍曹や、教壇に立って生徒を困らせている権威主義的な教師といったイメージを想起させるからかもしれません。

私たちの多くは、規律を装って不適切に権力が振るわれる状況を経験しています。しかし、「一線を設けて共有し尊重する」という精神は「規律」という言葉の根源そのものを意味します。元々規律とは、「教えたり指導したりすること、すなわち子どもたちが生き抜く力をつけ、自制心を養い、目指す方向へと自らが歩み、他人を思いやれるように育むための教育と育成システムのこと」（子どもと家族の健康の心理社会的側面に関する委員会）なのです［参考文献30］。

このような観点から、お互いを尊重しあうための一線を設けることとは、安全でお互いに大切にしあえる生産的なコミュニティーを構築するための基本となります。

多くの教師にとって、規律にポジティブなイメージや好ましいモデルを見つけることは難しいかもしれません。規律が罰や屈辱となる経験もあれば、その一方で、支援を必要とする生徒に対して過度に規律を緩めてしまい、「何でもあり」のアプローチに陥って、混沌状態を引き起こしてしまったことがあるかもしれません。あるいは、教師（または親）が子どもと友だちのような関係になり、「言うべきことは言う」といった親としての権限を放棄してしまうような場合もあるでしょう。

もし、私たちがそのような負のモデルしかもっていなかったら、どのようにすればポジティブなビジョンやアプローチの構築ができるでしょうか？　そのためには、私たちがこれまで経験してきた規律のモデルについて率直に問い直すことが、規律に対する予防的で計画的なアプローチの足がかりとなります。学級経営のスタイルが、どのような経験やモデルに基づいているかをより意識すれば、役に立たないモデルを繰り返したり、一線を設けることを避けたり、無意識のパターンに陥ったりする可能性が低くなります。

このような問い直しのプロセスをはじめるために、まずは自問してください。あなた自身、教師や家族によるどのような規律のモデルを見てきたでしょうか？　そのモデルは、今日のあなたの規律観にどのような影響を及ぼしていますか？　これまでに、あなたの人生（あるいは友人、同僚の人生）において規律や明確な一線に関する好ましいモデルを見たことはありますか？

規律の肯定的なイメージの一つは、保護司（または後見人）や、飛行機や列車の乗務員というイメージです。コミュニティーに奉仕するために、保護司はしかるべく権限を使います。保護司にとって、規律は強制して従わせるものではありません。

規律は、生徒自身が自らの行動の結果を理解することを助け、コミュニティーに改めて関わる機会をつくり、過ちから学ぶことを支援し、損なってしまった事柄を修復するための機会を提供します。さらに規律は、学校や人生で成功するために必要とされるスキルを学ぶコミュニティーをつくり出すことにも関係しています。

もし、そのような一線を設けることを望まないときや、または一線が設定できないときには、クラスでの学びを妨害する力関係に私たちは巻きこまれてしまい、エネルギーを枯渇させると同時に仕事への情熱をなくしてしまいます。

全米の都市部で学ぶ中学生を対象にインタビュー調査を行った研究者は、その結果をもとにして、「よい教師」とは何かについて中学生の意見をまとめました。生徒たちは、よい教師は「厳しいけれど親切」で、「自分のことを諦めないでいてくれる人」［参考文献229］と指摘しました。

教師が厳しい一線を示すのは、コミュニティーを守り、みんなと思いやりある関係を保つためであることを生徒が理解すれば、生徒は本当の気持ちを共有し、心を開き、真の学びのために必要とされる知的なリスクを進んでとろうとします。

ある研究者たちが次のように指摘しています。

「要するに、生徒が私たちをテストするというのは、私たちに合格してほしいと思っているからです。彼らは私たちを応援する側にいて、クラスの安全と、それを達成する仕組みを提供してほしいと願っているのです」［参考文献203］

次に示す活動は、「規律」と「一線を設ける」ことについて、肯定的な捉え方を育むために役立つものです。

「規律」と「一線を設けること」に対して肯定的な捉え方を育むための活動

・規律に関する自分の経験を思い出して、肯定的なロールモデルと否定的なロールモデルを特定する。少し時間をとって、それらの人々が規律に対する自分のアプローチにどのような影響を与えたかについて考えてみる。

・子どもの発達についてこれから学びたいことと、生徒との適切で明確な一線の構築について明らかにする。そのための最善の方法がとれるように、必要な情報とサポートが得られる方法を計画する。

・規律と学級経営に関する本(2)（たとえば、ジョン・ヴィットの『関係主導の学級経営』〔参考文献215〕のような）を読み、その内容について同僚と話し合う。

・規律に関する肯定的なイメージをはっきりさせる。そのイメージを表現する視覚的なイラストを描いてみる。たとえば、登山やラフティング（ゴムボートを使った川下り）という比喩の利用など。そして、抵抗、恐れ、困難などが起こったときに、「いったん停止してよく考える」ことを思い出せるようにする。

実践――リーダーシップでクラスを導く

クラスの導き手として、「クラスの明確な目的と方向性の確立」と「前向きな信頼関係の構築」に関して、教師としての権限を積極的に発揮しましょう。私たちはしばしば無数の優先順位、力関係、ニーズの管理といったことにさらされます。クラス全体によく配慮して基準をつくれば、この複雑さに対応でき、落とし穴を避け、課題解決へと導けるようになります。

次に紹介しているのは、積極的なリーダーシップの提供をサポートするための活動です。

リーダーシップでクラスを導くための活動

・指導案がなくても、クラスを深い探究へと導くための機会がいつ訪れてもいいようにアンテナを張っておく。

・生徒一人ひとりの「違い」は解決すべき問題ではなく、全員にとって理解を深める財産であると捉えていることを、モデルとなって生徒に示す。

・生徒たちに、教室での問題解決や意思決定に参加してもらう。

・生徒が嫌がらないようであれば、妨害行為をする生徒の隣に座ったり、側に立つといった方法で解決を図る。

・明確な指示でクラスとしての成長を導き、団結や協力を損なうようなグループの形成を阻止する。座席の配置やプロジェクトのグループを変えることによって、さまざまな生徒の特性（人種や民族的背景、言語など）がもたらすグループ化といった傾向を意図的に変化させる。

・明確な指示を出して、安心できる環境を確立する。たとえば、ＳＥＬ（感情と社会性を育む学習）の活動をする際には、順番をパスしたり、見ているだけでもよい（オブザーバーとしてのみ関与する）権利を与える。

・争いを解決するために、込み入った話のできる場所を教室や学校につくる。その場所をどのように使うのかを例で示して、実際に大変な状況が発生する前に、もめ事を解決するための

(2)　このテーマで書かれた本として、『「居場所」のある学級・学校づくり』がありますので参考にしてください。

プロセスが理解できるようにしておく。

・クラス全員が思いやり深くあるとともに、適切な決定ができるように、問題行動に対応する際にどのような段階を経るのかを明確にした規律に関する計画をつくる。限度を明確に設けつつ、生徒と良好な関係を保つ方法も計画しておく。

実践——合意形成をし、共有する

生徒が学級経営に参加する方法の一つは、新学年の最初に「合意形成をし、共有する」というプロセスを導入することです。合意の共有は、教室や学校で大人が生徒に義務づける一方的な規則とは異なります。共有された合意の内容は、すでに存在する確立されたルールとともにあるため、多くの場合、それらのルールと重複します。

合意形成をし、共有するプロセスでは、「安心して過ごせて、お互いを尊重できて、生産的な学びのコミュニティーにするためには何が必要ですか」と尋ねます。合意内容を決めることに生徒が積極的に参加し、その実行に最善を尽くそうとするとき、生徒はクラスの状態に対してより多くの責任を担います。

自分が関わっているという実感と、自分が変えていけるというエンパワーメントの感覚があると、生徒は学校生活のすべてにおいて自分の存在感をより感じ、心から関わろうとする感覚を高めます。また、合意形成をし、共有するプロセスは、トップダウンのルールに対して抵抗感のある生徒が、ルールの改善に主体的に関わるようにもなります。

こうすれば、年間を通じてクラスで何か問題が生じたときでも、コミュニティーを前向きで相互尊重に満ちた状態に保つため、いつでもお互いに共有した合意に戻れます。

ルールや合意したことが破られ、教室における身体的、感情的、知的な安全が保たれなくなるケースもあります。そのときに率先してクラスを守るのは、当然、教師です。しかし、合意形成をし、共有するプロセスを経ているクラスであれば、全員の生徒が、問題が起きた際の対応や安心できる環境の構築に関わっているため、事前に共有した手順と合意の一貫性に基づいてその問題について話し合い、一緒に解決することができるでしょう。

何かが起こる前に事態を予測して、解決のためのプロセスを決めておき、教師が一貫性と思慮深い結果責任を含んだ問題解決のためのプロセスを示して、クラスの生徒が「自分たちで解決できるし、自分もクラスの一員である」と感じられるようにサポートしましょう。

合意形成をし、共有するプロセスをスタートさせるのがもっとも効果的な時期は、新年度がスタートして、数週間の授業を受けたあとです。そのころになれば、生徒はクラスの様子を理解し、信頼とコミュニティーの感覚を構築しはじめています。

合意形成をし、共有するための活動

・「効果的に学ぶことができて、率直に、正直に語りあえるためにはお互いにどうすればよいのか」について生徒たちにブレインストーミングしてもらってリストをつくり、クラスのみんながそれぞれ大切と思ったことを共有する。このリストは編集をせず、生徒が言ったままの言葉を書き留める。抽象的であったり、不明確と思われる概念や言葉については、話し合って明らかにする。

・リストの内容を分類し、テーマや項目ごとに名前を付けてもらう。たとえば、人の話を遮らないことや侮辱しないことは、「話している人を尊重する」という大きな項目に含められる。そのようなテーマないし項目を三つから五つにまとめる。

・何らかの方法で、合意したことに生徒が主体的に関われるようにする（たとえば、合意形成の共有書面にサインをする、親指を立てて合意を表すなど）。

・共有した合意形成の内容は、常に見られるように教室に掲示しておく。

実践――思いやりをもって一線を設ける

思いやりをもって一線を設けるためには、「学習環境を守って維持する、明確で公正な一貫した限度を示す」というスキルが求められます。それらのスキルとは、「生徒が限度を超えたとき

に積極的かつ意図的な行動をとるための意思決定力と自信」、「限度を示すために、力と権限を適切に実行する意志」、そして「自分がまちがったり、生徒の行動を誤解したり、クラスの状況にうまく対応していないときにそれを認める謙虚さと勇気」などです。

思いやりをもって一線を設ける場合、もう一つの側面となる利点があります。それは、教室での混乱に対応するためにあらかじめ考え抜いた計画を立てているため、クラスで教師が反応的になったり、不意を突かれたりする可能性が低くなることです。もちろん、いかに入念な計画を立てても、予期せぬ状況や反応に見舞われることはあります。しかし、そういうときこそが、今までにない新しいアプローチやユーモアを活用して生徒を引きつけるなど、創造的な方法を見つけるチャンスとなります。

次の例を参考に、ある教師の問題行動に関する段階的な対応を考えてみましょう。

❶何が適切ではない行為かをはっきりさせ、生徒に「別の選択があるか?」と尋ねる。
❷それでも生徒がその行為を続ける場合は、次のステップとして、「このまま続ければ参加しているその活動から外れるか、いったんクラスの外へ出ることになる」ことを知らせる。また、その行為がほかの生徒の学習を妨げていることも説明する。
❸それでも行為が続く場合は、「その活動から離れて席に着くように」と伝える。その際、対象となる生徒には、「みんなを尊重しながら参加する準備を整えて、再び活動に加わることを待

っている」と伝えておく必要がある。コミュニティー（活動）に再び戻れること、それを教師が期待していることを示しておく必要がある。こうすれば、生徒は学びのコミュニティーに自分の居場所があり、将来、違った選択ができると理解するようになる。

❹もし、以上のすべてがうまくいかなかった場合は、校長、教頭、カウンセラーなどのところへ行くようにと指示し、「あなたとは、またあとで話します」と伝える。

思いやりをもって一線を設けるためには、勇気と見識が必要となります。教師は、一人ひとりの生徒とクラス全体の幸福について考えなければなりません。思いやりをもって一線を設ける際には、以下の活動が参考になります。

思いやりをもって一線を設けるための活動

・新学年の初めに、クラスにおけるさまざまな行動について「何が求められているのか」を明らかにする。
・何を求められるのか（教師の期待・訳者補記）については、率直に分かりやすく伝える。
・教室においては何がどこまで許されるかについて話し合い、合意形成をし、共有するプロセス（一八六〜一八九ページを参照）を通じて、生徒の思いや意見、考えなどをよく聴く。

・合意に反する行為があった場合、可能であればその後に、対象となった生徒がコミュニティーに再び参加できる方法を明確に示す。
・問題行動をした場合の対応や措置について、問題行動が起こる前に説明しておく。
・教師自身の行動や信念が生徒の問題行動に影響しているかもしれないという意識をもち続ける。そのための具体的な方法として、自分の授業を同僚に観察してもらい、率直な感想を言ってもらう。
・これから行おうとしている授業や活動の目的を繰り返し見直して、学習目標とのつながりを確かめる。
・教室における生徒の感情を受け止めて、よく理解し、それらが表出する理由を生徒と考える。
・設定した一線については、一貫性と公正性をもって思いやり深く対応する。
・一人ひとりの生徒と同じく、クラス全体の安全と幸福を考慮する。

実践——何を求めているのかを率直に伝える

気づかないうちに、教師として生徒に何を求めているのかを率直に伝えずに、レトリック（修辞的）な質問[3]をしているかもしれません。このようなアプローチの場合、生徒を混乱させ、不必要な誤解やもめ事につながってしまう可能性があります。

次の話は、何を求めているのかを率直に伝えることの重要性を描いたものです。

とくに活発なジェームズという一年生の生徒について、教師（女性）が休憩室で話していました。彼女には、ジェームズがなぜ自分にひどく反抗的なのか、その理由が理解できなかったのです。

ちょうどその日、彼女がジェームズに、「図書室に行く準備はできている？」と尋ねました。するとジェームズは、彼女の目を見て、「できてないよ！」と言いました。それで彼女は、「じゃあ、私が図書室まで付き添っていくね」と言いました。するとジェームズは、泣き叫んで反抗しはじめ、その状況を収めるのに二〇分もかかりました。

その後、彼女は同僚と状況を振り返りました。その際に同僚は、彼女が要求をするのではなく、ジェームズに質問をしていること、そしてジェームズがその質問に正直に答えていることを指摘しました。この同僚は、「質問をするのではなく、求めていることを率直に伝えるとよい」と提案してくれました。

彼女は、これまでに自分のコミュニケーション・スタイルの側面について考えたこともありませんでした。率直に要求をすることによって誤解が避けられ、ジェームズやほかの生徒との関係改善ができると分かってありがたいと思いました。

次に示す活動は、より直接的なコミュニケーション・スタイルをとる際に私たちをサポートしてくれるものです。

何を求めているのかを直接的に伝えるための活動

・これからの一週間、生徒に求めることをどのように伝えているのか、また、それが生徒の行動や反応にどのような影響を与えているのかについてメモをとる。

・どのような言い回しで求めることを伝えるのかによって、生徒の行動や反応が変わってくることに気づく。

・生徒の行動に対する教師の期待を三つ書き留める。そして、それらの期待を明確にする表現方法を見つける（たとえば、「注目しましょう」、「集中しましょう」、「参加しましょう」など）。「注目する」ことの意味は、全員が分かっていると思うかもしれないが、実はノートに落書きをしながら教師の話を聞くことが授業に役立つと思っている生徒がいるかもしれないとか、自分の発言が理由で授業が中断してしまっても、それが注目を集めてよいことだと捉えてい

（3）　レトリックとは、表現や言い回しの工夫のことです。ここで言う「レトリック（修辞的）な質問」というのは、伝えたいことを直接表現せずに疑問文で表現するような言い回し（誰のためになるの？＝誰のためにもならないでしょう！）などを指しています。

る生徒がいるかもしれないため、「注目する」ためのよい方法とはどういう行動なのかについて共有するため、クラスでオープンに話し合ってその内容を黒板に書き出してみる。

実践——いじめやハラスメントに対応する

今や、ほとんどの学校では、いじめやハラスメントに対応する行動計画を策定するようになっています。いじめやハラスメントは、言うまでもなく根深く複雑な問題です。このテーマだけでも本が一冊書けてしまうほどなので、ここですべてを伝えることはできません。しかし、すべての生徒が次に示すような機会がもてるようになれば大きく前進するでしょう。

・よくある社会的な障壁(4)を打破するために、さまざまな方法でお互いのことを学ぶ。
・SEL（感情と社会性を育む学習）のスキル（ストレスや怒りを管理するスキルを含む）を向上させる。
・クラスメイトと協働して何かに取り組む。
・期待、限度、行為の結果について議論する。
・クラスメイトとともに、生産的なリーダーシップの役割とエンパワーメントを経験する。

SELを教室に取り入れることによって、生徒がクラスメイトや教師と、より良心的で思いやりのあるやり取りができるようになるための支援となります。これは、単に学校で身につける一連のスキルであるのみならず、クラスメイトとともに学ぶことを通して、クラス内で孤立することを防ぐことにもつながります。これらのスキルを学んで実践すると、いじめが起こる可能性が低くなり、もしいじめが起こったときでも、自分自身やほかの誰かのために立ちあがれる可能性が高くなります。

いじめやハラスメントに対応する際にもう一つ重要なことは、学校全体が一つのチームとなって、問題に対応するための手順を構築し、学校対応の範囲を超えるような生徒の行為が何であるかを特定することです。

極端なトラウマを抱えていたり、過酷な虐待を受けた生徒にとっては、攻撃的な行為が痛みや苦しみの表現であり、教師や学校が提供できる以上の支援を必要としている場合があります。これらの生徒は、十分なサポートなしには、衝動を効果的に制御したり、痛みに対応できない可能性があります。したがって、これらのケースでは、学校と連携した専門機関から支援を得ることが不可欠となります。

(4)　社会的な要素（年齢、ジェンダー、人種、文化、社会経済的地位など）が、時にコミュニケーションを妨げる要因となります。

次に紹介するのは、いじめに対応するために率先して取り組んだ小学校の校長の話です。

ミズーリ州の農村部にある学校の教師たちは、三年生にいじめの兆候があるのではないかと思っていました。校長は、かつて取り組んだように、いじめている生徒を特定して怒りの感情をコントロールする方法を教えるのではなく、いじめっ子、被害者、傍観者が混在する「リーダーシップグループ」をつくることに決めました（グループ内において、誰がいじめているのか、被害者なのか、傍観者なのかについては生徒に分からないようにしました）。

このグループは、学校のリーダーシップスキルを開発するという目的で、校長と週に一度、一時間のミーティングを行いました。最初、生徒たちはもめ事やいじめについて話題にすることさえしませんでした。グループでは、生徒同士がお互いを知り、その強みや課題を見つけだすための手助けとなる活動を行いました。

五週目までに、このグループは相互に強い信頼関係を構築し、怒りや感情のマネジメント、ストレス、友人との関係などに関する問題について話し合いをするようになりました。いじめた子どもも被害者も、ともに友人との悩みについて分かちあいました。これだけでも、このグループの相互理解と行動には大きな変化がもたらされました。

八週目のセッションの終わりに、グループの生徒たちには、学校コミュニティーのリーダーとして、もめ事、ハラスメント、いじめなどが起こっている状況に取り組んで、大切な仲間を導く計画を作成するようにといった任務が与えられました。

もちろん、三年生にはまだ問題や課題がありましたが、校長はこのグループに大きな変化を見いだしました。校長は、グループの生徒が学校コミュニティーに対する、新たな誇りと責任感を抱いていることに気づきました。生徒たちは重要な役割を果たしていると感じ、そのことが「最高の自分になろう」とする意欲を湧きあがらせていたのです。

各学校やコミュニティーの状況はそれぞれに異なるため、いじめやハラスメントへの対応は実態に応じた固有のものとなります。この複雑な問題に取り組むためには、いじめ防止プログラムをSEL（感情と社会性を育む学習）のスキルと統合することがとても効果的で多面的なアプローチとなります。

いじめに対する予防的な取り組みとして、すべての生徒のためになる活動を紹介します。

・お互いを新しい方法で知りあう（仲良しグループや社会的な役割を超えて）。
・SELの能力の向上を図る。
・生徒（とくに幼児）が自らの気持ちが認識できるように、「感情を表す言葉」をみんなで増やしていく（詳細については三八三ページを参照）。

・怒りをはじめとして、さまざまな感情はどのようなものか、または、それらの感情は自分自身や他人の目にどのように映るものなのかについて学ぶ。
・怒りやストレスの引き金になるものを特定する。また、怒りやストレスを軽減してくれるものを活用する。
・非暴力的な方法で怒りを表現することを学ぶ。
・ほかの人の怒りを引き起こすような行為とは何かを特定し（からかいや悪口を言うなど）、それらについて考える。
・これまでに、困難な状況にあるときに勇気をもって行動したり、前向きな行動を選んだことを明らかにし、それらの経験を積みあげていく方法を学ぶ。
・損なってしまったことを修復するための方法を学ぶ。(5)

基本方針――行為をコミュニケーションとして捉える

生徒は、言葉と同じくらい行動を通してコミュニケーションをとっています。特定の行為の奥に存在する潜在的なメッセージに目を向けると、根本的なニーズに対応して、問題解決に生徒が主体的に関われる方法を見つけることができます。

おそらく、生徒のなかには感情のコントロールが難しかったり、何が求められているのかをそもそも理解できなかったりする生徒もいるでしょう。または、家庭内に問題があって、その生徒の怒りが学校とは何の関係もない場合もあります。あるいは、授業内容に関する何かが引き金となって、教えている教材そのものに生徒が反応することもあるでしょう（たとえば、宿題としてホロコーストについての作文を出したとき、生徒の家族がホロコーストの生存者であった場合など）。

破壊的な行動が起こったときに、それを引き起こしたり防いだりするものが何であるかに気づき、それらを辿れば、生徒は直接的に問題解決に関われます。生徒が強い感情を表すときには、その感情がどのような情報を伝えているのか考えましょう。私たちは、怒りの表現の周りに一線を設けることができます（たとえば、「サラ、あなたがこの宿題に動揺しているのは分かるけど、声を小さくして、教室では丁寧な言葉を使おうね」）。また、その生徒のなかで起こっていることを知るために質問もできます（たとえば、「今、この宿題のどのようなことが嫌だと思っているのか教えてくれるかな？」）。

このようにして、適切な行動に関する明確な一線を示しながら、教室では感情が健全に表現さ

（5）　ここのリストの内容について詳しく知りたい方は、『感情と社会性を育む学び（ＳＥＬ）』と『生徒指導をハックする——育ちあうコミュニティーをつくる「関係修復のアプローチ」』を参照してください。

れるように手を差し伸べましょう。

生徒を理解して行動できるとき、私たちは思いやりをもって関わり、注意を払い、限度を設定し、支援の提供ができる頼りがいのある大人であると生徒に示すことができます。

また、生徒の行為をコミュニケーションとして捉えることで、その行為が教師への個人攻撃ではないと受け止められるようになります。たとえば、授業中に何も反応しないのは、単にたまたま疲れていて「心ここにあらず」の状態にあるだけで、教師の指示を故意に無視しているわけではないかもしれません。また、乱暴な態度でイライラしているような場合も、休憩時間にクラスメイトともめただけかもしれませんし、朝食を食べていなかったり、前日の夜によく眠れなかっただけかもしれません。

もちろん、私たち教師は、それでもなお生徒には行動に責任をもつようにと導き、必要に応じて生徒の話を個別によく聴きます。しかし、生徒の問題行動が自分とは関係ないかもしれない場合を考慮して、多角的な視点をもつとともに、責任を感じて防御的になってしまう姿勢から脱却すれば、生徒がとった行動の根本原因に関する探究と好奇心をもち続けられるようになります。

実践——落とし穴や盲点を避ける

人には、みんな盲点があります。何かにとても近づきすぎると、はっきりとは見えないものです。教師としての仕事は、「自分自身や自分のクラスについて、見えづらいものを見ようとすること」、「自分自身の反応のパターンに意識を高めること」、「生徒がとる行為の根本的な理由について興味をもち続けること」などに対して心から取り組むことです。

「自己観察力」と「相手の背景をふまえて対応する力を向上させること」は、このアプローチにおける重要な側面となります。これらを意識すれば、生徒がとる行為を教師という権威への挑戦と誤解してしまう可能性が低くなります。

次に示す活動は、一般的な落とし穴を避けて、生徒がとる行為により意識が向けられるように考えられたものです。

落とし穴や盲点を避けるための活動

・生徒が問題行動をしたときには、好奇心と探究心をもって接する。

・教師が考えた授業や活動内容に対する生徒の反応に対して、自分を責めたり、責任を感じすぎたりしない。

・生徒の感情暴発や皮肉をこめた言動などを、教師個人への攻撃と受け止めないようにする。生徒がとる行為の背後に何があるのかは分からないし、教師や授業内容とは何の関係もない場合が多い。

・みんなの前で生徒を恥ずかしい気持ちにさせたり、屈辱を与えること（誹謗中傷する、怒鳴りつける、けなす、嘲笑《ちょうしょう》するなど）は避け、繰り返し起こる否定的な行動には、ためらうことなく、その行為はいけないことだと指摘する（たとえば、「ジョセフ、悪口を言いふらして何度も誰かをからかうと、言われた人が傷つくし、教室の雰囲気を壊してしまいます。クラスには、お互いに合意して、みんなで守る約束があったでしょう。悪口を言いふらすことは相手を尊重することにならないから、その行動はやめてください」と言う。）

・教室から出して生徒を職員室／校長室に送ることは、さまざまな方法で取り組んでみてからとする。

・生徒に対応する前に、教師自身の信念や偏見、生徒の行為に関する解釈について注意深く考えてみる。

同僚間で、お互いを尊重する一線を設ける

同僚間では権限が平等であるために避けがたいことですが、お互いの一線が交差したり、摩擦が生まれたり、神経を逆なでされたり、感情が燃えあがったりすることがあります。現在の教育環境は圧力鍋のようなもので、これらの圧力が私たちを個別に、または集団として破裂させてし

まわないように、お互いのやり取りに思いやりをもって臨む必要があります。それには、私たち自身のあり方が大きく関係してきます。

配慮と思いやりをもって同僚と関わることは、生徒にも直接の影響を及ぼします。学校内に不和や競争、不信感などが蔓延していると、生徒たちはそれを感じとり、学びと成長に必要とされる生産的な環境の構築ができません。このような理由から、大人の学びのコミュニティーにおける摩擦を解決するためのスキルとノウハウを、教師自身が向上させる必要があります。

基本方針――一線を設けて摩擦に対応する

一線を設けたり、摩擦に言及する際のやり取りは心地よいものではないため、私たちはしばしばそれらを避けてしまいます。しかし、その摩擦を相互理解と成長の機会と捉えることで、それらの経験は創造性と豊かな学びの源となり得ます。パーカー・パーマー（一四七ページの注を参照）が『隠れた全体性』(6)〔参考文献172〕で述べているように、「状況が悪化したら、理由を考えてみよう」ということです。

また、限度を超えられたと感じるとき、あるいはもめ事が起こったときに私たちは、「好奇心

(6)　残念ながら、この本は邦訳されていませんが、このテーマとアプローチには『好奇心のパワー』がおすすめです。

をもって学びにオープンな姿勢でアプローチする」という選択ができるのです。

摩擦は、一人かそれ以上の人々が限界を越えたと感じたときや、学校で推進されていることに考え方の違いから賛同できないと思うときに現れます。会議や会話の場面において私たちは、自分にとって大切なことに関して、本当に思っていることを言って仕事上の関係を危険にさらすのか、またはそのまま黙ってやり過ごすのか、という選択に迫られるときがあります。

別の選択はあるでしょうか？　同僚や生徒とポジティブで思いやりのある関係を維持しながら、自分の価値観や感情とのつながりを保つためにはどうすればよいでしょうか？　心を開いて一線を設けるためには、実際、どのようにすればよいでしょうか？

摩擦があることで、仕事において意識を向けるべき側面が浮かびあがってきます。私たちは、摩擦を解決に導くことを通して個人的な一線がより明確になったり、学校内のもっとも重要な問題により強い意識を向けるようになったりします。「限度を見極めて、同僚と尊重しあう」という実践は、押し黙ったまま傷ついた感情をうやむやにするのではなく、言葉にして分かりやすく相手に伝えることでもあるのです。

激情にかられて怒りのメールを送ってしまうのではなく、いったん立ち止まり、少し時間を置いてから、実際に会って思慮深く対応してもよいでしょう。または、たとえ自分とはまったく考えが異なっていても、相手がどのような視点でどのように考えているのかと、進んで耳を傾けてもよいでしょう。

困難な時間を乗り越えながら、好奇心をもってお互いが向きあえるとき、驚くべき発見がもたらされます。お互いの関係において、意識していなかった何か重要なことを見いだし、そのパターンを意識することで変化が起こるかもしれません。あるいは、摩擦の主な原因が極度の疲労がもたらすストレスだと分かって、繁忙期にお互いをサポートしあうためにはどうすればよいのかという戦略を立てはじめるかもしれません。

このプロセスにつきものの不安や不快感とうまく付き合うためには、ある種の勇気と心の強さが必要となります。しかし、一緒に摩擦の解決に取り組む際のよい点は、コミュニティー内の信頼が深まること、これまでよりも効率的かつ楽しく協力しあえるようになることです。

次に示す活動は、摩擦を上手に解決する際に役立つものです。

摩擦を解決に導くための活動

・好ましくないことを喜んで迎える。心の中では、これまでのように摩擦から逃げ出したいと感じていたとしても、深呼吸をして、自分の能力を伸ばしてくれる機会だと思い、摩擦に目を向ける。そうすれば、自分の心が開かれているのか、閉じられているのかが分かる。

・何かのきっかけで感情を揺さぶられたとき、とるべきもっとも賢明な行動は、とりあえず時間を置くことである。そうすれば、自分だけでなく関係する人たちも心を開き、新たな視点が得られる。いったん立ち止まる必要性に気づけるよう、自己観察力を向上させる。
・摩擦に巻きこまれて苦戦し、改善できそうにない場合は、中立的な同僚に話を聞いてもらい、自分の話がどのように聞こえるのかを、その人の言葉で話してもらうとよい。その同僚は、仲裁者とは異なる役割を担うことになる。時には、第三者が深く耳を傾けて、聞いた内容を繰り返してくれるだけで新しい視点が得られ、共通理解や合意点を見いだせる場合がある。
・学校コミュニティーに、摩擦を解決するための具体的な方法を導入する。「すぐ感情的に反応してしまわない話し方や聞き方」を可能にしてくれる非暴力コミュニケーションやミーティングなどといったさまざまな方法がある。[7]
・問題に焦点を当てる場合と同じく、成功事例にも焦点を当てる。かつて満足のいく解決ができた過去の事例について、なぜうまくいったのかを分析する（成功分析の手順については、三七九ページを参照）。何がうまくいったのか、また、その学びを現在の困難な状況にどのように適用すればいいのかを探る［参考文献156］。
・同じ職場の教師に摩擦や誤解について伝えるときは、「私」メッセージで、考えや気持ちを共有するように努める。「私」メッセージとは、感じたことを自分の言葉で伝え、相手を責めない方法である（たとえば、「この前の職員会議で、あなたが数学科のことをお話しされたとき、私は知らされていなかったので戸惑いました。少しお話をうかがってもいいですか？」など）。

・もし、不安なときは、相手のよさに目を向けることと感謝の気持ちをもつことからはじめる。多くの場合、摩擦の原因は、その根底にある誤解である。同僚に対して心から寛容な気持ちで思いを伝えることからはじめれば、混乱の本質が明確になる。つまり、「その同僚との仕事上の関係を自分が気にかけている」ことを相手と共有するだけで解決するかもしれないということだ。同僚のよいところを言葉にして本人に伝えれば、相手は身構えなくなる[8]。

対立を解決するための経験豊富なファシリテーターで、『対立を通じて導く』や『アメリカ市民、グローバル市民』[9]の著者であり、グローバルリーダーシップの分野で多数の著書があるマーク・

（7）このテーマには、『NVC人と人との関係にいのちを吹き込む法』や、前掲した『生徒指導はハックする』の「関係修復のアプローチ」が参考になります。ミーティングについては、三二三～三二四ページを参照してください。

（8）ここで紹介された活動は、直接間接的に http://wwletter.blogspot.com/2023/02/sel.html で紹介されているSELの多くを練習していることになると思いませんか？

（9）この二冊は残念ながら未邦訳ですが、『世界で生きる力―自分を本当にグローバル化する4つのステップ』があります。

ガーゾン（Mark Gerzon）は、彼自身が関わった「熱い対立」と「冷たい対立」をめぐる教員研修の様子を次のように紹介しています。

ある校長が、「教師が対立に対応できるように研修してほしい」と私に依頼してきました。その学校では前年に多くの対立があったとのことで、校長は「教師がより上手に対応できていたら、多くの時間とエネルギーが削減できたと思う」と私に話しました。

私たちは、午前八時に学校の食堂に教師全員を集めて、研修をスタートさせました。まず私は、みなさんに対して、「この一年にあった対立の例をいくつか話してもらえませんか」と尋ねました。

誰も、手を挙げて口火を切ろうとしませんでした。対立には、困難や動揺、混乱があり、詳細を話すには細心の配慮が必要になるため、教師は自分の対立については話したくない、と私は理解しました。

そこで私は、まずは信頼関係の構築が必要だと思いました。そして教師のみなさんに、「対立することは悪いことではなく、何かを学ぶことだ」と説明しました。誰も対立を扱う方法については教わっていないので、対立を扱うことは誰にとっても難しいという点を共有しました。そして、次のように続けました。

「対立には二つの種類があります。一つは『熱い対立』です。『熱い対立』では、人は大声を出したり、声を荒げたり、お互いに相手を中傷または罵倒して怒りを露わにします。つまり、『熱い対立』は怖い感じがするものです。もう一つの対立は『冷たい対立』です。『冷たい対立』では、誰も大声を出したり、直接やりあうことはなく、生じている問題について、廊下や放課後の時間などにひそひそと話しています」

学校のように、誰もが親切であるべきとされているような環境では、多くの「冷たい対立」が起こっています。さらに、私はみなさんに尋ねました。

「さて、私たちは対立の定義を改めて確認し、誰にでも起こることだと共通理解しました。どなたか、この一年間にあった対立について話してくれる人はいませんか？」

突然、たくさんの手が挙がり、私たちはそれらの対立について考えていきました。

対立の内容があまりにも熱い場合は、落ち着いてもらって冷ます必要があります。逆に、対立があまりにも冷えきっている場合は、物事を動かすために少し対立に刺激を与えて、その問題に対してオープンに、率直に対応できるようにする必要があります。

（マーク・ガーゾン、個人的なメールのやり取り、二〇一二年六月一〇日）

おわりに

本章では、お互いを尊重しあうために一線を設けることが、私たち自身のニーズと限界に丁寧に向きあい、クラスの安全を守り、同僚との摩擦にうまく対応するうえにおいていかに大切であるかについて探究しました。

続く第6章では、私たちの感情面の能力を向上させることが、より豊かに、効果的に、バランスよく教えることにいかに役立つか、また、教師の感情面における能力向上が、「感情面で知的な」クラスを育むほか、大人の学びのコミュニティーを構築するためにいかに役立つかという点について述べていきます。

第6章 感情の器を大きくする

教育のプロセスにおいて、感情がとても大切であることを私たちは知っています。というのは、人が何かに意識を向けるとき、感情こそがそれに意識を向けさせ、学びと記憶の活力となっているからです。

（ロバート・シルベスター、一二一ページを参照）

自己の振り返り

あなたには、自分や他者の感情を挑発的または不快であると感じることに関して、どのような傾向がありますか？　また、なぜそのように感じるのでしょうか？

毎日、私たちは、喜び、怒り、悲しみ、欲求不満、活気、無関心、不安などといった感情を経験し、それを表情や態度、言葉、行動などによって表現しています。もちろん、生徒や同僚たちも同じです。

感情の器を大きくすれば、自他の感情に意識を向け、意図的に捉える能力が高まります。感情は、学びの場において必ず表出し、影響を及ぼします。感情の器を大きくすることには次のことが含まれます。

❶感情[1]の「範囲」を広げる。
❷EQを育む。
❸感情における境界線を明確にする。
❹感情が安定し、安心できる状態をつくる。
❺感情と学習の間に肯定的なつながりを構築する。

本章では、これらに取り組むことを通して、私たち自身のリソースを豊かにし、レジリエンス（五ページを参照）を向上させるための効果的な方法を身につけていきます。

教師としての感情の器

「教師としての感情の器を大きくする」とは、感じていることへの理解を深め、自分の全感情により快適に向きあい、疲弊やストレスにさらされ続けることなく、健全な感情の境界線をいかに設けるのかについて学ぶことを意味します。

基本方針――感情の範囲を広げること

感情の範囲を広げるとは、自らの感情のあり方を俯瞰して理解を深め、意図的に内面に目を向けることです。それは、自己や他者のどのような感情を、快適または不快に感じる傾向があるのかを明らかにすることでもあります。そのような理解を通して、私たちは限界や不快さ、耐えられないと感じる感情にも対処できるだけの力を伸ばせます。

そのためには、毎日または毎週、自分の感情を俯瞰して表にすることが有効となります。そう

（1）「心の知性」、「心の知能指数」、「感情知能」などと訳されます。本書では、「ＥＱ（Emotional Intelligence Quotient）」を用います。『ＥＱこころの知能指数』、および同じ著者のＥＱやＳＱ関連の本を参照してください。

感情は、行動に先立つ（フリオ・オララ）(2)

すれば、どの感情が揺さぶられ、どの感情が動かない傾向にあるのかがはっきりします。また、どの感情を喜んで迎え入れ、どの感情を抑えこんだり、見ないようにしているのかということ、さらに、それが自分の生活や日々の教育活動にどのような影響を与えているのかということが捉えられるようになります。

たとえば、自分がプライベートでとりわけ困難な状況にあるときに生徒がいきいきと活力にあふれて楽しそうにしていると、なぜか心の内の苦しみをより強く感じてしまい、そのような生徒と直接接触するのを避けようとしたり、クラスで話しているときに自分の感情があふれだして、より深い話し合いを進めたい場面なのに中断せざるを得ないようなことも起こるでしょう。

もしくは、自分がもめ事に強い不快感をもっていると、心の平穏を保つために、生徒がクラスで一線を越えるような行為をしていても目をつぶってしまうような場合もあります。あるいは、生徒が親を亡くしたとき、自分も大切な人を最近亡くしている場合は、そのことが思い出されて心が痛み、生徒に深く寄り添えないこともあるでしょう。

このように、自分を守り、辛さを避けようとするのは人として当然です。しかし、いかなる感情にも向きあおうとすれば、何らかの感情を反射的に避けるといった反応は減少し、レジリエンスや喜び、人生の意味を感じる瞬間を増やすことができます。

実践――不快な感情に向きあう

では、不快な感情を心地よく受け止めるためにはどうすればよいでしょうか？　不快な感情を感じるとき、どのようにすればそれらの感情とともにいることができるでしょうか？

たとえば、自分にとって受け止めがたい感情がどのようなものであるかを理解するために自己観察をして内面に目を向けた結果、怒りが表情や態度、行動に表れるのを敬遠する傾向があると分かったとします。

実際、私たちは、自分やほかの誰かが強い感情を表したとき、無意識にそれを抑えこもうとする傾向があります。おそらく、「礼儀正しさの文化」のなかで育ったために、どのような場面でも強い感情を表現することはよくない、と思っているからでしょう。または逆に、危険な方法や不安定な方法で怒りが表されるような家庭環境で育ったことが理由の場合もあるでしょう。

自分の傾向を自覚すれば、心の内や教室において怒りや強烈な感情が生じたときにはどのように対応すればよいのかについて、より多くの選択肢が用意できます。たとえば、あふれる感情を

（2）（Julio Olalla）元チリの弁護士で、現在はアメリカとラテンアメリカのコンサルティング会社兼コーチングスクールの社長です。

押しこめるのではなく、それらを健全に表すようにするとよいでしょう。

もし、最近亡くなった友人の死について深く悲しんでいる自らの感情に気づいたときには、悲しみを放つために、休暇をとって自然のなかで過ごすといったことなどが考えられます。または、授業中に激しいやり取りが起こったときには、真摯に生徒の感情を受け止めて、「あなたがこの問題を真剣に考えていることが分かってよかった」とか「運動場で起こったことについて怒っているのね」などと声をかけ、授業後に時間をとって、その生徒からゆっくり話を聴くことにするなどです。

感情の範囲をより広げれば、ある種の感情を苦手だと思うことが少なくなり、自己と他者に去来するさまざまな感情が受け入れやすくなります。

次に示す活動は、不快な感情と向きあおうとするときに役立ちます。この活動は、友人、同僚、セラピストなどに協力してもらう形で行ってください。

不快な感情と向きあう活動

・自分やほかの人に抱く「心地よい感情」と「不快な感情」が何かを見つめ、特定の感情が不快な理由を考えてみる。
・自分の感情が揺さぶられるきっかけについて、リストを作成する。そして、それらのきっかけにどのように反応するのかについてメモをとる（たとえば、生徒や同僚によって何かを中断させられるたびに軽く見られているように感じて、怒りが高まって強い口調になるなど）。感情が揺さぶられるきっかけが発生したときに「いったん停止」ができるかどうかを確認し（一一一～一一三ページを参照）、新たな行動の選択をする。

・感情についての記録を一か月間とってみる。毎日の記録のなかに、「ほとんどいつも感じる感情」、「感じているが表に出てこない感情」、「ほとんど現れない感情」を書き留める。また、自分が心を閉ざす感情や避けようとしがちな感情にも目を向ける。自分の感情をどのように管理するかを振り返るために、少し時間をとる。ストレスを感じたとき、どのように対応するか？　すでに役立つ方法をもっているか、それともストレスに対応するために何か新たな方法を知りたいか？　さらに、新たに試してみたい方法を決めて、それを試しつつその効果に目を向ける。

・強い感情が生じたときに自問してみる。「この感情が伝えていることは何か？　どのような行動が求められているのか？」と。困難なときにこそ、その状況を肯定的に捉えるように意識してみる。

・ブレネー・ブラウン（五八ページ参照）の『挑戦する勇気』［参考文献18］を読むか、彼女の「心の弱さ」や「不快な感情」に関するＴＥＤトーク（動画）を見て同僚や友人と話し合う。

基本方針――EQ（心の知性）の開発

EQとは、研究者ピーター・サロベイ（Peter Salovey）とジョン・D・メイヤー（John D. Mayer）によってつくられた用語と枠組みであり、のちにダニエル・ゴールマン（Daniel Goleman）によって発展・普及されました。

EQとは、「自分と他者の感じていることや感情の動きをよく観察して捉えることができ、その情報を活用して自分の思考と行動が導ける能力」［参考文献191］です。このことからも分かるように、EQは、自分が何を感じているかを知り、健全な方法でそれらの感情を取り扱い、社会性のスキルと他者と関わるための能力を開発するほか、他者への共感を育み、困難なときにモティベーションを保つ助けとなってくれます。(3)

教師である私たち自身がEQを向上させることは、生徒にとても大きな影響を与えます。というのは、教師は生徒たちとポジティブで持続可能なより良い関係を築き、彼らにとって感情面で健全なモデルとなり、クラスを「豊かなリソースとレジリエンスの場」という観点で捉えて、心をこめて関わる必要があるからです。

私たちのEQは、まさに生徒の学びを直接支えるのです。ダニエル・ゴールマンが次のように述べています［参考文献81］。

心のつながりをつくれる教師の指導力は、小学校一年生向けだけに限ったものではない。こういう教師が六年生を担任すると、その一年間の成績が向上するだけでなく、翌年の成績にも好影響が認められた。よい教師はよい親と同じだ。生徒にとっての「安全基地」を用意してやることによって、教師は生徒の脳が最高の力を発揮できる環境をつくることができる。「安全基地」は「安全な港」となり、生徒はそこから冒険に出ていって新しいことを学ぶ。生徒が不安をコントロールする方法を身につけ、注意を集中することを覚えると、「安全基地」は生徒のなかにしっかりと根づく。すると、生徒は最高の力を発揮できるようになる。
（『ＳＱ　生き方の知能指数――本当の「頭の良さ」とは何か』ダニエル・ゴールマン著、土屋京子訳、日本経済新聞出版社、二〇〇七年、四一九ページ）

（3）　ＥＱは、①気持ちを読み取る（感情の識別）、②ふさわしい気持ちになる（感情の利用）、③気持ちから未来を予測する（感情の理解）、④気持ちをともなって実行する（感情の調整・管理）、の四つの能力から構成されている、と定義されています（『ＥＱマネージャー　リーダーに必要な4つの感情能力』五八ページ）一方、ゴールマンのＥＱについては、ＱＲコードを参照してください。

実践――感情の状態に対応する

私たちは、自分自身に時々次のように問いかけることによってEQの向上を続けることができます。

「私は今、何を感じているか？　それは、教えることにどのように影響するのか？　この瞬間、自分の感情にどのように対応するのがもっともよいだろうか？」

もし、怒りがふつふつと沸きあがってきたら、わずか数分でもよいので、授業前にこの「静かな振り返り」の時間をとることが役立ちます。もし、さらに否定的な感情が強くあふれ出るようなときは、次のように問いかけるとよいでしょう。

「今、私は何を恐れているのだろうか？」と。

多くの場合、私たちの怒りや傷ついた気持ち、不安などの感情の下の層には、コントロールできなくなることや屈辱を受けること、体裁の悪さやまちがいなどに対する恐れが存在しています。感情の異なる層に気づけば、まずは深呼吸をして、これから自分がとる行動や状況へのアプローチの方法を、より意識的に決めることができます。

次に示す活動は、感情の状態に対応するのに役立ちます。

さまざまな感情の状態に対応するための活動

・今、何を感じているのかが分からない場合は、「感じる気持ち」や「体の感覚」を意識してみる。これは、自分の感情を理解するための助けとなる。たとえば、次のように自問してみるとよい。「私の喉は締めつけられるような状態か？　腸がねじれるような状態か？　顔は熱いか？　呼吸は苦しいか？　この校舎から今すぐ走って出ていきたいと思っているか？」など。感じているものを見つめるという行為は、自分の知恵とつながり、いったん立ち止まるのに役立つ。そして、多くの選択肢があることに気づける。

・自分の感情の状態を表現するための、物理的または創造的な何かを試してみる。たとえば、有酸素運動をする、自然のなかで過ごす、ワクワクするような創造的な何かをする、などの時間を過ごす。それによって強烈な感情経験は大きく転換し、感情のより深い層がどのようになっているのかが見つめられるようになってくる。

・生徒や同僚との関係が過熱してしまった場合の対応として、効果があると感じられる怒りやストレスの管理法を二つか三つ用意しておく。たとえば、その場からいったん離れて二分間の時間を置く、または三回深呼吸をする。そのほかには、もめている相手に対する感謝の気持ちを思い出し、改めて関係性を肯定的に捉え直してみる、など。

・授業に、怒りやストレスの管理法を取り入れて、生徒と一緒にみんなで生産的なコミュニケーションを推進するといった共通認識をもつようにする。
・ユーモアのセンスを忘れない。ユーモア（笑うこと）は、ストレスや緊張を和らげるためにもっとも有効な特効薬の一つである。

基本方針――感情の境界線を引く

生徒に対して心を開き、リスクをとって対応すると、時に彼らの痛みや苦しみを感じます。誰かの苦しみを軽くし、人生における課題を解決してあげたいと思うのが人間の性分なので、それを手放すのは難しいかもしれません。

実際、自分のできる範囲を広げて、苦難を乗り越えようとする生徒を導くことが適切な場合もあります。しかし、感情の境界線を適切に引くことは、強制や義務によってではなく、選択と明瞭さによって生徒に手を差し伸べることに、また生徒を変えようとするのではなく、エンパワー(4)することに役立ちます。さらに、感情の境界線を明確にすれば、一日の終わりには生徒に関する心配事をいったん横に置いて、自らの幸せに目を向けてリフレッシュできます。

このように、更新する時間と空間を自らに与えられれば、翌日、「今、ここ」により集中できますし、生徒にとって力になれる存在であり続けることができるのです。

感情の境界線を引くことのもう一つの側面は、生徒と何を共有し、何を共有しないかについて理解することです。教師は生徒にとって開かれた存在のモデルであり、自分がどのような人間かを生徒に伝えたいと思っていますが、極めて個人的で激しい感情を伴う面までさらけ出す必要はありません。もし、自分にまつわる何かの話や感情を生徒と分かちあうべきかどうかと疑問を感じたら、自分自身に次のように尋ねてみてください。

「なぜ、私はこの話や情報を共有するのか？　それは生徒のためになるのか？　私のなかでのバランスはとれているのか？　このような個人的な話は、生徒のストレスにならないだろうか？」

過度に感情的で非常に個人的な教師の自己開示は、生徒に「先生に何かをしてあげなければ」とか、その自己開示に「大人として対応しなければ……」と感じさせたりしてしまう可能性があります。それらは生徒の対応範囲を超えるもので、かえって生徒を傷つけてしまうことにもなります。

感情の境界線を引くためには、いつ、何を分かちあうべきか、いつ、ほかの大人にサポートや指導を求める必要があるのかについて、十分意識する必要があります。

（４）　エンパワーする、ないしエンパワーメントは、「力を与える」や「権限を委譲する」と訳されることが多いのですが、「人間のもつ本来の能力を最大限にまで引き出す」ことですので、本書ではカタカナを使います。

実践――修正しようとしない

生徒の感情を安全な状態に保つことは、「生徒の個人的な状況や問題を解決する」ことではありません。実際、それは教師の役割ではありませんし、事態の収拾に対応して決定を下す専門家の領域に踏みこむことは、教師にとっても生徒にとっても非常に危険です。教師は心理療法士ではないのです。

本来の役割に混乱をきたしてしまうと、生徒の個人的な人生の重さに圧倒されてしまい、苦しみを引き起こす原因を軽くすることができないために燃え尽きてしまうという悪循環に陥ってしまいます。

私たち教師は、生徒の感情やストレスに対応して、どうすれば集中できるようになるかといった活動を通して支援ができます。生徒の生活において、安定した思いやりのある大人として存在し、生徒の幸せを支えようとする支持者(5)という立場で生徒をサポートしましょう。

次に紹介する話は、一人の教師が自らのなかにある「修正しようとする傾向」をどのようにして手放したのかについて語ったものです。

――五年生を教えているある教師が、かつて生徒との間に明確な感情の境界線を引けなかったことについて話してくれました。彼は、生徒の実情をよく知っていたので心配事が多く、とくに生徒たちの夜の過ごし方を心配していました。学校外で彼は多くの時間を費やし、生徒の学びを妨げる諸問題を解決しようと奔走していました。

そのような生活が数か月続き、彼は完全に疲れ果て、燃え尽きてしまいました。希望を失って絶望している自分が分かり、もはや生徒のために精いっぱい思いやりをもって行動できない状態になってしまいました。いったん自らの心を閉じないと、二度と教師としての役割が果たせないとまで感じたのです。

しかし彼は、親しい同僚に事情を打ち明けて、話を聞いてもらっているうちに、生徒の諸問題を「解決すること」は自分の仕事ではなかったと気づきました。彼は、生徒の話をよく聴き、適切な支援者を紹介し、学校のリソース(6)につなげればよかったのです。彼は、教室を出たあとに罪悪感を覚えたり、生徒の話を思い出して頭を悩ます必要などなかったのです。

一日の終わり、彼は意図的に、生徒に関する心配事や不安をいったん横に置くようにしました。そうするうちに、以前よりももっと生徒に関われるようになり、消耗することなく生

(5)　原語は「advocate」で、代弁者、擁護者、調停者などの意味もあります。
(6)　たとえば、スクールカウンセラーやスクールソーシャルワーカーなどといった専門職、あるいは専門的な諸機関などです。

徒に対して深い思いを寄せている自分に気づきました。健全な感情の境界線を設けたときに彼は、生徒に対してより広く心が開けると分かったのです。

次に示す活動は、生徒の日常を何とかよくしてあげたいと思い詰めないだけでなく、そのような傾向に対応するためのものです。

生徒を修正しようとすることを手放すための活動

・生徒の日常を何とかしなければならないと思い詰める状態から自分を解き放つために、学校の仕事を離れてプライベートで何かをする（たとえば、その日の区切りをつけるために、散歩をしたり、ランニングをしたり、泳いだりする時間を意図的につくる。一日の振り返りを記録する。仕事とプライベートを切り替えるために静かに過ごす時間をとる。一日の終わりに心配事や気がかりなことを同僚に話して、学校に置いて帰る。生徒に関わる深刻な問題について必要な手立てがとれるように、また生徒の生活を改善するための支援が提供できる学校の専門職員と話す、など）。

・自己観察を行い、どの感情が自分のもので、どの感情が他者（生徒、親、同僚）のものなのかをはっきりさせる。同僚がイライラしていればその欲求不満を引き受け、また生徒が悲しんでいるとその悲しみを引き受けるといった傾向が教師にはある。自らの共感的な反応をよく理解すれば、自分のものではない感情を区別するのに役立つ。

・必要に応じて同僚に助けを求める。

・カウンセラーや学校の専門職員と連携して定期的なコミュニケーションをとり、生徒について話す。これは、教室で対応できるレベル以上の苦痛を生徒が感じていると思われる場合はとくに重要となる。

教室における感情の器

当然のことですが、生徒は個人的なことを抱えて教室にやって来ます。両親が離婚しようとしている生徒、妹が生まれた生徒、テストで失敗してしまった生徒、放課後に陸上の競技会に出場する予定の生徒。

たとえば、休憩時間や更衣室でいじめられている生徒がい

「恐れの感情によって閉ざされてしまわない学びの空間をつくりだすためには、さまざまな感情を恐れない教師が必要となる。オープンな感情になれる場をつくるためには、まず教師がそのように行動する必要がある。教師は、それを可能にするパワーをもつ存在であるからだ」パーカー・パーマー（147ページの注を参照）

て、いじめの張本人と本のレポートや実験プロジェクトでペアにさせられたら、この生徒はどのような気持ちになるでしょうか。または、住む家がなくて車の中で眠っていたり、家庭内暴力を常に目の当たりにしていたり、学校の廊下で人種面における中傷のターゲットにされている生徒がいるかもしれません。

これらの生徒は、学習に集中しようとしても、自らの感情を認識して対応するための方法を知らないため、教師から「集中するように」と繰り返し注意されてもどうしたらよいか分からず、「心ここにあらず」の状態となっているでしょう。

基本方針——安心して感情を育てられるクラスにする

毎日、私たちは、生徒の感情が学ぶ力に直接影響を及ぼしている様子を目にしています。心をかき乱す感情とは、表には表れないような何かを恐れる悲しみから熱狂的な活力あふれる感情まで、広範囲にわたります。学ぶための条件として、感情の安定と身体の安全な環境が整えられていることが大変重要となります。このような安心安全な環境がなければ脳は効果的に機能せず、大切なことを見極めたり、創造的に考えたりするような思考はできません。

学習理論の研究者であるレナーテ・ケイン（Renate Nummela Caine）は、安心できないと感じる感情が私たちの学習に影響を与える様子について、次のように述べています。

怖れを感じるときでも、暗記のようなことはうまく行えます。脅威にさらされると脳の思考は停止し、何度も同じことを繰り返すからです。繰り返しは、無力感を感じているときに安心感を与えてくれます。しかし、本当の思考、すなわち関係性を見いだすことや高次の思考[(7)]、創造性などは、安心できない環境では起こりません[(8)]［参考文献176］。

感情が安定する状況をつくりだそうとするとき、うまくいかないという思いこみや身につけてしまった無力感、混乱などといった感情の苦しい悪影響を「学びのプロセス」と捉えれば、それらを軽減させることができます。もちろん、生徒のストレスすべてに対応することはできませんが、扱いきれないような感情が表れたときに生徒自らが本当の気持ちを共有し、サポートが受けられる、生徒にとって思いやりのある環境をクラスにつくり出すことはできます。

自然に生じる感情と向きあえるように生徒を支援することは、生涯使えるレジリエンス（五ページ参照）をいかすための具体的な方法を提供し、人とのつながりや支援を使いこなせるように

（7）ブルームの思考の六段階によると、低次の思考は、暗記と理解のレベルで、高次の思考は分析、応用、統合、評価のレベルだと言われています。

（8）協力者から「知識を問うペーパーテストの結果がよい生徒たちが、心のうちに不安や問題を抱えているという状態は見落とされがちである」というコメントが届きました。

生徒自身の力を養うことになります。

感情の状態に関する生徒の意識を高めれば、処理しきれない感情に苦しんでいる際の警告サインを、早期に、より敏感に捉えられるようになります。そのような感情や行動（うつ病、怒り、興奮、休みがち、疲労など）が見られたら、教師は管理職やカウンセラーなどの専門職と連携しながら、学校内外のリソースを活用して支援します。

これらのことに生徒と向きあうようになると、生徒の問題（うつ病や悲しみなど）が教師個人の感情をかき乱し、対応しきれなかったり、危険を感じてしまうといった場合もあります。しかし、最近の数十年に起きている学校での暴力、中退、いじめ、嫌がらせ、一〇代の自殺といった事件で明らかなように、教師が注意を払わなかったり、行動を起こさなかったときには、絶望的な結果を招く可能性があることも分かっています［参考文献2］。

生徒を支援するために校内で援助チームをつくるなどして積極的な対策を講じれば、学校の安全と文化を守り育て、真に生徒のためになる望ましい支援の提供ができます。また、生徒の問題に関する警告の兆候をカウンセラーや専門職員と共有し、これらの問題について全スタッフで話し合う会議を開催することは、精神的な苦痛を抱えている当事者（生徒）とともに対策を立てる際に役立ちます。

実践――生徒のEQを育む

生徒の多くは、（注意をそらすことなく集中したり、効果的に相手と意思疎通したり、協力するといったスキルを含めて）基本的なSELのスキルを身につけないまま教室にやって来ます。たとえ「SELプログラム」を学校全体で取り入れていなくても、生徒の学びと成長を支える一環として、基本的なスキルを身につけられるよう支援することはできます。たとえば、学年の初めに「クラスはコミュニティー」であると話したり、クラスで大切にしたいことの合意形成を図るときには、「EQとコミュニケーション」に関する授業を二～三時間するとよいでしょう。

このような問題行動に対する予防的な対策は、教室で表現される感情を普通のこととして受け止め、生徒自身で対応するために何が求められるのかという意識を育むことになります。

EQを生徒と探究する際には、発達上のニーズを考慮する必要があります。学年が下の生徒には、感じているものに気づき、それらに名前をつけ、その感情に伴いがちな身体の感覚を特定する方法を学ぶために、感情を表す言葉（三八三ページ参照）に取り組むことが重要となります。一方、学年が上の生徒には、マインドフルネスとストレス管理の方法を教える（第3章、第4章を参照）ことが感情について話す最初の入り口となるでしょう。

また、高校生であれば、卒業後の人生に備えて、地域社会のリーダーになる方法が学べる、リーダーシップのプログラムに興味を示す場合があります。彼らは、目標を達成して夢を実現するために、自分のもつ能力のなかでＥＱが果たす役割について探究できます。

次に示す活動は、生徒のＥＱ育成を支援するものです。

生徒のＥＱを育むための活動

・学年が上の生徒には、ＥＱとリーダーシップに関する本を読むといった課題を出す。ＥＱとリーダーシップのスキルを身につける方法や、それらが学校や人生における成功とどのように関連しているかについての話し合いを促す。

・生徒と一緒に、感情を表す言葉をつくる。分類として、ワクワク、悲しい、怖い、幸せ、怒り、穏やか、などを設定する。次に、各分類に関係する言葉を思いつくかぎり挙げてもらい、生徒にブレインストーミングしてもらう。そして生徒に、自分や他者のどのような感情を心地よく、または不快に感じるのかを、一段階から五段階のスケールで評価してもらう。

・学年が下の生徒には、「個人的な感情の輪」を行う。すべての学年で、その日の教室の感情状態に関する意識を高めるための方法として、「天気予報」を使って一日をはじめる（三八一～三八二ページおよび『学びは、すべてＳＥＬ』の九三～一〇〇ページを参照してください。）

・学年が上の生徒には、自らのEQ地図を作成してもらう。そこに、自分が快適に思う感情、不快に思う感情、それらの感情に対処しているときの方法について書きこんでもらう。さらに、今後身につけたい対処法について明確になるように生徒を支援する。

・誰かとの間で相互に感情が高まったり、何か強い感情が表れるきっかけが発生したとき、どのようにして自分の感情や衝動を管理するのかについて生徒とブレインストーミングする。「いったん停止」や、そのほかのマインドフルネスの練習をする（九四および一一一ページと一三七ページを参照）。教室に、「心を穏やかにする場所」を設置したり、日々の振り返りの記述を奨励したり、集中して聴くことを教えたり、「いったん停止」が必要なことを生徒に知らせることができるようにチャイムやベルを置いたりする。(9)

実践——自己開示について生徒に教える

教室で誰かに質問をしたり、教師自身のことや教師が経験したことを生徒に話す場合には、何をどこまで話すことが適切かつ安全かについて、生徒が理解できるように配慮する

（9）以上の活動以外にも、四七ページと八一ページの注で紹介されている本でたくさんの活動が紹介されています。また、EQとリーダーシップ（＝SEL関連）に関する絵本や児童文学については、下のQRコードを参照してください。

必要があります。なぜならば、必ずしも生徒は直感的に理解できないからです。

実は、とくに中学生に対しては、よく教えなければならないスキルとなります。生徒に「告白すること」が必要なのではなく、クラスでよい関係を築くために、本当のことをどのように話せばいいのかについて学んでもらう必要があります。私たちが信頼できる学びのコミュニティーをつくろうとするときには、今までの人生において信頼できるといった真の関係をほとんど築いたことがない生徒もいるということを踏まえておかなければなりません。

彼らは、クラスに慣れ、学びのコミュニティーに対する信頼関係を学ぶプロセスにおいて、意図することなく、教室で対応できる範囲を超えた感情領域に迷いこんでしまう場合があります。これはごく自然なことであり、問題ではありません。それは単に、私たちの配慮や気配り、思いやりある行動を必要としているというだけのことです。

生徒が感情的になったり、非常に個人的な情報を話しはじめたら、教師は生徒の話を中断して、軌道修正を図る必要があります。もちろん、話している本人とほかの生徒を守るためです。ほかの生徒にとってそのような情報は、どのように対応したらよいのかが分からなくなったり、不安な状態にさせられてしまうものなのです。このような状況では、次のように丁寧に伝えます。

「正直に話してくれて本当にありがとう。今話してくれたことは、とても大切で、個人的なことで、本当に理解するためにはもっと時間が必要ですね。ここでは時間がないので、授業のあとでゆっくりと話し合いましょう」

生徒に恥ずかしい思いをさせることなく、その場で明確に介入することが不可欠となります。熱心に自分の話をしている最中に生徒の話を止めるというのは気が進まないかもしれませんが、教師は学びのコミュニティーを守る役割を果たしているのだという点を生徒が理解すれば、クラスの安心感と信頼は高まります。それによって、クラスのなかに、より深い真のつながりができます。

次に紹介する話は、非常に個人的な経験を話しはじめた生徒に対して、ある教師がどのように対応したのかを示したものです。

八年生を教えているある教師は、年間を通じてあまり話をしなかったミランダという生徒が、コミュニティー・サークルの時間に話をする、と決めたときの様子について話してくれました。この日の話題は「知恵の真珠」で、それぞれの生徒が人生において大切な誰かが教えてくれた教訓について話をしていました。

教師は、ミランダが話しても安全と感じて、やっと自分の話をする気持ちになってくれたことにワクワクしていました。

ミランダは、次のように話しはじめました。

「私の人生においてとても大切な人は、現在大学生の兄です。彼は双極性障害(10)をもっているので、決断や忍耐について、私にたくさん教えてくれました。兄は、人生はすべてうまくいくことがよいというわけではない、と話してくれました。すべてに押しつぶされそうになっても、それでも頑張ることなんだ、と私に言いました」

この時点でミランダの感情があふれはじめ、教師は直感で、彼女の語りがどこに向かっていくのかと心配になりました。震える声でミランダは続けました。

「兄がこう言ったとき、その意味は重かったです。私たちはみんな、とても心配していたから……。なぜかと言うと、兄はちょうど薬を飲んで自殺しようとして……」

ミランダのなかに激しい感情が高まり、自殺の話が中心になってきたこともあって、教師は介入の必要があると判断しました。

「ミランダ、少し話を止めてもらってもいいかな」と、教師が声をかけました。「ミランダ、あなたはとても大切なことを話してくれている。だから先生は、放課後に改めて時間をとってゆっくり話を聴きたいと思うの。あなたが話してくれていることはとても重要なことで、みんなに話そうとしてくれたことに心から感謝しています。このクラスでは時間がかぎられてしまうので、放課後にゆっくりと話を聞かせてもらってもいいかな」

ミランダはうなずき、深呼吸をして、自分の感情を落ち着かせました。教師は、次の生徒が話す前に、今一度ミランダについて褒めたうえ、クラス全体に対して、改めて今取り組む課題について思い起こしてもらうことにしました。

「ミランダが話してくれた内容は深い話だったね。彼女に敬意を払いましょう。では、次の話し手に移ります。ところで、今、話題にしているのは『知恵の真珠』だったね。人生のなかで、誰かから得た教えについて話をしてもらうことです。もちろん、知恵の真珠は、とても面白い話であってもいいですよ。どのような話も大歓迎です」

次に話した生徒は、まさに面白い話をしました。そして、サークルの時間が終わるまで、みんなであらゆることを話しました――悲しい話、面白い話、痛ましい話など。

放課後、教師はミランダと話をしました。そして、ミランダは、お兄さんの試練が彼女の人生に与えた影響について、スクールカウンセラーに会って話をするということに同意しました。

(10)　ハイテンションで活動的な躁状態と、憂鬱で無気力な鬱状態を繰り返す病のことです。欧米では、日本よりも発症している人の数が多いと言われています。

あなたは、対応に困るような生徒の感情に遭遇するのではないかという懸念を抱くかもしれません。コミュニティーへの信頼が、生徒の奥底にある感情のパンドラの箱を開けることになるのではないかという恐れです。しかし、実は、ほとんどの場合その懸念は当てはまらず、生徒はクラスのみんなに話すのにふさわしい、意味のある話をしてくれます。もし、生徒が非常に感情的な話をしはじめたら、注意深く様子を見て対応してください。そのような場合は、生徒が教室を越えたサポートを受けられるように手助けする必要があります。

リアリティー番組やフェイスブックなどで生徒は、過度に露出度の高い情報を目にしています。したがって、「教室で共有するべき適切なことは何か」を理解してもらうために、しっかりとしたサポートが重要です。具体的には、専門家やカウンセラーと相談して、生徒に話してもらいましょう。次に示す活動は、自己開示について生徒に教えるときの助けとなります。

自己開示について生徒に教えるための活動

- 適切ではない話を教室で話してしまう生徒に対しては、恥ずかしい思いをさせずに介入できるように、思いやりのある方法を考えて準備しておく。
- 学年が上の生徒には、個人的な話をクラスでする場合の目的を明確に定義する。話してもらう目的は、「学びあうためと人間関係の構築」である。したがって、劇的なインパクトを与えたり、ほかの人を感動させたり、驚かせたりすることではないと、改めて強調することも大切である。このように、クラスでの自己開示の目的や留意点について生徒にあらかじめ説明しておけば、個人的な話をする際に教師は介入しなくてすむ。

・秘密を守ることの限界と、必要なことは報告しなければならない法的義務について話し合う（二八一～二八二ページを参照）。

・何を話すか、何を話すべきではないかについて、メディアが私たちの感覚に与える影響について話し合う。

実践——地球規模の課題と未来への恐怖に対応する

戦争、貧困、校内暴力、社会犯罪、気候変動など、地域や世界で起こるたくさんの出来事を耳にして、生徒はしばしば圧倒され、自分は無力だと感じてしまうかもしれません。生徒はメディアにさらされ続けています。そして、情報にアクセスできる技術が向上している結果として、感覚が麻痺したり、鈍感になったり、無関心になってしまう状況があまりにも多く起こっています。

現代の青少年は、日常的に、「あまりにも多く、あまりにも速く、あまりにも拙速に」(11)経験を

(11)　この引用は、著者自身が二〇〇一年にメリッサ・マイケルズと個人的に行ったやり取りをもとにしたものです。

積み重ねています。このような状況や、そのなかで湧きあがる感情が、学校での参加欲求や能力に避けがたい影響を与えています。感情に過度な負荷がかかると疎外感を強く感じるようになり、学ぶ力を弱らせてしまいます。希望のなさや無力感といった感情が、学校生活や人生に積極的に関わろうとしない姿勢をつくり出してしまうのです。

感覚に過度の負荷を受け続けているとき、生徒は次のような方法で対処する傾向があります。

- これ以上の情報を処理または統合できないので、心を閉ざし、感情のシステムを麻痺させる。

そうなると、うつ病、無関心、感情をもたないという状態につながりかねない。

- 多動、攻撃、わざわざリスクを冒すというような行為を通じて、生徒は動揺や不安、恐れを外へ吐き出そうと模索する。
- 真の経験や本物と感じる体験を求めてスリルを味わうようになり、自滅的な行動や、健全とは言えないリスクをとる可能性がある。もっとも極端な形としては、絶望感から自分自身や他人に対する暴力行為が挙げられる。

多くの生徒は、小さいころから、自分の住む地域や世界で起こる出来事から強烈な痛みや苦しみを見聞きします。我々大人は、世界の出来事や状況に関する情報に生徒をさらし続けています。その際、それらの知識を生徒の生活に統合するための配慮を行っていません。

強烈な痛みや苦しみといったことに関する知識を処理する場や時間がないままに与えてしまうと、生徒は恐怖と絶望を感じてしまいます。そのような状況では、「自分にできることが何もないのに、なぜ何かをやってみなければならないのか……」と思ってしまうかもしれません。このように感情を麻痺させたり、心を閉じてしまうと、真に学べなくなります。

次に紹介する話は、世界の出来事が生徒に及ぼす影響を示したものです。

ある高校生が、地理の授業の一環として、気候変動に関する壊滅的な内容が描かれている映画を観ました。その映画に彼女は、大きな困惑と恐怖を感じました。教師は、映画について話し合ったり、地球規模の気候変動を緩和するためにとれる行動について話し合うといった機会を設けていませんでした。深刻な状況を目にして、自分にできることは何もないと感じたまま生徒は教室を離れました。

世界の状況に関する重要な情報を与えられた生徒ですが、その情報をどうすればよいのか、どのように活用し、自分の暮らしにどのように結びつければいいのかなどについては、指導や方向性が与えられませんでした。このとき教師には、地球環境問題を多角的に捉えさせ、的を射た質問をし、創造的な解決策を検討する場を生徒に与えるほか、なぜこの情報を学ぶのかについて理解を深めるなど、生徒を支援する必要がありました。このような「対話の時間」を設けることによって、私たちは生徒を落ちこませることなく、エンパワーすることができます。

高校で理科を教えているある教師は、気候変動を探究するために別の方法をとりました。その教師は、一週間、あるドキュメンタリーのシリーズを二〇分ずつ授業で見せました。そして、毎回視聴後に、ドキュメンタリーが提起した問題について思ったことや考えたことを生徒に書いてもらい、その後、ペアで話し合う時間をとりました。週の終わりには、気候変動に関連する行動を少なくとも一つ決めて翌月に実践し、選択したその行動が気候変動にどのように関係するのかについて説明するように、と求めました。

その後、生徒たちは、一か月間の取り組みについてレポートを書きました。生徒はお互いに実践を振り返り、クラスで共有しました。さらに生徒は、クラスで取り組めるもっとも効果的な方法が何かを決定し、自分たちの学びを「あなたができること」というタイトルのポスターにして、学校全体で共有しました。生徒たちは、思考すること、学ぶこと、問題を解決するといったことに積極的に取り組んだのです。

次に示す活動は、あなたのクラスで、地球規模の問題や将来の恐怖に対応するために役立つものです。

地球規模の課題と未来への恐怖に対応する活動

・授業で世界規模の困難なテーマ（気候変動や戦争など）を取り上げる場合は、生徒自身の考えや教材について思っていることが表現できる機会を提供する。

・世界のことで、生徒が見て感じたり、気づいたことについて、創造的に表現する方法を用意する。八年生を担当しているある語学教師は、創作ノートという取り組みを行っている。そのノートに生徒は、世界で起こっているポジティブで希望に満ちた出来事や、難しい課題や悲しみを絵や言葉で表現していた。

・もし、授業を受けている生徒の気分が落ちこんでいるように感じられる場合は、短時間でもよいので必ず生徒に話をしてもらい、気持ちを共有したうえで、自分たちにもできることがあると確認できるような形でフォローをする。問題に関して、明るい見通しのある活動で授業を終えるように努める（クラスでの活動例については、三七九〜三八〇ページを参照してください）。

・可能であれば、生徒が強くこだわりをもっている世界の問題について話し合う。生徒に、どのような変化を起こす人になりたいかについて話してもらう。この対話は、社会科から語学、芸術、科学に至るまで、さまざまな教科と結びつけることができる。

実践――不安、無気力、悲しみに対応する

それぞれの生徒が、引っ越し、親や教師との別れ、離婚、アイデンティティーの変化などを経験するかどうかは別にして、不安や悲しみ、喪失感が学校で発生することは避けられません。また、小学校から中学校への進学など、発達段階や学校が変わることに伴う喪失感が理由で生徒は悲しみを感じることがあります。トラウマになってしまうような学校や世界の出来事に触れて、時には受け止めるのが困難になるほどの悲しみが生じる場合もあります。

しばしば生徒は、外には表出しない恐怖や悲しみを抱えたまま登校してきます。それが、彼らの学習を妨げます。悲しみや恐怖を表現するための健全な方法が与えられない場合、人はこれらの感情を麻痺させようとする傾向があります。

感情が麻痺するプロセスは、私たちの文化にもよく見られます。大人のコミュニティーでも、お互いの悲しみに健全に対処するためのスキルや時間、リソースを欠いている場合が多いものです。しかし、感情が麻痺するサイクルに陥ると、その後の影響が非常に大きく、個人だけでなくコミュニティー全体が苦しむことになります。感情が麻痺すると、自分自身やお互いのために発揮できる力が低下し、人生や学びに対する情熱を失ってしまいます。

感情の麻痺は、直接学校コミュニティーに影響を与えます。生徒の感情が麻痺すると、他人に

共感して思いやったり、学校や人生に意味が見いだしたりできないようになります。このような無感覚な状態が、学校での取り組みに意味を見失わせ、生活は乱れ、他人をいじめ、時には破壊的になって他人を傷つけるほか、自死にまで至ってしまうような絶望状態を引き起こす場合があります。

さらに時には、単に「何か」を感じたいと思って、自分自身や他人を傷つける極端な行動（たとえば、自傷行為やいじめなど）に走ったり、感情の麻痺という感覚を払拭したいがために大きなリスクを伴う行動（たとえば、暴飲暴飲、無謀運転、軽率な性行為など）をしてしまいます。

悲しみや喪失感によって憂鬱な気持ちになるという状態はあまりにも日常的に見られるものなので、大人のサポートが十分得られないまま放っておかれる場合がよくあります。ある教師は、一六歳で母親を亡くしたときの一年間、誰一人として母親を失ったことについて声をかけてくれなかったし、リソースやサポートがあると知らせてくれた大人はいなかった、と話してくれました。

「この状態は、私にとってとても辛いものでした。そのとき、私は孤独を感じ、孤立していました。振り返ってみると、先生たちは、何をなすべきか、どのように私に手を差し伸べればよいのかについて、単に知らなかっただけだと思います。でも、たった一人でも思いやりのある大人が声をかけてくれていたら、私は救われた気持ちになったでしょう。私のように、喪失や変化に直面して完全に孤立してしまうという経験を多くの生徒がしています。悲しみ、喪失感、脆弱性、恐怖などに生徒がさいなまれたとき、学校で思いやりのある大人に頼ることができれば、彼らの状況や他人との関係に大きな違いが生みだされることは明白です」

次に紹介するある中学生の話は、大人の思いやりがどれほど力になるのかを示したものです。

スクールカウンセラーのキャロル先生に呼び出されたとき、何かまずいことをしたかな、と思いました。でも、先生が話してくれたのは、私の母から「これから離婚をする」という連絡が入ったというものでした。先生は、その知らせを聞いて「とても残念だ」と伝えてくれたあと、「必要なときはいつでも話しに来ていいよ」と言ってくれました。

最初は、少し恥ずかしい思いがしました。私は、何を話したらよいのか分かりませんでした。でも、先生は私に、家族のことを説明してなどとは言いませんでした。先生は、「あなたが話したいときには、いつでも先生のオフィスに立ち寄っていいからね」と言ってくれました。

言ってもらったとおり、私は単に先生と雑談をするために、何度も先生のオフィスを訪ねました。

もう一つ、大人の思いやりに関する影響についてのお話を紹介します。

高校の吹奏楽部メンバー三〇名を乗せたバスが凍結した高速道路で事故を起こし、多数の生徒が負傷しました。翌日、語学を教えているある教師は、生徒の多くが授業に専念できない状態でいることに気づきました。教室に大きな不安が渦巻いていることを察知したこの教師は、今の状況についてみんなで話し合う機会を与えました。

一五分間ほどの対話のあと、事故でショックを受けている吹奏楽部に入っている生徒たちの家族のために何かをしたいということになりました。生徒たちは、手紙を書く、カードを贈る、家族に食事を提供する、などといった計画を立てました。

その年の後半、授業で文学的な観点から「コミュニティーにおける活動と倫理」について話し合いを行ったときにこの教師は、生徒が強力なイニシアチブをとったこの活動を思い出しました。

その後、生徒たちは、自分たちがとった行動は、危機にあたって人間性のどのような面を表したのかを振り返り、このテーマを読んだ小説と結びつけました。生徒たちは、この行動が、その年でもっとも印象に残った経験だった、とコメントしています。

私たちは教師であり、セラピストやカウンセラーではありません。しかし、生徒の学習を促進し、学校を安全な場にするために、生徒の感情をしっかりと把握し、配慮する方法を知る必要があります。

教師が生徒の悲しみと喪失にしっかりと対応すれば、生徒は教師や学校に支えられて大切にされていると感じ、辛い経験を乗り越えるために必要とされる内外のリソース（人材）を活用できると気づくでしょう。また、生徒が抱えている不安や苦慮している感情を表すサインに対する理解を教師が深めれば、教師自身が提供できる以上の助けを必要としているのかどうか、素早く察知することができます。

生徒の感情面における安定性を重視し、必要に応じた専門的なリソースが提供できるなら、生徒にとって、より安全でより適切な学びの場がつくれます。

次に示す活動は、生徒の不安や感情の麻痺、悲しみなどに対応する際の助けとなるものです。

不安、感情の麻痺、悲しみに対応するための活動

・新学年がはじまって間もないうちにカウンセラーを教室に招いて、生徒によくある課題（ストレス、対応しきれないと感じること、うつ病など）やそれらへの対応方法、または学校内で得られるサポートなどについて話してもらう。

・悲しみと感情の麻痺について生徒自身がリサーチしたり、本を読んだりする。学校における悲しみを扱ったケスラー（三〇～三二ページ参照）の「Grief as a Gateway to Love in Teaching（教職における愛の入り口としての悲しみ）」［参考文献116］はおすすめ。可能であれば、これをペアやグループで読んで、話し合ってみるとよい。

・大きな喪失や人生の変化を経験した生徒がいたら、始業前や放課後に少し時間をとってその生徒と個別に話し、どのように過ごしているのかと気にかけていることや、思いやりの気持ちをもって見守っていることを伝えたうえ、何かを必要としているようであれば支援を見つけるための手助けをする。

・もし、学校や世界で大きな出来事が起こった場合には、それに対する考えや気持ちを話したり書いたりしてもらうために、フォーラムのような対話の場を設ける。その出来事について生徒が気持ちを表現したいと思うか思わないかは別にして、対話の機会を提供することは大切である。また、極端に強い感情にとらわれて苦しんでいる生徒がいたら、カウンセラーと話すようにすすめる。

・「悲しみや恐れは、私たちの人生や学校で起こり得る」ということに目を向ける。悲しみについて話し合うフォーラムでは、テーマに即した本を扱うほか、世界的な議論となっている話題を取り上げる。

基本方針――感情を豊かに育むカリキュラムを開発する

少し時間をとって、あなたに大きな影響を与えた本や映画、または歌について考えてみてください。そして、よく覚えている部分に注意を向けてください。もしかすると、そのストーリーやメロディー、または登場人物について、今でもはっきりと思い出せるかもしれません。それは、そのストーリーやイメージが、あなたの感情としっかりと結びついているからです。

感情が豊かな状態で何かに取り組むとき、脳はより効果的に情報を記憶します。感情を豊かに育むカリキュラムを設計して実践すれば、学びに対する生徒の情熱を簡単に燃えあがらせることができます。生徒は自然に集中し、その学びに釘付けとなり、普通なら忘れてしまうような細部やニュアンスを記憶し、新しい教材を学ぶことにオープンになります。

ジョン・メディナ（一五〇ページ参照）は、『ブレイン・ルール』［参考文献144］のなかで「感情が呼び起こされるような出来事は、そうではない出来事よりも記憶される傾向がある」と述べています。一方、「私たちは感情を強く動かされる経験にすぐ引きつけられ、より良く記憶する」［参考文献56］と述べている研究者もいます。そして、フレイら（二二三ページ参照）は、「前向きな感情を経験している生徒は、学習における情報処理が改善され、学習状態が向上した」［参考文献65］と指摘しています。

要するに、生徒の感情にしっかりと関われば、力強く学びが促進できるということです。

次は、感情を豊かに育むカリキュラムをどのように開発すればよいのかという点に焦点を当てます。そのカリキュラムは、当事者意識[12]を育み、生徒が創造性と想像力を使って取り組めるものとなっています。

実践――当事者意識の醸成

生徒は、授業中の課題について、「これは、実際の生活のなかでどんなふうに役に立つんですか?」とよく質問します。このように言葉ではまだ伝えられない低学年の生徒でも、「主体的に熱心に取り組む」という姿勢によって、その教科や活動、学習内容などと自分とのつながりを感じられているかどうかを表現しています。しかし、教師が生徒の当事者意識を高めるような先進的な教育方法を活用すれば、生徒は教科内容と自分との関わりを見つけられるようになっていきます。

(12) 「relevance」が使われており、「エイジェンシー(主体者意識)」や「オウナーシップ(自分事として捉え、行動する力)」は使われていませんが、ここでは基本的に同じ意味と捉えられます。

国語や社会、歴史などの授業では、本のテーマや歴史のなかのある瞬間を取り上げて、その「テーマや出来事」と「生徒の人生」とを結びつけるといった活動ができます。たとえば、生徒の個人的な経験と架空または歴史上の人物との間につながりをもたせるような問いを設定して、プロジェクトやライティングの課題、話し合いなどといった場を設けます。[13]

ある教師は、ケイト・ショパン（Kate Chopin, 1850～1904）の『目覚め』という古典（一八〇〇年代に、社会的な基準や求められる姿にとらわれた、ある女性についての話）を取り上げて、高校生に対して、女性が現代において社会的または文化的に「とらわれている」と感じるような画像を持ってくるように、という課題を出しました。生徒は、大きな鳥籠の絵を描き（鳥籠は、『目覚め』のなかで描かれているとらわれの象徴）、その上にそれぞれが持ち寄った画像を貼っていきました。

この課題は、物語の主人公と生徒を結びつけただけでなく、生徒の知性を多角的に発揮させ、鍵となるモチーフ「鳥籠」と物語のテーマである「個人としての自由の探求」を記憶に刻むための助けとなりました。

また、主な教科のテーマに、生徒が個人的な面から関われるようにすることもできます。次の例で考えてみましょう。

ある中学校の生徒は、地球をテーマにした理科の授業において、ゴミが環境に及ぼす影響について学んでいました。ほとんどのアメリカ人が行っている「使い捨てというライフスタイル」についてより理解を深めるために教師は、一週間の間、生徒自身のゴミを袋に入れて持ち歩き、ゴミ袋の重量を量って、個人的な習慣と廃棄物に関する統計とのつながりを見いだすようにと求めました。

その後、生徒は自らの経験を振り返って、みんなで話し合いました。

小学校一年生のクラスでは、牛乳の入っている容器がリサイクルできず、ゴミとなって地球に害を与えていることを知って、生徒は心苦しく思っていました。この問題に関して教師は、対象者（牛乳会社）を説得するための作文を書いてもらうことにしました。

一人ひとりが、牛乳会社に方針変更を求める手紙を書きました。前向きな変化が起こることを期待した教師は、生徒が書いた手紙のすべてを会社に郵送しました。ひどく落ちこんでいた生徒たちも作文の目的に興奮し、最高の文章を書こうと、意気込んで取り組みました。

その後、生徒たち一人ひとりに返事が届き、みんな大喜びをしました。子どもたちの懸念をくんだ牛乳会社からの返事には、「今後、方針変更について真剣に検討する」と書かれていました。

次に示す活動も、生徒の当事者意識を促進することに役立ちます。

---

(13)　この具体的、かつ多様な方法を知りたい方は『歴史をする』を参照してください。

当事者意識を育む活動

・授業の終わりに、その日の授業が生徒の暮らしとどのように関係しているのか、あるいは授業が生徒の暮らしや地域、そして世界にどのような影響をもたらすのかについて、簡単に書き留めてもらう。
・「生徒と授業内容を結びつける」ための支援を定期的に行う。たとえば、五分間のオープンフォーラムを実施して、授業やその内容と生徒とのつながりについて自由に話してもらうことなどができる。
・プロジェクト学習を計画し、生徒の学びを学校やコミュニティーに結びつけられるようにする。手紙を書いたり、環境問題に取り組んだり、地域の人にインタビューしたり、生徒が住んでいる地域をテーマにした研究に取り組む(14)。
・文学的なテーマや歴史的な事件、社会運動などといった過去の出来事が、今の時代にどのように影響しているのかについて考えてみる。これらのテーマ、事件、運動などが、今の生徒自身の生活や地域、そして世界でどのように見えるのかを考えてもらう(15)。

実践――創造性と想像力を育む

創造性とは、辞書的な定義では「伝統的な考え、ルール、パターン、関係を超越し、意味のある新しいアイディア、形、方法、解釈を生み出す能力」となっています。生徒の創造性と想像力を開拓することは、感情を扱うことを豊かに組みこんだカリキュラムを開発するうえにおいてとても大切です。

学校では、創造的思考が学習にとって重要であると理解されていますが、美術や芸術表現を除いて、生徒の芸術的創造性を育み、実践するといった機会を定期的に設けているとは言えません。したがって、創造性は芸術だけに限定され、一部の専門教科を学んでいるひと握りの「創造的な」生徒だけのもののように扱われている傾向にあります。

しかし、創造性はすべての人間に備わっている能力であり、みんながその能力を育む機会を待っています。教師は、学校で行うすべての教科指導や学校行事を通じて、生徒の創造性を育む機会を設けることができます。

論理的思考、合理的思考、直線的思考（あるいは理性的思考）は、学校においても人生においても重要です。しかし、それに関する重要事項を暗記してテストでよい点数をとったとしても、それらの情報を活用して知的な飛躍を遂げ、新しい見方と表現の仕方を探究するといったスキル

---

(14)　プロジェクト学習については、『プロジェクト学習とは――知己や世界につながる教室』と『PBL――学びの可能性をひらく授業づくり』が参考になります。

(15)　これらの扱い方については、前掲の『歴史をする』が参考になります。

がなければ、学びとしてはかぎられたものとなるでしょう。

創造性を育むことを明確にし、学びと生徒の生活を、また授業内容と生徒の情熱を結びつけるために、生徒に創造性を表現するためのツール、時間、場所を与えてください。次の例を見てみましょう。


ある中学校の教師は、北欧神話の『ベーオウルフ』(16)に関する学習プロジェクトを、「文学におけるモンスター」に共通している特徴について話し合ってもらうことからはじめました。その後、教師は、誰かをモンスターのように捉える概念を社会がつくり出している様子や、それが行動や政策をどのように形成するのかについて考えてもらいました。

生徒たちは、人種差別政策、暴力、大量虐殺などを探りました。その後、これらのテーマに関して、ベーオウルフの神話に基づくオリジナルの物語を創作しました。

また、ある小学校の教師は、アイデンティティーと文化の単元において、生徒自身の顔を表す裏表両面のお面をつくってもらいました。教師はこのアートプロジェクトを、生徒がすでに取り組んでいた「社会のアイデンティティーを探究する文学作品の読書」と結びつけました。

生徒には、お面の外側には普段社会に見せている顔を象徴的に描き、裏側には、普段は隠れていて見せない面を象徴する顔を描くようにと指示しました。生徒たちは、裏表のお面に関する詩も創作し、みんなでお面と詩を共有しました。

次に示す活動は、教師が教育に創造性を活用した例です。

教育方法論として創造性を活用する活動

・ある中学校教師は、生徒を二つのグループに分け、「ブラウン対教育委員会裁判[17]」の模擬裁判を行った。生徒は、創造的でクリティカルな思考（五ページの注を参照）を使って何が大切かを見極め、それぞれの立場（ブラウン側か教育委員会側か）で歴史的な視点をふまえて議論をした。

・小学校四年生を担当しているある教師は、ルネサンスを学ぶ際に「ルネサンス祭り」を行った。生徒たちはルネサンス史上の人物が羽織っていた衣装を着て、その人物の視点に立って家族や友人、そして教師と話した。

(16)　主人公のベーオウルフが、城を襲うドラゴンなどを退治するという話です。

(17)　アメリカの公立学校において、黒人と白人の別学を定めた人種分離政策に対して、一九五一年に起こされた裁判です。

・九年生担当のある国語教師は、『ロミオとジュリエット』を現代のストーリーと登場人物に置き換えるようにと指示し、生徒のバージョンに書き換えてもらった。
・七年生を担当するある国語教師は、サンドラ・シスネロス（Sandra Cisneros）の『マンゴー通り、ときどきさよなら』を生徒に読んでもらい、自分の人生に関する短編作品を書いてもらった。
・ある高校の理科教師は、周期表を暗記するために、生徒に自らのラップや韻を創作してもらった。
・アメリカ政治を教えるある教師は、公民権運動の歴史的経緯が時系列で一覧できるような表を生徒にまとめてもらい、表中の重要な日付や出来事の横に、それらを象徴するイラストとコメントを書きこんでもらった。そして、そのなかから一つを選んで、生徒自身の公民権に関するスピーチを書くように求めた。

これらの教師は、授業の内容と到達目標を満たしつつ、生徒の創造的な思考を鼓舞しています。創造性を開発することは、習慣的な方法から抜け出して、情報を複数の方法で検討し、学んだことを応用する助けとなります。

次に示す活動は、生徒の創造性と想像力を育むのに役立ちます。

創造性と想像力を育む活動

・有名な歴史的な出来事や会議などを取り上げて、ロールプレイや模擬状況をつくり出し、創造力を働かせる形で問題解決に取り組んでもらう。
・生徒の個人的な生活や学んだ内容に関連して、メタファー(18)やシンボルを用いて表現してもらう。
・生徒自身の話や神話のストーリーテリングをしてもらう。ストーリーテリングには、自分の人生に勇気をもってイノベーティブな方法に挑戦するような場面や状況を含める。
・人生の旅を表すような古代神話に基づいて、生徒なりの神話を書いてもらう。神話以外の題材を用いることもできる。
・過去の有名なスピーチに基づいて、生徒独自のスピーチをつくってもらう。
・詩や文学を多角的に学ぼうとするときには、すでに出版されている作品のスタイルや形式を反映する形で、生徒独自のバージョンを書いてもらう。
・算数・数学や理科で事実について学ぶときは、表現力豊かな芸術形式、たとえば音楽、ビジュアル・アート、シンボルなどを用いる。九九や水の循環などの暗記に役立つ歌やラップを

(18)　二つのまったく異なるものを比較または関連づける修辞技法のことで、「たとえ」のことです。

つくったり、細胞分裂については、短編小説や象徴的な作品で表すこともできる。

・あらゆる分野の学習や主要なプロジェクトに、少なくとも一つは表現力を活用する芸術形式を用いる。たとえば、詩や歌を創作する、絵を描く、コラージュをつくる、お面を制作する、ジオラマをつくって主要な概念やテーマを表現するなどの選択肢を生徒に提供する。リソースの不平等という問題が生じないように、利用する資材の提供には注意する。

同僚との感情の器

私たちは、感情や困難を一人で何とかしなければならないと思いこみ、学校には自分の気持ちを表現する場所がない、と感じる場合がよくあります。同僚に手を差し伸べることは、より深い思いやりと協力的な大人の学びのコミュニティーをつくるための第一歩となります。それは、教職員やチームが心理療法的な支援グループになるということではなく、人として時間をかけてお互いを知り、人間性を共有する、ということを意味します。

基本方針——同僚に手を差し伸べる

教室と同じく、教師のコミュニティーにおいても絶望、疲労、怒り、高揚、喜びなどといった感情が表れます。これらの感情を学校コミュニティーのなかで受け止める場を意図的に設けて、積極的に同僚に手を差し伸べるなら、あなた自身の孤独感は薄れ、学校での仕事がよりスムースに遂行できると気づくでしょう。

学校内の不調和や派閥は、多くの場合、根本的な誤解や傷つけられたと感じることから生まれます。職員会議や昼食時、教科の会議などで簡単な職員交流の場を設け、一人ひとりの様子を知るようにすれば、チームとしてより効果的な協働や、一人では抱えきれない個人的な問題に困っている状況に気づけるようになります。

ある教師が、手を差し伸べることの効果について次のような話をしてくれました。

> 父が急死したとき、私は州のテストに向けて準備をしている最中でした。私は仕事に没頭していて、友人、家族、同僚の優しさに頼ることはしませんでした。解消されずにいた私の痛みは、その後だんだん大きくなっていきました。そんなある日、信頼している同僚から夕食に招待され、いろいろと話すことができました。これが、私にとっての転機となりました。
>
> 話を聞いてもらった私は、人生において辛いときには、人生の歩みや仕事のスピードを緩めて、自分を大切にすることがいかに重要であるかと思い出せたのです。

最後に付け加えると、嬉しいことと困難なことを共有する時間をとれば効果的に感情に対処できますし、仕事にもより専念できます。

多くの場合、学校では、前向きな意見交換がされるよりも否定的な意見を共有するほうが一般的で、「ぶつぶつと文句を言う文化」が醸成されがちとなっています。課題や苦難と同じく、意図的に成功と成果を祝う時間を設けると、よりバランスのとれた視点が保てます。感謝と祝福はレジリエンスの醸成に役立ち、課題の共有は内外のリソースを見つけることに役立ちます。

次に示す活動は、同僚とのEQを育む際に役立ちます。

EQを育むための同僚との活動

・学校で強い感情があふれてしまいそうだと感じたときには、信頼できる同僚に話を聞いてもらう。その同僚に、問題の修正やアドバイスの提供を依頼せず、ただ話を聞くだけにしてもらう。また逆に、誰かが精神的に辛そうにしているときには、自分から手を差し伸べてサポートする。たとえば、お茶や散歩に誘ったり、昼食時や約束した時間に話を聞く。このような実践のためには、「深く聴く方法」が使える。その例として、「集中して聴く活動」（三八七ページ）を参照する。

・定期的に話ができる同僚を見つけて、学校のなかに少なくとも一人は、あなたの話を聞いて、あなたを気遣ってくれる人を確保する。

・職員間で、自分の様子を天気にたとえて共有しあう「天気レポート会議」をはじめてみる。天気を使いたくない場合は、シンプルに、一人ひとりがその日をどのように感じているのか、またどのような問題があるのかを単語一つで表現してもらって共有する。

・各職員が同僚とペアになって、その日やその週に起こった「よかったこと」と「課題」を一つずつ共有する形でミーティングをはじめてみる。

・職員間で、「感情」、「危険な行動」、「可能な介入」についてよく話し合うようにする。学校において生徒の感情面に関する問題に直面した場合、チームでのアプローチが可能になる。

おわりに

本章では、「感情の器を大きくすること」が生徒の成長と学びに直接影響を与えることについて、多くの事例を紹介してきました。これで、「五つの要素」に対する一つ一つへの探究を終えました。次の第7章では、これら五つを、一年を通してどのように統合すればよいのかについて探っていきます。この統合のプロセスを説明するために、「学びの旅」と呼ばれる発達論に基づくアプローチを紹介していきます。

第７章

「学びの旅」――クラスですべてを統合する

教育の機能は、大切なことが何かを見極めることができるように、集中して思考できるように教えることです。「知性に人格を兼ね備えること」、それが真の教育の目標です。

（マーティン・ルーサー・キング・ジュニア［Martin Luther King Jr., 1929～1968］）

自己の振り返り

あなたは、これまでの自分の教え方を振り返って、どのようなメタファー（二五九ページを参照）を思い浮かべますか？

第2章から第6章では、「エンゲージ・ティーチングの五つの要素」を探究してきました。本章では、年間を通じてこの五つの要素をどのように学校で統合させ、SELと学力を向上させるのか、その具体的な方法を見ていきます。私たちが「ラーニング・ジャーニー（学びの旅）」と名づけた、学びを集団で発展させる枠組みを紹介していきます。

「学びの旅」には三つの段階があります。各段階において、特徴、課題、場の設定や目標が異なります。この段階的なアプローチは、あらゆるクラスや教科領域で使えます。また、SELのみに特化した取り組み（たとえば、朝の会や学級の時間、学年当初に行われるオリエンテーションなど）でも可能です。

あなたが幼稚園で教えていても、小学校四年生の担任でも、中学校のアドバイザリー（一〇〇ページと三四七〜三四八ページを参照）を担当していても、高校で数学の授業を担当していても、五つの要素を統合して適用すれば、さまざまな発達段階においてお互いに育ちあう豊かな学習コミュニティーがつくれます。そして、クラスのコミュニティーが育つにつれて、あなたの教師としての力量も大きく成長していきます。そのような経験をふまえ、私たちはこれらの能力をモデル化し、それを生徒とも共有しています。

「学びの旅」には次のステージが含まれます。

第一段階——思いやりのあるコミュニティーを育てる。

第二段階――コミュニティーとそのメンバー相互の関係を強化する。
第三段階――前向きに学習を終え、学びのアンカーリング(1)を行う。

これら三段階を理解することは、次のような点において教師の助けとなります。
・生徒との信頼関係とコミュニティーの感覚を育むための、適切かつ効果的な授業デザインという流れをつくる。
・個人とクラスのニーズに対応する。
・課題を予測し、それに応じて計画を立てる。
・生徒が最大限に学べる環境にする。
・個人の成長とクラスとしての成長をともに肯定し、大切にする。
・学校や学年の移行期に生徒を支える。

本章では、五つの要素を表すアイコンを次の表のように示します。各アイコンは、基本方針や実践が五つの要素のどれによるものかを示したものです。

---

(1)　アンカーとは船の碇《いかり》を下ろすことです。学びのアンカーリングとは、船が停まって碇を下ろすように、これまで学んできたことを振り返り、整理して、明確にすることで学びに一区切りをつけるという意味です。

表７－１　エンゲージ・ティーチングの五つの要素

	**第一の要素**　おおらかで広い心を育む。
	**第二の要素**　自己を見つめる。
	**第三の要素**　「今、ここ」に集中する。
	**第四の要素**　お互いを尊重するための一線を設ける。
	**第五の要素**　感情の器を大きくする。

第一段階——思いやりのあるコミュニティーを育てる

生徒一人ひとりが、個性や背景、学習スタイル、身につけているスキルなどが異なる状態で教室にやって来ます。ですから、学年がはじまった当初、意図的に生徒を集めて明確な目的意識と方向性を与え、学びのコミュニティーの基盤を築くことに時間とエネルギーを十分に注ぎます。この「初期投資」を通して、生徒がお互いにコミュニケーションを効果的にとり、協力しあい、自ら学習に積極的に取り組み、クラスメイトに対して責任を果たす、学びのコミュニティーに属していると感じられるように支援をします。

「学年の初めの時期に、生徒がコミュニティーとつながっていると感じられるようにすることは、そのコミュニティー内の決まり事を守ろうとする生徒の意識につながり、トラブルを起こしにくくなる」といった報告があります［参考文献33］。

第一段階では、①信頼関係を築くこと、②それぞれの違いを尊重する思いやりのあるコミュニティーを形成すること、③協力と交流の促進を図ること、④集中し、真の学びを実現する風土をつくりだすこと、に焦点を当てます。この段階では、生徒は次のことを経験します。

・お互いを知り、信頼しあう。
・自分自身のアイデンティティーや興味、自分の目標を探究しはじめる。
・自分たちの学年における学習目標を明らかにする。
・所属するコミュニティーとの一体感を育む。
・学習に集中して、主体的に取り組むための必要なスキルを学ぶ。

思いやりのあるコミュニティーを形成するためには、あらゆる多様性へのアンテナを高くして、配慮する必要があります。これは、比較的明らかな違い（性別や母国語など）とともに、目に見えない違い（家の経済状況など）についても尊重するという、言ってみれば共通理解を図ることです（具体的な方法については第２章参照）。

「学びの旅」のあらゆる段階を通して、すべての生徒を人種差別的な言葉や侮辱といった言動から守り、当たり前と思っているような思いこみ（たとえば、各家庭には両親がそろっているはずだとか、「普通こうだ」と思う常識には生徒も同じように共感するはず、など）を避けるために、教師は教室にいるどの生徒も排除しない言葉を使うことが重要となります。つまり、ジェンダーの観点において適切な言葉や、両親と暮らしている生徒ばかりとはかぎらないことに配慮した言葉を使うということです。

信頼関係の構築と所属意識に関してですが、ＳＥＬを推進する教育団体であるＣＡＳＥＬ（四四ページを参照）やライオンズクラブ国際財団などで専門的なコンサルティングをしているスー・ケイスター（Sue Keister）が次のような話をしています。

私は、言葉や行動が他人に与える影響について探究する授業をしていました。まず私は、肯定的な言葉を使い、肯定的な行動をとるというだけでどれだけ自分が強くなれるのかについて、また逆に、否定的な言葉や行動がどれだけ自信を失わせるのかについて説明するところから授業をはじめました。

みんなが見えるように一枚の紙片を手に持ち、「今日、一日の学校生活を振り返って、聞いた言葉や目にした行動をどんどん言うように」と生徒に言いました。そして、生徒が話す言葉や行動が否定的なものであったときには紙片の端を破りちぎり、肯定的なものであったときには、ちぎった紙のうちの一つを手に戻しました。これをしばらく続けると、私の手の平には、たった一つの小さな紙が残るのみとなっていました。

ある生徒が、「最後の一つがなくなってしまったらどうなるの？」と尋ねました。教室が静まり返りました。この瞬間こそ学びの好機です。

この問いを大切にして、私はその生徒に尋ねました。

「こんなふうに、手の平のなかにある、最後の一つになってしまったというような気持ちになったことがこれまでにあるかな？　もしあれば、そのときはどうしたの？」

すると、ほかの生徒が発言しました。

「最後の一つは、生きるためにとっても大切で、なくなったら自分が消えてしまいそうだから、ギュッと握りしめる」

そこで私は、持っていた紙の一つを手のひらの真ん中に置いて、しっかりと握りしめました。すると、また別の生徒が言いました。

「先生の手を見て！　握った手が拳《こぶし》になっている。最後の一つだと思うと、世界に拳を向けることになる。与えるものは何もなくて、最後の一つを誰にも奪われないように、戦って人を遠ざけようとする」

比喩のやり取りを続けたあと、「最後の一つを握りしめている人には何が必要なのかしら？」と私は尋ねました。

ある生徒が、「その人が再び誰かほかの人に与えられるように、手のひらにある紙片を増やせばいい。そうすれば、拳を開くことができる」と言ったあと、別の生徒が次のように発言しました。

「そうだね、誰かが怒ったり憎んだり悲しんだりしながら私たちに近づいてきたとき、それは最後の一つしかない状態かも。その怒りや憎しみは、私たちとは何の関係もないのに。私たちにできることは、その人たちの人生に何か肯定的なものを加えることかもしれない。次のときには、自分が最後の一つの状態になるかもしれない。もしそうなったとき、周りの人たちが理解を示してくれて、拳を拳で返すのではなく、助けてくれるといいなと思います」

このときから、「最後の一つ」という比喩は、決して否定したり、感情的に反応することではなく、お互いが支えあい、優しくて親切な心とサポートしようとする気持ちであり、世界にある「拳」を開くために、助けあえる力を象徴する言葉となりました。

実践——クラスを導く者としての教師の役割を確立する

第1章から第6章までを通してお伝えしてきたことですが、教師の存在が生徒に与える影響は計り知れません。教師がクラスを導くという大切な役割を果たすためには、説得力のある権威を確立し、思いやりと真実を表明し、期待と限度の一線を明確にし、活気に満ちた学びのコミュニティーづくりに生徒が積極的に参加できるようにすることが必要です。

生徒は、私たちとの深い関わりを、「自立心」と「信頼できる関係性」という要素[2]において感じる必要があります。時には、思いやりと明確な一線との間に、適切なバランスを見つけることが難しい場合もあるでしょう。しかし、生徒は、クラスで「高い期待を寄せられること」と「明確な一線を引くこと」は自分たちのためであると理解しなければなりません。

そして、生徒には、自らの行動と選択に責任をもつことによって、また思いや意見を述べ、創造性を発揮し、最善の努力をすることによって、自分たちが学びのコミュニティーを創造する担い手となるように求められていると、伝え続けることが大切となります。

新しいクラスで出会って間もないころは、どこまでが許されるのかという、限度の一線を試すようなことがあります。初日から、教師が「思いやり」と「高い期待」、「公正で一貫性のある明確な一線」における適切なバランスを整えて生徒を迎えられれば、生徒はリラックスして、その学期またはその学年の間、落ちついて過ごすようになるでしょう。ある教育者が次のように指摘しています。

「教室での生徒に対する明確な期待を設定すれば、生徒と教師は『現在の目標は何か』を推測す

（2）これら二つの要素以外に、『理解するってどういうこと？』（九六～九八ページ）でほかの二つの要素が紹介されています。

ることから解放され、ただ一心に目標達成に向けて取り組めるようになる」(3)［参考文献35］

図7－2に示す活動は、クラスを導くための教師の役割を確立する際に役立つものです。

実践――SELと教科学習の統合に向けた道筋をつくる

「エンゲージ・ティーチングの五つの要素」に組みこまれた基本方針と実践は、さまざまなクラスや子どもたちの育成プロセスに応用できます。教師によって実践は多様で、「SELカリキュラム」や「週に一度の担任による学級活動の時間」、「保健の時間」、「移行プログラム」(4)、「リーダーシップ育成クラス」などで活用されています。また、学年または学期を通して、これらの基本方針と実践を統合する形で授業に組みこんでいる教師もいます。そのほか、「SEL」と「教科の授業」で何をどこまで教えるのかをまとめ、教育課程の一部としてスキルを各生徒の特性とともに育成する教師もいます。

どのような状況であれ、「これらの基本方針と実践が、SELと学力面での成長にどのように関連しているか」を、生徒自身が理解することが不可欠となります。生徒自身が、「意識を集中する活動」や「コミュニティー・サークル」、または「新しい学年やクラスの環境についての話し合い」をなぜ行うのかという理由を理解すれば、活動に対してよりオープンになり、抵抗して場を損なってしまうという可能性が低くなります。

図７－２　クラスでリーダーシップを支援する活動

- 毎日、教室の入り口や教卓のところで生徒に挨拶をし、出席をとるときにはみんなと目を合わせる。簡単なことでいいので、何らかの形で一人ひとりの生徒と個人的なつながりをつくる。
- 学年の初めに、教師であるあなたと生徒とのつながりがつくれそうな個人的な話をいくつかする。紹介するのに適した内容であれば、生徒と同じくらいの年齢のときに経験した話はとても効果がある。
- 学年の途中、時々、クラス全体としての状況や、クラスとして目指している目標を今一度確認し、年間を通して目標に立ち返る機会をもつ。
- 生徒の思いや考え、情熱、何に興味をもっているのかなどを話してもらう。生徒をよく知るための時間をとる。
- 教室で何を期待しているのかを明らかにする（たとえば、スマホ、ショートメッセージ、メール、課題への取り組み方、授業中の水分補給などについて）。生徒に、これらの期待を実現するための行動とはどのようなものかを考えてもらう。
- このクラスでは、一人ひとりの違いが尊重されること、また意図的に人を傷つけるような言葉は容認されないことをはっきりと宣言する。「尊重されるべき違い」とは何かについて、グループで探究し、発表しあってもよい。
- 多様な視点を共有し、オープンエンドの質問（開かれた質問）を活用することによって多様な意見や考えを促す。
- 問題行動に対して見て見ぬ振りはせず、早い段階で、安定した思いやりのある対応をする。
- 必ず間をとる。生徒に問いを投げかけたときには、生徒が考える時間を５秒ほどとる。
- あらゆる生徒に平等な機会を与えているかどうかに注意を払う。もし、特定の生徒を指名しがちであると気づいたら、意識的に改善の努力をする。
- 必要に応じて生徒の席やグループを動かし、特定の生徒ばかりが教室の前や後ろの席に固定しないようにする。
- 生徒と一対一の個人的なつながりをつくる。学年の最初の数週間に面談を設定して生徒と話すほか、可能なら家庭訪問をする。小学生の場合は、小学校に入学する前に子どもたちと関わりをつくれる機会を模索し、何かの集まりを開催することなどを検討する。

表7－3　9年生のリーダーシップクラスの目的を明確にする表の例

このクラスは、 このようなところです	**このクラスは、 このようなところではありません**
学ぶために熱心に取り組む場	仲良しグループで集まる場
コミュニケーション・スキルを向上させる場	セラピーまたはカウンセリングの場
責任が共有される場	秘密を共有する場
SEL と学力の両方を伸ばす場	誰かをのけものにしたり、いじめたり、または特定の気の合う者同士だけでグループをつくる場
協力と協働の場	ルールやガイドラインがない場
自分自身とお互いをより良く知る場	主体的に関わらず、参加しない場

例として掲載した**表7－3**は、SELカリキュラムのなかの、九年生のリーダーシップ育成クラスの目的を明確にするために使用したものです。

実践——合意を形成し、共有する

合意形成をし、共有することは第一段階の重要な部分となります（この実践全体については、一八六～一八八ページを参照）。ここでは、教室における合意形成と共有までのプロセスがどのようなものであるかを説明します。

この活動は、どの年齢層でも実施が可能で、用いる言葉や伝え方が変わるものの、「合意」というテーマはほぼ同じです。この合意形成と共有は、新学年や新学期がはじまって数週間経ったころがもっとも効果的です。その時期は、生徒が新しいクラスのやり方や授業にも慣れてきており、クラスへの信頼感とコミュニティーの感覚を育てはじめる時期として適しているからです。クラスでの約束事は校則とともに存在し、校則に取って代わるものではない、と生徒が理解することが重要です。

教師は生徒に、次のように話しはじめました。

「今日は、どのようなクラスにしたいのかについて話し合ってみましょう。もちろん、学校にもクラスにも変更できない規則があります。でも今日は、クラスの約束事を自分たちでつくります。一人ひとりが何を大切に思っているかを話す大事な機会です。まず、各自でアイディアをブレインストーミングしてリストにしてみましょう。お互いに信頼しあえて、率直に話し合えて、安心して学びに挑戦できるようにするために必要だと思うことを、三つから五つ書き出してください」

教師は、五分間ほど書くための時間を与えたあと、「何を思いついたの?」と尋ねました。

（3）これを具体的な授業実践の例として示しているのが『イン・ザ・ミドル』（とくに第3章）です。

（4）小中高校の一年生や新学年の初めなど、新しい環境に慣れるためのプログラムです。

ジェロームが、「尊重が大切だと思う。お互いを尊重できなければ、誰も何かを言ってみようとは思わないから」と発言しました。

「ありがとう、ジェローム。とても大切なことです」と教師は答えました。そして、「もう少し具体的に、その『尊重』は外から見るとどのような行動に見えますか？　尊重していることを表すためには、どういう行動をすればいいでしょうか？」と続け、生徒のアイディアを聞いて黒板に書いていきました。

さらに教師は、自分の考えについて次のように話しました。

「先生にとっては、尊重するとはお互いに耳を傾けあうことです。みんなが私の話を聞いてくれているかどうかは、話している最中にみんなが雑談をしたり、ノートに落書きしたり、鉛筆でつつきあったりしているかどうかで分かります。『話を聞いている』とは、意識のすべてを集中するということです」

ジョシュアが手を挙げて、「ぼくは、クスクス笑われると意見が言いにくくなるので、そうされるのがイヤです」と言うと、エレナ（クラスのうしろに座ることが多い、恥ずかしがり屋の生徒）も手を挙げ、「このクラスでも、意見を言える人は少ないと思います。話しているときに遮られたりして、最後まで話せないことがあります」と言いました。

教師は、みんなとの対話を続けながらアイディアを集め、よく発言する生徒だけでなく、すべての生徒に発言を促しました。その五分後、フェリシアが手を挙げました。よく教師に対して挑戦的な態度をとる活発な生徒です。

「こんなルールで、本当に楽しく過ごせるんですか？」

教師がにっこりして言います。

「もちろん、みんなで楽しく過ごせます。一人ひとりが大切にしたいルールを了解しあっておけば、心地よい時間が過ごせるようになります」

フェリシアが、「でも、さっきジョシュアは、人が笑うのはイヤとか言ってたわ。私たちは笑うことが好きなのに……」と続けました。

教師は、「みんなと笑いあうこと」と「誰かをあざ笑うこと」との違いについて話し合えるように導きました。そして、合意形成することがお互いの話をよく聴いて学び合うことにどのようにつながっていくのかと、話を深めていきました。

一〇分後、黒板には二〇個のアイディアが書かれました。

「では、このすべてのアイディアをまとめてみましょう。黒板に書かれたいろんなアイディアを眺めて、みんなはどのようなテーマを思い浮かべますか？」

「まあ、多くは、お互いを尊重することに関係していると思う」と、ある生徒が発言しました。

「そうですね。私たちは、『尊重』とはどのような行為なのかについて話し合いました。だから、分類の一つは『尊重』と言えますね」

その後も話し合いは続き、クラスでは、「尊重すること」や「耳を傾けること」、「責任を取ること」、「楽しむこと」、「誰も除外しないこと」が共有したい合意事項となりました。

その後、教師は、生徒全員に向かって、この五つの合意事項を遵守し、支持する意思があるかどうかを尋ね、「賛成なら親指を上げる、反対なら親指を下ろす、といったサインで示すように」と言いました。ほぼ全員が親指を立てて賛成しましたが、一人だけ、ヘンリーは両手を胸の前で組んだままでした。ヘンリーに向かって教師は、反対する思いについて話してくれるようにと声をかけました。

ヘンリーが言いました。

「もし、それを破ったときにはどうなるんですか？　つまり、怒ったり、バカなことを言ったりしたら、どうなるんですか？」

教師が答えました。

「率直に話してくれてうれしいです。もちろん、誰にでも過ちがあります。過ちは、大切な学びの一部です。五つの合意事項は、自分自身を最大限に成長させるために心に留めておいてほしいものですが、時にはしんどいときもありますし、できそうにないと感じる日もあるでしょう。だとすれば、『過ちから学ぼうとする』という項目を追加するのはどうですか。みんな、どう思いますか？」

このとき、満場一致で全員が親指を上げました。その後、二人の生徒がこれらの合意事項を教室の壁に掲示するために、きれいな色でポスターを作成しました。

秘密保持に関する注意事項——合意の形成を行う際、小学校の高学年や中学生、高校生は、「話したことを誰にも言わないでほしい」と要求する場合があります。生徒が「内緒にしておいて」と求めるのは当然ですが、次の理由からそれには限界があることを、年齢に応じた適切な方法で共有する必要があります。

- 教師として私たちには、生徒自身やほかの人に害を及ぼす可能性があると思われる言動や、何らかの形で虐待または身体的な脅迫を受けていると知った場合には報告するという法的義務があります。
- 保護者や同僚、管理職に教室での情報が報告されなくなると、クラスが何を言ってもよい「セラピー」のようになり、学校では適切とされない情報を生徒たちが共有しはじめます。その結果として、

教室での約束事
お互いの話をよく聴く。
みんなを仲間に入れる。
意地悪をしない。
熱心に取り組む。
自分自身もほかの人も尊重する。
過ちから学ぶ。

クラスが安全な環境でなくなってしまうのではないかと、保護者や同僚、管理職を心配させることになります。

頭ごなしにプライバシーの尊重を強制するのではなく、生徒同士でプライバシーの尊重に同意することの意味についてよく話し合えるようにしてください。相互のプライバシーの尊重とは、教室で誰かが話してくれた内容や情報を勝手に外へ話さないこと、噂話をしたり、誰かについて知り得たことを、本人を傷つけるような形で誰かに伝えたりしないこと、個人情報を暴露させようとしたり、プレシャーを与えたりしないことなどです。

また、生徒には、自分の視点からの「私メッセージ」で話すこと、ある話が誰のことなのかほかへ漏らさないこと、自分の目的のために話を利用、脚色、解釈をしないことなどを伝えます。もし、お互いのプライバシーを尊重していないと感じられるときには、すぐにクラスでの話し合いやコミュニティー・サークルを行って解決してください。

実践――信頼を築くための初期段階の活動 ♡◯

思いやりのあるコミュニティーを育成することは、「学びの旅」の第一段階における包括的な目標であり、それを実現するためには、コミュニティーのメンバー同士の信頼関係を築く必要があります。信頼関係をもっとも効果的に築く方法は、大きな目標に向かって一歩一歩、段階的に取り組めるようにすることです。

私たちのアプローチでは、取り組みが進むにつれて生徒同士がお互いを知り、クラスメイトと協力して活動するうちにクラス内の深いつながりだけでなく、クラス以外の人たちとのつながりも徐々に発展させられる一連の活動とテーマを提供しています。クラスメイト同士が信頼しあい、教師を信頼しはじめると、生徒は自然とリスクを伴った学びに挑戦できるようになります。つまり、新しいことに挑戦し、難しい課題に対しても取り組み、失敗から学んで立ち直り、自分自身の新しい側面を探究し、発見や気づきが共有できるようになります。

学年の初めに私たちは、「コミュニティーをつくるための活動」と「意識を集中する活動」を導入しています（詳しくは第4章と巻末の資料を参照）。これらの活動は、感情面と知的面におけるリスクが低いうえに、効果がすぐに現れやすいからです。

また、私たちが提供している「知りあいになろう」という活動は、初期段階においてとくに適切な活動で、気軽に取り組めますし、自然にお互いのことを知るようになります。(5)

（5）　初期段階にできる活動を探している方は、『増補版「考える力」はこうしてつける』（とくに、第2章「自立した学習者を育てる」）がおすすめです。あるいは、pro.workshop@gmail.com に問い合わせてください。

生徒がクラスメイトとの信頼関係を築く際に行う支援の重要なポイントは、コミュニケーションレベルに考慮した、適切なテーマや質問を設定することです。実は、これは思っているほど単純なものではありません。たとえば、「あなたの家の周りの様子を紹介しよう」という質問の場合、ただ単に事実を尋ねているようですが、生徒の社会経済的背景は多様ですから、みんなとの信頼関係が築かれていない場合、気後れして自宅近所の様子を話したがらない生徒もいます。

ですから、この段階で行う適切な質問としては、「最近、面白かった本や映画は何ですか?」とか「好きな食べ物、動物、歌、音楽を、何か一つ紹介してください」、「あなたが大好きな場所について話してください」、「好きな季節について話してください」などがよいでしょう。

その後、「第二段階」ではより深いテーマを導入していくようにします。コミュニティーとして最初に集まった段階では、お互いや自分について少しだけ知ることができるような、リスクの低い活動を用意する必要があります。

信頼関係を築くために足場をつくって、どのような順番で活動を実施していくのかについて検討するにあたり、集団づくりの初期段階には、「できるだけ自分の情報は与えたくない一方で、ほかのメンバーの情報はより多く得ようとする」傾向があると意識しておく必要があります。

新たな集団をつくるとき、人はこのようなプロセスを経て、そのグループが安全と感じられる場合には自分についてより多くを共有し、知的なリスクをとるようになります。学年や学期のこの初期段階においては、「トラスト・フォール」（ある人がうしろを見ずに背中から倒れてくる様子を、その人のうしろで支えて受け止める）や「ホットシート」（一人がみんなの前へ出て、難しい質問に答えることを求められる）のような活動をアイスブレイクとして行うというのは適切ではありません。これらは、もっとあとの段階で実施すべきものであり、お互いへの信頼を生徒に強制し、圧力をかけてしまいます。

したがって、初期段階でこのような活動をしてしまうと、あとで問題が噴出する場合がありま す。その問題とは、一時の盛りあがりのなかで意図しないことまでさらけ出してしまったり、思ってもいなかったことをついやってしまったりして、後悔をしてしまうようなことです。

このようなことが起こると生徒は、今後、その苦い経験を繰り返さないために行きすぎた自己開示から身を守ろうとして心を閉ざしてしまい、コミュニティーを信頼しなくなる場合もありま す。信頼関係をゆっくり築き、意義深い思いやりとつながりづくりにゆっくりと取り組むようにすれば、学びのコミュニティーは自然に発展しますし、つながりも深まっていきます。

クラスを導く際に重要な点は、①生徒が現在、信頼づくりにおけるプロセスのどの段階にいるのかを常に客観的に捉え続けることと、②グループの発達段階に適した活動と適切な動機づけを選択すること、の二つとなります。

同じ活動であっても、コミュニティーの深まりを促せる場合もあれば、学年の中頃に導入されるべきことを新しいクラスになって数週間しか経っていない時期に実施してしまうと、生徒の恐れや猜疑心《さいぎしん》といった反発心を引き起こすこともあります。

たとえば、「年齢を重ねる」というテーマで行う一連の活動のなかに、「子どものころにはそうだと思っていたことで、今はそう思っていないこと」について書き出して、話してもらうという活動があります。この種のテーマは、時に、喪失、拒絶、恥ずかしさなどといった深い感情につながる話を引き出してしまいます。

グループとしての初期段階（第一段階）においてこのような活動やテーマを用いることは、そのグループにとっての意義と安全面において、安全とも安心とも言えないことがよくあります。しかし、のちにいったん信頼関係の基盤が築けたら、先ほど述べた「トラスト・フォール」や「今はそう思っていないこと」の活動なども、生徒個人とクラスメイトや学習内容などとの結びつきを深く考える方法となります。

「学びの旅」の第一段階は、新たな学年のはじまりに、学びのコミュニティーづくりにおける揺るぎない基盤を構築し、より複雑な内容を扱う第二段階に備えるものです。第一段階では、多くの生徒が、意欲、興奮、焦り、恐怖、不安といったさまざまな感情を抱いています。この段階で、安心して心から関わりあえると感じられる安心安全な教室文化がつくり出せれば、生徒の知的好奇心や思いやり、本物の自己表現が自然と表れるようになります。

第一段階の目標と実践に時間を費やせば、私たちはまさに、生徒のSELと学力面での成長を支援することになります。もっと具体的に言うと、私たちは「エンゲージ・ティーチング」（一五ページ参照）をモデルとして示すことで、生徒自身がもっている五つの要素に関する力の育成を図っているのです。

すなわち、生徒自身が適切に振り返りを行い、みんなとお互いに気持ちよく過ごせるようになり、学力面での成長を重視しつつ、自分の行動とクラスの状態に責任をもち、感情を適切に捉えて表現し、自分だけでなく、他人や周りの世界に思いやりがもてるように取り組んでいるということです。

第一段階のまとめ

集団づくりの第一段階では、生徒を支援するために次のことに取り組みます。

・クラスの導き手として自分（教師）の役割を確立する。
・通常の教科学習に加えて、SELに取り組む理由を生徒に説明する。
・協力して行う合意形成のプロセスを確立する。
・信頼を構築するための（段階や順番に配慮した）一連の活動に取り組む。

第二段階――コミュニティーとメンバー相互の関係を強化する

第一段階では、「学びの旅」をはじめる基盤となる、思いやりがあって誰も排除しないクラスのコミュニティーをつくってきました。第二段階で生徒たちは、クラスのコミュニティーでの相互の関係性の強化、コミュニティーであるという意識の深まり、また、より創造的で知的にリスクをとろうとする意欲の高まり、などを体験していきます。

ほかのメンバーに対する信頼感を育むにつれて生徒は、本当のことをありのままに述べられるようになり、より複雑な感情や学びの領域へと踏みこめるようになります。すべてのコミュニティーが、ある時点において、このより複雑な領域を扱う第二段階に入るわけですが、生徒の準備がまだ整っていない段階で深いレベルやリスクを期待したり、そこに追いこんでしまわないように、クラスにおける信頼と安心安全に関する状況を正確に捉える必要があります。

この第二段階の時期がいつかということは、クラスの人数、人間関係や環境、または一緒に過ごす時間の長さなどによって大きく異なります。

第二段階において典型的に見られる光景は次のようなものです。取り組みがより深まり、相互の結びつきが強まるにつれて、最初のころには今の自分たちにピッタリくると感じていた取り組みが、単純で表面的なものに感じられるようになります。その結果、落ち着きがなくなってきます。

さらに、取り組みの深さや生徒同士のつながりにより深い自己開示が求められるようになります。それらは、傷つきやすくて脆い部分でもあることから、生徒が再び抵抗したり、一線を越えようとする行動に出ることもよく起こります。

第二段階では、明確な境界線を保ち続け、適切な対応を一貫して崩さないことがもっとも重要となります。

この段階では、意図せずに「すべての違いを尊重するという合意」を損なってしまうような無意識のステレオタイプがクラスメイトの間で表面化してくることもあります。教室で起こるこれらの経験は、私たちが生きているより大きな環境、すなわち社会、メディア、地域、職場などといったあらゆる場所において、ステレオタイプが浸透していることを示しています。

このような瞬間は、どこで、どのようにそれらのステレオタイプに生徒が触れて内在化したのか、また、それと置き換えられる視点をいかに提供するかを探究できる絶好の機会となります。学年が上の生徒であれば、これらの学びの好機に、一般的な思いこみや統計上の数字が、偏見の標的となっている人々の実際とどれほど隔たったものになっているのかについて正確に調べてみてもよいでしょう。

通常、生徒は、第二段階において、参加度、つながり、本物を追求する度合いが高まっていく過程でエンパワーされます。学びのコミュニティーにおいては、今がまさに、ストレスと怒りのマネジメント、クラスメイトとの関係、コミュニケーションと問題解決、より大きな社会問題、世界の出来事などのテーマについて探究するために、十分と言えるほど信頼と安全が潜在的に形成されている状態です。

このような状態が、個人的なことを話すコミュニティー・サークルやミーティングを定期的に実施してもよいタイミングと言えます。実際、生徒には、テーマに関することや自分の生活について順番に話をしてもらいます。多くの場合、第二段階の時期にはより積極的に取り組もうとしますし、協働的なプロジェクトにも支障なく参加できます。

次に紹介する実践は、「エンゲージ・ティーチングの五つの要素」を応用して、第二段階の目標を達成するために役立つものです。これらの実践は第二段階に限定されたものではありませんが、この段階で取り組めば深まりや重要性を大きく向上させられるので、ここで紹介します。

実践――生徒の声によく耳を傾ける

生徒の声（思いや考え）を上手に引き出していかすためには、時間をかけること、思慮深くあること、そして、クラスのオウナーシップ（二五一ページの注を参照）を適切に生徒と共有することに教師がオープンである必要があります。

クラスにおいて、生徒に声を発してもらう機会はたくさんあります。たとえば、対話や話し合い、探究、協働、個人的な話のストーリーテリング、共有と振り返り、教科の内容に対する一人ひとりの反応などです。(6) 生徒が互いについてもっと学びあい、より深いテーマや主題を考えていくにつれて、コミュニティーのつながりが目に見える形で強化され、「お互いに多様性があってこそ素晴らしい状態なのだ」ということがますます分かるようになります。

また生徒は、自分のことを見守ってもらえる、聞いてもらえる、と感じているときには、教師やクラスメイトの気を引こうとする行動が少なくなります。生徒に声を発してもらう方法をいくつも活用すれば、生徒は参加し、共有し、考え、自分の能力を伸ばしたいと思うようになりますし、それにつれて主体的な意欲が高まります。(7)

生徒の意見をオープンに聞くと、彼らからの不満や否定的な意見があふれて収拾がつかなくなるのでは、という懸念を抱き、生徒の参加やフィードバックを求めることに躊躇されるかもしれません。しかし、教師が適切な方法でフィードバックを求めるなら、生徒は自己効力感を感じま

---

(6) 協力者から「日本の通常授業で、これらのうちいったいどれだけがすでに実践されているでしょうか？　とてもヒントになります」というコメントがありました。

(7) 生徒が自分の声を発せられるようにするためには、『私にも言いたいことがあります！』を参考にしてください。

すし、ほとんどの場合、肯定的で有意義な反応をしてくれます。

また、生徒のフィードバックを「長所モデル」(8)に誘導すれば、どうすればうまくいくかや、自らの強みをふまえて考えることへと導くこともできます。さらに、毎週、毎月、または学期ごとにクラスのプラス面とマイナス面について書いてもらうという形で、クラスの様子を把握することもできます。

これらの方法は、生徒の様子を知るとともに、教師の教え方や教えている内容を修正する際に効果的です。

次に紹介する実践は、生徒一人ひとりのユニークな視点や声を教室にはっきり発信してもらう形で、「見守ってもらえ、聞いてもらえ、知ってもらえている」と感じられる機会をつくり出すものです。

生徒の声を取り入れる活動

知っていること→不思議なこと→学んだこと（KWL）――教科で学んだ内容について何か質問をする。たとえば、小学生が天気について学んでいる場合であれば、単元の初めに、天気について知っていること（K）と、天気について不思議に思うこと（W）を書いてもらう。そして、単元の最後に、天気について学んだこと（L）を書き出してもらう。単元の最初に「不思議に思うこと」を質問の形で書き出してもらうことは、生徒の背景知識と好奇心をふまえて、授業を探究的な学びに導くことに役立つ。また、単元の最後に「学んだことを振り返る問い」をすれば、長期記憶と学んだことの定着につながり、将来活用できるようになる。(9)

最後の振り返り——活動の最後に、その活動について、好きか、好きじゃないか、学べたか、何が心に残ったか、難しかったか、今まで知らなかったことがあったかなど、生徒に振り返ってもらって感想を聞くとよい。振り返りの対象は、難しい算数・数学の宿題、子どものころの思い出に関するコミュニティー・サークル、チームワークを育むための活動、社会科の必読文献など、何でもよい。すべての場合において異なる内容が紹介され、互いに耳を傾けるプロセスを経るにつれて定着し、広がりが生まれる。同時に、生徒が寄せる反応から、教え方に関する計画の方向性についてヒントが得られる。

---

(8)　ただフィードバックを求めるだけだと、「欠陥」を中心に指摘しがちとなります。それを避けるために、まずは「いい点」をできるだけ多く指摘することの大切さを強調しています。具体的な方法として下のＱＲコードを参照ください。

(9)　ここで紹介されているＫＷＬの真ん中は「Wonder」になっていますが、通常は「Want to Know（知りたいこと）」です。いろいろと発想豊かにして試してみることの大切さがうかがえます。

ペアワーク、グループワーク、コミュニティー・サークル、ミーティング(10)——何かのテーマ（SEL＝感情と社会性の学びでも、教科内容に関するテーマでも）において、ペア、グループ、あるいはクラス全体で互いの考えなどを共有してもらう。生徒一人ひとりが、一定時間、遮られることなく話せる時間が確保できるように活動を進める。

口頭発表——個人またはグループで、特定のテーマや内容についてクラス全体に発表してもらう。たとえば、小学校の低学年では、家から持ってきたものについて話すなど、みんなと共有する時間をもつ。

ワールド・カフェ——この活動は、SELと教科のどちらでも行える。生徒は、四人ずつに分かれてテーブルに着席し、テーマに関連する「開かれた質問」(11)について話し合う。話し合いは、あらかじめ用意されている三つの質問について行われる。一つの質問ごとにテーブルを移動して、新しいメンバーと対話する。各テーブルには、対話しながら絵や言葉を自由に書けるように紙を広げておく。最後に、みんなで対話の内容を報告しあう［参考文献19］。

チェックイン・カード——週、月、または学期ごとに、クラスでうまくいっていること（プラス）と課題（マイナス）について三つ以内で書いてもらう。

強みと機会のマップ——生徒に、クラスの「強みと、その強みを発揮する場のマップ」を作成してもらう。クラスや生徒間の関係、教科の学習や教師が必要性を感じる項目などに関してマップを作成するという作業を通して、自らの成長のために、自分の強みとその強みを発揮できる機会について認識する。生徒は、授業、プロジェクト、テーマなどに関して、とてもやる気になったものと、あまりやる気にならなかったものを挙げ、なぜそのように感じたのかをみんなで話し合う。

ブレインストーミング――これは、その性質上、個人かグループで行うとよい。テーマは、ＳＥＬでも教科の学習でも可能。たとえば、嫌なあだ名や仲間はずれといったクラスの課題、遠足やみんなで行いたいゲームのアイディア、または岩石や鉱物に関する科学クイズの作成など。場合によっては、教師がクラスの考えに基づいてある決定をしたり、クラスで投票することもある。ブレインストーミングは、生徒の思考を促し、学習を定着させるのに役立つ。

フィードバックを求める――授業の最後の振り返りやカンファランス（一二五ページの注を参照）、またはオンラインやアンケート調査（匿名での回答もあり）を活用して生徒からのフィードバックを引き出す。状況に応じて、フィードバックをふまえて次のステップを選択したり、

---

(10)　グループワークやコミュニティーでのミーティングなどについては、三八四ページと三二一～三二四ページを参照してください。

(11)　「なぜ」、「どのように」、「どうやって」など、答えが一つではない質問、つまりオープンエンド・クエスチョンです。

授業内容を修正したり、クラスでミーティングをしたり、個々の生徒と話し合って問題を解決したりする。

生徒の声は、語りや作文、アートとしての表現など多様な方法を使って表せるように配慮する。表現されたものは、個人的な振り返りとして行われ、他者には一切公開されない場合もあるし、教師のみ、生徒同士、小グループ、またはクラス全体で共有される場合もある。

実践――自己、他者、世界との深いつながりを育む

「学びの旅」の第二段階におけるもう一つの重要な側面は、生徒自身やクラスメイト、教師、また周りの世界と深いつながりが育めるように支援することです。私たちは「つながり」を、思いやりのある、真の、意味のある関係性のネットワークと定義しています。つながりには、「より大きなコミュニティーに所属する経験」と「一人の人間として、丸ごと見てもらって知ってもらう経験」が含まれます。つながりを感じられるとき、生徒はスキルや才能、情熱、知恵、好奇心、そして学ぶ力をより発揮します。

多くの生徒が、常日頃、分断や孤独、所属意識の欠如を感じています。この疎外感が、しばしば危険な行動や自己・他者への暴力、中途退学、学業挫折の原因になっています。その要因とし

ては、インターネットやスマホなどテクノロジーの過剰使用、家族構成の変化、消費文化という事柄に加えて、真に意味があると思えることや目的の喪失、関係性の欠如など、多くの問題が挙げられます。

疎外経験に対するパワフルな特効薬は、「本物のつながりをもつ」という経験です。この種のつながりは、メディア、テクノロジー、消費文化、またそれらによって提供されている表面的なつながりや関係とは根本的に異なります。真のつながりを感じる機会がないときに生徒は、意味があると思っていることや自らの欲望を、売買できる空間で求める傾向があります。すなわち、ドラッグや性行為、そのほかリスクの高いことをして快感や超越感を得ようとしたり、日常的に自らや他人を傷つけるといった破滅行為を繰り返すわけです［参考文献114］。

真につながりのあるコミュニティーを形成すれば、生徒は「今自分は疑問を抱え、挑戦し、目的を探究する渦中にいるが、決して一人ではない」と感じられるようになります。さらに、自己表現の機会が与えられれば、生徒自身がすでにもっている素晴らしい資質を見いだして表現しようとしますし、「コミュニティーや世界に意味のある形で貢献できる」方法を探し出すようになります。つながりを感じているときに生徒は、自然な形で「レジリエンス＝逆境を乗り越える力」や「自らの能力」を発揮し、さまざまな変化を巧みに乗り越えていくのです。

ある一二年生（九ページの注を参照）が、クラスについて次のような話をしてくれました。

九年生と一〇年生のとき、父はイラクにいました。その時期は、私の人生のなかで本当に辛いときでした。家には、私と母と三人の弟がいるだけです。私がリーダーの役割を努めなければならなかったので、辛かったです。そんなとき、クラスでの取り組みが私を大きく変えてくれました。自分の役割だと思いこんでいたことや、人生についての考え方が変化したのです。

自分の人生で起こっている苦難と同じような困難は、ほかのみんなにも違った形で起こっているのだということを私は知りました。そして、何かを克服する必要があったとしても、学校では多くの人が自分とつながっているし、問題にも関わってくれるので、決して孤独を感じる必要がないと分かったのです。「人生の苦難は乗り越えられる」、「逆境は乗り越えられる」ことを、みんなにも知ってもらいたいです。誰もがなりたい人になれるし、幸せになれるのです。

次に紹介する要素や活動は、つながりの感覚をつくり出すのに役立ちます。

自己、他者、世界とのつながりをつくり出すものは何か？

・「各自が唯一無二の存在であること」、「互いに違っていることの素晴らしさ」、「驚くような共通点」に対する深い気づきと感謝。

・学びのコミュニティーについての特徴や生徒の実態（スキル、能力、個性、ものの見方、視野、夢、ビジョンなど）に関する対話や探究。
・情熱、夢、ビジョン、大きな疑問[12]について探究する機会。
・一人の人間として見てもらい、知ってもらえる機会。
・互恵性と相互につながる経験（コミュニティーにおいて、褒め言葉を伝えあったりサポートしあうこと、お互いのために責任を果たすこと、つながっているという事実への理解を育むこと）。
・どこから来たのか（祖先、ルーツ、伝統、民族）という点に関する探究。
・カリキュラムや教科の内容との個人的なつながりや感情的なつながり。
・生徒の興味や情熱が、カリキュラムのテーマや内容に統合されること。
・自分自身を、暮らしているコミュニティー（家族、近所、地域など）の一部として理解する機会。

---

(12)　原書は「big questions」となっています。たとえば、時間とは？　光とは？　生命とは？　などといった概念レベルの問いのことです。

・自分なりのものの見方や思いが話せ、それがクラスで奨励されること。
・個人的な生活以上の大きな何かに貢献する経験（コミュニティーのプロジェクトやサービス・ラーニングなど）。

(13)

生徒の健康、幸せ、成長を真に発展させたいのであれば、教育機関の使命として、学校を「真のつながり」のある場にすることがもっとも基本的で重要なこととなります。つながりを感じれば、倫理的な衝動は自然に表れてきます。すなわち、つながりが感じられれば、貢献したい、夢中で取り組みたいと生徒は思うということです。

教師は生徒の家族でもカウンセラーでもありませんが、生徒と思いやりのある大切な関係を築き、意味のあるつながりを育むための学びの機会をつくり出すことはできます。次に紹介するのは、生徒が自己、他者、世界とのつながりの感覚を深めることを支援するための実践です。

◆相互関連性の探究

家族から学校、地域、州、国、地球レベルのコミュニティーまで、自分の生活と住んでいるコミュニティーの同心円を描き、その間をつなげようと支援すれば、より深いつながりと居場所感覚が養えます。

相互につながりあっているという考えに導くだけで、より大きな意識をもったり、共感したり、さらに心から何かに取り組むきっかけとなります。たとえば、私たちと環境との関係を生徒とともに探究することは深みのある理科の単元となりますし、相互関連性の探究にもなり得ます。

◆より深いテーマとより複雑なコンテンツを取り入れる

第一段階では、少しずつ着実に信頼を築くためには、どの活動をどの順序で行うかが重要であると指摘しました。第二段階では、より深いテーマとより複雑なコンテンツ（内容）を取り入れることができます。この深まりは、ＳＥＬとともに教科学習に当てはまります。

たとえば、小学校三年生の朝の会では、多くの信頼と協働が必要な「集中を高める活動」ができるでしょう。五年生のための移行プログラムでは、中学校への入学とはどのような機会なのか、また課題はあるのか、などのテーマで取り組むとよいでしょう。さらに高校の国語の授業では、課題の克服、子どものころの思い出、世界の出来事、クラスメイトとの関係、ジェンダーの問題などといったテーマでコミュニティー・サークルを設定してもよいでしょう。(14)

(13)　社会貢献の活動など、教室で得た知識を地域社会で実践する、奉仕と学習を統合させた活動のことです。

◆協働する機会を生徒に提供する

「学びの旅」の第一段階においても生徒が協働する機会はたくさんありますが、第二段階では、つながりと信頼がより築かれるに従って、生徒はさらに一緒に取り組みたいという思いが強くなります。

生徒同士がより深く知るにつれて、複雑なプロジェクトでも、長い期間を要する取り組みでも一緒に協働するようになります。全員の意見が収集でき、チーム内でもチーム間でも公平に取り組めるような協働学習の構造と支援を提供することが不可欠です。また、すべての生徒がリソースにアクセスできると思わないで、取り組みに必要とされる物品は学校側からきちんと提供することも重要となります。

◆意味と目的を探究する機会を生徒に提供する

第二段階で生徒をサポートするもう一つの方法は、生徒自身にとっての「意味と目的の感覚」を探究する機会の提供です。学校での取り組みが、生徒自身のアイデンティティーや生活にとって意味があると思える感覚に結びつけられれば、彼らはよりいっそう心から取り組もうとしますし、学ぶことを大切にします。次のような問いを通して、学校や生活においての目的意識を探究する機会はつくり出せます。

・自分が学校や生活に求めているものは何か？

・自分の素晴らしい特質とは何か？　また、どうすればそれらを表現し、コミュニティーと共有できるのか？

・学校または生活において、自分に目的意識を与えてくれるものは何か？

・この教科の学習は、自分の目標やビジョンをどのように支援してくれるのか？

・人生の意味や目的を経験するのはどのような場面か？

これらの問いの答えについて、文章、アート、コラージュ、音楽、スピーチ、ダンス、語りなどを通して探究してもらいます。また、関連するテーマ（アイデンティティー、性別、大人になること、文化など）において、このような表現方法を授業での取り組みとして取り入れることもできます。とくに、国語、美術、社会、歴史などでは取り組みやすいでしょう。

---

(14)　協力者から、「ここでの提案から、日本のように教材ありきで授業が行われていない様子が垣間見れました！」というコメントが届きました。生徒自身のこと、地域や世界で起こっていることや課題こそがより身近に感じられるテーマですから。生徒主体の授業のつくり方については、『学びの中心はやっぱり生徒だ！――「個別化された学び」と「思考の習慣」』と『みんな羽ばたいて』を参照してください。

◆情熱、希望、夢を探究する機会を生徒に提供する

情熱、希望、夢を探究し、共有する機会を提供すれば、「つながりの感覚」を深めることができます。表現の方法は、口頭または視覚的・象徴的な表現でも可能ですし、形式はペアワーク、サークル、またはミーティングなどが可能です。

たとえば、今、自分の生活で情熱を傾けている象徴的なものを持ってきてもらいます。生徒は、川で見つけたお気に入りの石を持ってくるかもしれませんし、家族にもらったネックレス、友人の写真、楽譜、野球チームのボールなどを持ってくるかもしれません。また、美術（図工）の授業では、将来のビジョンボードの作成ができます。ボードの上に生徒は、数年先のイメージや大人になったときの姿を表す画像をコラージュします。このコラージュは、将来の希望や夢、ビジョンなどを探究して、文章で表現する活動と組み合わせることができます。

◆生徒の質問を尊重して取り入れる

人間である以上、自分のことや、自分の存在、クラスメイト、文化、命の本質などについて疑問に思うというのは、自然なことであり普遍的なものです。生まれつきとも言える好奇心は、私たちのなかにあるもっとも深い疑問と学びにつながる、教育の根源的な部分です。

　もちろん、自分自身や人生に関するこのような問いは、発達段階を経て、時間の経過とともに変化します。小学生のときには毛虫がどうやって木に登るのかと興味をもって考えていても、中学生になれば、自分は何者か、自分たちはどのようなグループに属しているのか、または属していないのか、などへと考え方が変化していきます。高校生なら、人生の目的や世界のなかで、今自分が存在する場所などについて疑問をもつ場合がよく見受けられます。

　問いを立て、探究し、不思議に思う力は、古い習慣にとらわれて、可能性や新しいものの見方を否定することを防いでくれます。生徒には、あらゆる種類の質問を奨励しましょう。そうすれば、「大切なものを見極める（クリティカル）思考力」と「教科内容と生活を結びつける力」を発展させることができます。また、生徒には、教科に関する質問とともに、より哲学的な質問を奨励しましょう。

　哲学的な質問や不思議に思ったことには、具体的な答えがないかもしれません。しかし、自分なりに疑問をもつことは素晴らしい行為であると生徒に教えることは、曖昧さ、パラドックス、未知の領域に耐える力を高めてくれます。(15)

(15)　好奇心を大切にする学びには『「おさるのジョージ」を教室で実現――好奇心を呼び起こせ！』、『たった一つを変えるだけ』、『だれもが科学者になれる！』などが参考になります。

疑問や不思議に思ったことを共有するこのプロセスは、つながりとともに、相互に共通する人間性の理解にも役立ちます。なぜなら、自分以外の人も、人生について自分と同じような疑問をもっているからです。このことは、生徒（とくに中学生以上の若者）に大きな影響を与えます。疑問に思っていたのは自分一人ではなかったと気づき、表面だけでは分からないが、ほかの生徒も常に人生の深さを探究していることに気づくのです。

教師は、学校や生活のあらゆる面で、「答えを出すこと」と同じくらい「疑問をもつこと」を大切にするようにと支援することができます。たとえば、新学年の初めに紙を配り、これからはじまろうとしている新学期を前に、浮かんでくる疑問や質問、不安に思っていることなどを匿名で書いてもらいます。生徒たちは、「今年は新しい友達ができるだろうか？」とか「数学の勉強についていけるだろうか？」といった疑問を書くことでしょう。

また、学年が上の生徒に向けては、文学を読んでジェンダーのテーマを探究し、自分とは違う性について疑問に思っていることを匿名で書いてもらうことができます。よくある質問は、「なぜ、男子は自分の気持ちを素直に話すことが難しいのか？」とか「なぜ、女子は誰かのことを陰で話す傾向があるのか？」などです。

一方、小学校の取り組みとしては、理科の授業を地球に関する質問を集めることからはじめられます（地球について何か不思議に思うことはありますか、など）。これらの疑問のいくつかには答えがあるでしょう（雷はどこから来るのか、など）しかし、なかには疑問であり続けるものもあります（どのようにすれば私たちは地球上で持続可能な生活ができますか、など）。

次に紹介するのは、五年生～一二年生の「不思議に思うこと」に関する疑問文の例です。

「不思議に思うこと」の疑問文の例

・自分が誰なのかはどうやって発見するのか？「自分が誰なのかが分かった」ということを、どのようにして知るのか？　誰かほかの人が、私の変化に気づくことはあるのだろうか？

・なぜ、こんなにも「美しくなければならない」と思うのか？

・自分だけが変なのか、それともみんな変なのか？

・先生たちは、本当に生徒のためを思っているのだろうか？　それとも、そういう振りをしているだけなのか？　先生たちは、教えている内容について確信をもって教えているのか？

・なぜ、私たちの年頃は、他人とうまくやっていくのが難しいのか？

・才能や愛をたくさん与えられている人がいるが、人生においていったい何が違うのか？

・人は、自分が信じることに反してまでも、なぜ周りに溶けこもうとするのか？

・年をとるって、どのような感じなのか？

・宇宙が停止することは永遠にないのか？

実践——課題を巧みに導く

第二段階では、新たな課題が表面化する場合もあります。生徒は心の中を表現しはじめると、ほかの人とより深く共有しはじめ、心を開きはじめます。そうなると、脆弱性や傷つきやすい感覚も高まってくるため、コミュニティーから逆に距離をとろうとしたり、脆弱な感覚を避けるために攻撃的になったりすることもあります。

さらに、第二段階に入るころには、第一段階の「ハネムーン期間」も終わっていることでしょう。ハネムーン期間のあとには、本当の自分をよりさらけ出すときに起こる豊かで複雑な力学が動き出し、それがクラスにとっての課題となるかもしれません。

築いてきた信頼関係のおかげで、今や個人的なことを共有しても安全だと生徒は感じていることでしょう。しかし、もし生徒の感情が高まりすぎたり、個人的なことに立ち入りすぎる場合は、教師として教室での「一線」を明確にし、思いやりのある方法で生徒を修正し、導いていく必要があります（この方法の詳細については第6章を参照）。

また、この段階では、学習面での重圧やストレスにさらされていると予想されます。したがって、「今ここに集中するための活動」、「マインドフルネスの活動」、「ストレスやストレス軽減に関するコミュニティー・サークル」など、ストレスの解消を図る活動を取り入れる必要があります。

さらに、エンパワーされて主体的になってきた生徒たちは、活発になりすぎているために対応が大変と感じられることもあるでしょう。そのような場合でも、教師には、生徒のエネルギーを肯定的に発散できる出口を見つけて、活発な取り組みが続けられるように支援する手立てがあります（第4章を参照）。

最後に述べますと、困難な課題というのは、教師にも生徒にも、今までにはない予測不可能な出来事として生じるものです。これら想定外の状況は、「好ましくないことを喜んで受け入れる」機会となります。

もし、この第二段階で学級経営に課題が現れたら、「クラスや活動の目指すところやその目的」、「クラスのみんなで共有した約束事」、「守るべきルール」などを再確認するのによい時期と言えます。問題の現れ方に応じて、クラスでのミーティングや目の前の問題について話し合います。具体的な方法としては、第5章「お互いを尊重しあうための一線を設ける」を参照してください。

第二段階のまとめ

第二段階の生徒集団を発展させるための支援として、次のことに取り組めます。

生徒の声をいかすためには……

・生徒が思ったことや探究したいテーマを発展させられるようにする。
・生徒間で問題が生じた場合は、問題解決の話し合いを奨励する。
・生徒には学習目標の確認を促し、より高みを目指すように促す。

自分自身や他人や世界とより深いつながりを育むためには……

・生徒個人やクラスメイトや学習内容と、より深いレベルでつながるのに役立つきっかけやテーマを提供する。
・学びの一環として、情熱やビジョン、興味をいかせる機会をより多くつくる。

難しい状況を上手に導くためには……

・クラスの目標を再確認する。
・好ましくないことも、喜んで受け入れる。
・再度「相互尊重のための一線」を明確にし、クラスで共有した合意を再確認する。
・問いを活用する。
・支援を得る。

第三段階――学年を前向きな気持ちで終了し、学びのアンカーリングを行う

学年や学期の終わりには、生徒のために肯定的な「終了プロセス」が体験できる機会を意図的につくりましょう。そうすれば、学んできたことをしっかりと自分のものにし、達成感を味わい、次に続く夏休みや冬休み、そして次の学年へと、円滑に移行できるようになります。もし、肯定的な終了プロセスを設定しなければ、学期末や学年末で達成感を味わうことなく、慌ただしいまま次のステップを迎えてしまうことになります。

何らかの方法で、学んできたことを俯瞰し、「学びの旅」を振り返る機会がなければ、生徒は、授業の最終日や最後の数週間に予定されている多くの学習プロジェクトや行事などにただ押し流されるだけとなるでしょう。

肯定的かつ意図的な終了プロセスを設定することは、授業やクラスのコミュニティーにおける学びや経験に重要な影響を与えます。(16)

(16)　このことは、単に学年や学期の終了時のみだけでなく、単元や個別の授業についても言えます。『質問・発問をハックする』の第３章「学習に区切りをつける」では、とくに日々の授業の効果的な終わり方について紹介されていますので参考にしてください。

実践——意図的な「終了のプロセス」の設定

どのような終了プロセスを取り入れるのかと検討する際には、クラスの信頼関係の状態や、一緒に過ごした時間、ＳＥＬと教科の学習において探究してきたテーマなどを考慮するとよいでしょう。社会科や理科の担当であれば、第三段階のもっとも適切なアプローチとして、生徒自身に学んだことを振り返ってもらい、自己評価を行うといった機会を設けることです。(17)

また、担任のクラスや、リーダーの育成、移行期支援、ＳＥＬなどに特化した授業やセミナーなどの場合は、より長い時間をこの終了プロセスにかけることが重要となります（https://passageworks.org/our-programs/#course_resourses にて、移行期支援のカリキュラムが参照可能）。

どのような状況であれ、生徒が経験したことを見直し、学びを振り返り、「終了」に関連する感情を表し、お互いに有意義なフィードバックと感謝を伝えあう機会をつくることによって、教師は学期や学年の終わりに素晴らしい影響を与えることができます。場合によっては、一緒に過ごした時間を振り返り、大切な思い出や重要な学びの経験を共有するだけでもよいでしょう。

なお、クラスの状況によっては、迫り来る変化と移行について、数週間を費やして終了プロセスに取り組むのもよいでしょう。終了プロセスのためのアイディアについては、次に紹介する活動例を参考にしてください。

意図的な「終了プロセス」の活動例

・取り組んできた課題、プロジェクト、作品などを振り返って、自らの成長を評価する機会を生徒に提供する。年齢にあったチェックリストやアンケートを用意して、記入してもらうとよい。生徒には、学んだことを要約してもらい、その学びについてクラスメイトと話し合ってもらう。これらは、担当しているクラスや授業に応じて、SELと教科学習で行える。

・グループをつくり、教科で学んだ単元を確認する。どこからはじまり、どこで終わったのか？　また、プロセス全体を通して何を学んだのか？　その後、これらの教科の学びとSELとを関連づける。学期末や学年末に行うグループでの振り返りは、個人での振り返りとは違った有益な役割を果たす。

・担任のクラス、担当する授業、移行期プログラム、SELのクラスでは、「私は○○を覚えています」と伝えあう活動をするとよい。グループで輪になって、一人ずつ一緒に過ごした

---

(17)　もちろん、同じことはほかの教科にも言えます（一二七ページで紹介した『イン・ザ・ミドル』のように。そこでは、新たな目標の設定も大事な要素になっています。振り返りと自己評価は、あくまでも自己修正・改善の手段にすぎません）。しかし、それができるためには、従来の教師（教科書）主導の一斉授業から、生徒主導の学習指導要領や教科書の内容を生徒が発見する授業（＝本書のテーマでもあるエンゲージド・ティーチング）への転換が求められます。

際の思い出や印象的な出来事を紹介していく。これらの話は短くてよい。もし時間があれば、何度も発言できるようにするとよい。ある発言が、ほかの出来事を思い出させる場合もある。この「思い出の共有」は、それぞれの生徒が絵を描いて壁に貼ったり、みんなでコラージュをつくったりなど、多様な表現形式によって行える(18)。

・その学年の特別な思い出をそれぞれが文章と絵で綴る。クラスのメモリーブックをつくる。各生徒にはコピーを渡して、原本はクラスに保管して閲覧できるようにし、新しい学期や学年になっても見られるようにする。

・帽子を用意して、その中にクラス全員の名前を書いた紙を入れておき、その中から各生徒に三枚の紙を取り出してもらい、一人ひとりに対して短い感謝の文章を書く（低学年の場合は絵を描いてもよい）。または、一人ひとりが頑張った様子を褒める時間をとる。低学年であれば、教師が各生徒への気持ちを大きめの紙に書き、家に持ち帰ってもらうのもよい。

・一つ下の学年の生徒たちに、自分たちがその学年を過ごした感想などを手紙に書いてもらう。その手紙には、その学年では何を経験し、何が楽しく、何にチャレンジしたかなどを書く（たとえば、一年生の何が楽しかったのか、一年生ではどのようなことに頑張って取り組んだのか、など）。学年が上の生徒でも同じ取り組みはできる。その場合は、「九年生の初めに○○を知っておいたらよかった、と今思うこと」といったテーマで文章を書いてもらうなど、工夫をするとよい。

・学年の終わりに、小グループでその学年の「How to ブック」をつくる（たとえば、「○○小学校二年生の過ごし方」などのタイトルで）。その冊子に、その学年で楽しかったことや頑張ったことを振り返って、書いてもらう。

実践——学びのアンカーリングのために振り返りの時間をつくる

学びのアンカーリングの機会をもつことは、その学年で得た重要な鍵となる経験と概念を確実に自分のものにし、今後、それらを応用するための助けになります。このプロセスでは、振り返り、復習、自己評価、学んだこととの共有と称賛などが活用できます。学びの定着を支援すれば、学んだことを学校で次の段階に展開させるのに役立ちます。

振り返りは、個人で行っても、グループやクラス全体で行ってもかまいません。生徒はより大きなグループでも振り返りを共有できますし、口頭発表、文章、またはシンボル（アートワーク、音楽）などでも表現することができます。

(18)「思い出」では物足りないという人には、「この授業のハイライトは?」や「もっともインパクトのあった気づき（ないし発見）は?」（あるいは、三一六ページで紹介されている質問）などがあります。

年齢を問わず、生徒の振り返りに使える質問には次のようなものがあります。

・一年を振り返って一番心に残っていることは何ですか？
・一番楽しかったことは何ですか？
・この学年（または学期）やクラスで、大変だったけど一番頑張ったことは何ですか？
・あなたは、どのようなことを学びましたか？
・学んだことをどのように活用したり、応用したりしますか？
・あなたの目標は何でしたか？　それを、どのように達成しましたか？　今後もその学びを続けていきたいですか？
・学年の最初と今とを比べて、あなたはどのように変わりましたか？　個人とクラスの両面で振り返ってみましょう。
・あなたは、個人として、そして学びのコミュニティーの一員として、自分自身についてどのようなことを学びましたか？

実践——感情のすべてを受け止める

学びのコミュニティーのなかで深いつながりと信頼関係が築かれていれば、そこで過ごす最後の時期には、教師と生徒にはさまざまな感情が生まれます。中学校や高校や大学に進学する前の時期には、とくにそれが強くなる傾向があります。長い時間を一緒に過ごしてきたわけですから、学年の終わりが近づくにつれて、将来への興奮や期待を感じるとともに、今いるコミュニティーと一緒に過ごせなくなることに悲しみを感じるかもしれません。教師は、この時期に表れる感情のすべてを自然なものとして受け止めて、生徒をサポートする必要があります。

これから学年末を迎える場合、次のように話すことができます。

「学年の最後となる今まで、私たちは大切なことを共有し、お互いから多くのことを学びあってきました。一緒に過ごす時間が終わりに近づくにつれて、みなさんのなかには、次への準備が整ってワクワクしている人もいるでしょうし、その一方で、少し悲しい気持ちになっている人もいるかもしれません。私は、そのすべてが、このクラスにおいては歓迎されていることをみなさんに知ってほしいと思っています」

次に、自分の気持ちや考えていることを明らかにしてもらう機会を提供して、対話を続けます。また、次の学年へ進学することで何が得られると思うのか、一緒に過ごした時間で学んだ何を次の学年にもっていくのかなど、具体的に話してもらうとよいでしょう。

小中学校や高校の卒業のように、より顕著な「終了」を迎えるときには、生徒は感情を管理する方法が分からない場合もあります。それらの感情を避けるために、生徒のなかには誤って「別れの拒否」といったパターンに陥る人もいます。

私たちは、「別れ」を避けようとする文化のなかで暮らしています。小さな喪失は大きな喪失を思い出させるものです。また、ほとんどの大人は、「終了」に伴う悲しみに対処するためのサポートや教育を受けていませんので、一般的には「別れ」について考える気になれず、肯定と否定の感情が錯綜します。したがって、生徒は「終了」に関する建設的なモデルをほとんど知りません。

何かを健全に終える機会を生徒に提供するというのは、進級や卒業の際に特定のツールを与えることではなく、将来にわたって、健全な方法において「何かを終わらせ、次へ移行する」ためのサポートを行うことなのです。

次に紹介する事例は、生徒の「別れの拒否」によく見られるものです。別れを避けたり、台無しにしようとする傾向について話し合えば、終了のプロセスをより意識して迎えられますし、この時期に起こりがちな無意識の行動に気づけます。また、三二二ページに掲載されている意図的な「終了プロセス」の活動例を行えば、「別れの拒否」とのバランスをとることもできます。

「別れの拒否」においてよく見られる例

拒否する、もしくは取るに足らない些細なことと捉える——自分の感情を避けるために、今まさに迎えようとしている「終了」を拒否する、または、取るに足らないことのように扱う生徒もいます。

「これは本当の別れではないわ。このグループが終わっても、来年の授業で会えるわ。いったい、何をおおげさにしているの？」

もし、このような反応を耳にしたら、それらの感情を認めつつ、それとは異なる感情が表出できる余地を、「終了」という経験のためにつくってあげましょう。

撤退する――いよいよ終わりの時が近づいてくると、そこから離脱しようとする生徒も現れます。そのような生徒は、意識的または無意識的に、感情をあらかじめ閉ざしてしまったほうが「別れ」が楽になると思いこんでいます。「ごめん、ごめん。最後のミーティングだったのに忘れてしまっていて、出られなかったよ。別の授業の関係で、ほかのプロジェクトがあったんだ」とか「私は、本当に何も話すことはないです。学年が終わることについて話し合いたいなんて、まったく思わない」といった反応です。

これらの言動が表れた場合は、個別に手を差し伸べ、お互いのためだけでなく、その生徒自身のためにも、最後の締めくくりの集まりに参加することの大切さを詳しく話してあげるとよいでしょう。

台無しにする――最後の数週間、あと数日、あるいはあと数時間という段階になると、教師も生徒も、無意識のうちにグループの親密さやよい感情を損うようなことを言ったり、そういう行動をとる場合があります。そのほとんどが喪失に伴う感情によるものですが、お互いにムッとしたり、これまで学んできたことや築いてきた親密さを否定したほうが「別れ」の辛さを感じなくてすむという無意識な感覚があるからでしょう。

もし、誰かが「終了」を台無しにするような行動をとったら、奇妙なことですが、ほかの生徒たちまでホッとすることがあります。

「神様ありがとう！　あと一時間でこのクラスともおさらばだ。このクラスから脱け出せるのが待ちきれないね」

このような言動をする生徒は、多くの場合、最後の段階に余計な行動を起こします。もし、それが最終日に行われれば、それまでに築いてきたことが簡単に崩壊してしまいます。このような生徒は、一緒に過ごした時間がイヤだったことを強調して、クラスでの経験や歴史を書き換えようとするわけですが、それは、「別れ」の悲しみや辛さを軽減させるものであり、「別れ」を楽にしようとする方法なのです。

もし、「台無しにする」言動が現れた場合は、その瞬間を捉えて教師がその傾向を解説し、クラス全体での感情や経験のすべてに目が向くように、「終了」に関する話し合いや活動に導くとよいでしょう。

実践——感謝の気持ちを表現する時間をとる

肯定的な「終了プロセス」の一環として、学びや学びのコミュニティーに対する自らの貢献を生徒が認識し、尊重し、お互いに感謝できるような時間を設けましょう。感謝の気持ちの表現は、振り返りや作文、またはグループに焦点を当てた話を聴く練習（ペア活動、コミュニティー・サークル、またはミーティングなど）を通じて浮かびあがってくるものです。

たとえば、その年に学んだことを三つと、クラスやクラスメイトに感謝していることを一つ、最後のミーティングで話してもらうとよいでしょう。このような経験はあまりしないことなので、この活動をはじめる前に、感謝を上手に伝えたり受け取ったりする方法について、少し時間をとって話しておくとよいでしょう。

次に紹介する「終了」のための活動例は、一時間の授業を使って行ったものです。この活動では、クラスのメンバーがお互いによく知っていて、信頼関係が成立している状態が必要となります。

また、いつものことですが、対象年齢やコミュニティーの状況に応じて、柔軟な活動にすることが大切となります。お互いへの感謝が希薄であると感じられるようなら、匿名で感謝の気持ちを事前に書いてもらい、それらを教師が読んでクラスで共有することもできます。

「終了のプロセス」の活動——感謝のミーティングまたはサークル

❶三枚の紙に生徒の名前を書いてもらい、バスケットに入れる。
❷各生徒が、バスケットから一人につき三枚の紙を取り出す。取り出した紙に書かれた名前の生徒が、感謝の気持ちを伝える相手となる。
❸もし、自分の名前の紙を取り出したらバスケットに戻し、もう一度取り出す。
❹生徒に、「今、その人に感謝するということは、このクラスでその人と知り合ったからだ」と話す。そして、まず初めに、感謝の伝え方の例を次のように示す。
「ジュリー、いつもみんなに優しく、心温まる居場所をつくってくれてありがとう。ロバート、私はあなたの勇気と、困難なときでも『何が大切か』と貫くところがすごいなと思っています」
❺三〜五分の時間を与えて、取り出した三人に対する感謝の気持ちを書いてもらう。
❻クラスミーティングを開く（次の「クラスミーティングの実践」を参照）。クラスミーティングでは、もし話し手を明確にするもの（ボールや棒状のものなど）が決められていれば、感謝の言葉を受け取る生徒にそれを持ってもらう。そして、その生徒に対する感謝の気持ちを書いた生徒が、一人ひとり順番に感謝の言葉を話す。教師（たち）から各生徒に対する感謝の気持ちを述べることも、とても印象深い経験となる。

クラスミーティングの実践

クラスミーティングは、本音のコミュニケーションができるように働きかける練習の場となります。この方法は、教室のみならず、カウンセリング・オフィス、教職員、保護者、コミュニティーのミーティングなど、どこでも実践可能です。ここで提案するクラスミーティングは、ネイティブ・アメリカンの伝統を含む、世界中の先住民が行っている対話形式に基づいたもので、輪になって行うことを基本とし、正式に構造化されているものです。

輪になって座り、テーマについて、話す順番が分かるものを手渡しながら行います。より広い意味では、クラスミーティングは自己、他者、自然界に対する意識の高まりを促すものです。クラスミーティングの実践には、遊び、動き、リズム、マインドフルネス、視覚アート、テクノロジー、自発的な即興、話の仕方と話の聴き方といった基本的なスキルが含まれます。

クラスミーティングは、何らかの内容を伝え、ＳＥＬの能力を開発し、生徒自身が理解したいことを引き出すために実施します。教師と生徒は、この対話のために独自のガイドラインを設けることができますし、次に示す「クラスミーティングの四つの目標」を使用してもよいでしょう［参考文献235］。

①**心から聴く**——判断、反応、意見をいったん停止して、「ただ受け止めること」を実践する。
②**心から本音で話す**——「聴いてもらっているなかで話すこと」を学ぶ。

③**自然に話す**——あらかじめ話の組み立てをせず、順番が回ってきたら自然に話す。
④**大切なことに焦点をあてて話す**——それぞれの話す時間が確保できるように、ポイントを絞って上手に話す方法を学ぶ。

情報提供 Joe Provisor (personal communication, February 7, 2012), MFT Advisor, Los Angeles Unified School District Council in Schools Office Director, Ojai Foundation's Council in Schools Initiative.(19)

実践——発達段階における「移行」について取り上げる

生徒の生活には「移行」の場面がたくさんあります。入学と卒業、学年の始まりと終わり、教室での日々の始まりと終わり、または各授業の最初と最後などです。とくに、次の学校への移行期というのは、生徒が不安定になりやすい時期です〔参考文献220〕。このような時期の重要性と課題について教師が意識を高めておけば、移行期の経験を通じて生徒の新たな能力を見いだすことを、より効果的かつ共感的に支援できます。

西洋文化においては、若者が人生の節目となる発達段階（思春期や成人期など）をスムースに通り抜けられるように導いてもらえるケースは滅多にありません。移行に関して大人からの支援が得られない、または意図的かつ建設的な方法で儀礼通過ができない場合、若者は自ら儀式をつくり出します。非行グループの暴力、一〇代の妊娠、飲酒、無謀な運転、自傷行為、他人への嫌がらせなどは、すべて自らがつくった通過儀礼なのです。

これらの試みは、「事なきを得た」場合でも危険なものであり、最悪の場合は致命的な状態ともなり得ます。このテーマについて詳しく述べている本があるほどです［参考文献220］。それでは、これらの危うい移行期の若者を支援するために、教師は何をすればよいのでしょうか？

移行を円滑にするためのアプローチはたくさんあります。単に移行期であるということを認識して、生徒の実態に合わせたテーマである取り組みを準備するだけでも、その時期を安定させ、移行期をうまく乗り越えるためのツールが提供できます。また、移行期そのものについて解説したり、変化のサイクルをテーマに挙げて解説してもよいでしょう。

ほかにも、「成人になること」(20)をテーマとする本を読んでもらい、主人公が経験する難しさなどを共有するブッククラブを開催することもできます。あるいは、時間の経過とともにいかに人

(19)　サークルについては、『生徒指導をハックする』（第1章）と『聞くことから始めよう！　生徒のやる気を引き出し、意欲を高める評価』の二二八〜二四〇ページに「シェアリング・サークル」として詳しく紹介されており、多様な活用の仕方がうかがえます。

(20)　バリエーションとして、コミュニティー・サークル形式で行うことも考えられます。

は変化し、成長し、進化しているかについて考えるために、ライフサイクルの研究を生徒に示すというのもよいでしょう。

理想的なのは、小学校、中学校、高校のそれぞれの移行期に、成長に伴う変化を直接的に扱うことです。それができれば、過去と現在の生活における移行時の影響について、生徒が探究できる活動や機会がつくり出せます。また、彼らが過去において、課題に挑戦するために頑張った様子や変化を起こしたこと、不可能だと思っていたことをどうやって乗り越えてきたのかなどを振り返るための支援もできます。

また、生徒が移行に伴うストレス、不安、興奮を認識するための支援もできますし、また、さまざまなＳＥＬのスキル（自分の旅を振り返り、感情の能力を伸ばし、よい選択をするために自己規律を活用するために役立つスキルなど）を教えることもできます。

そのほか、コミュニティー・サークルやミーティング、文章を書くこと、アート活動、プロジェクトなどを通して、この特定の移行期にどのように感じるのかについて共有し、どのような思い出や自分の感性を今残しておきたいか、次の段階に何をもっていきたいか、または新しい段階で育みたい自分の資質は何かなどについて発表する機会も提供できます。

次に示す質問やヒントは、振り返り、文章、アートなどを通じて、まさに通過している移行期を生徒がより直接的に探究する際の支援となります。いずれも、個人、ペア、グループで取り組めます。あなたが担当している生徒の年齢や学びのコミュニティーの実態に合わせて、選択および変更してください。

生徒による「移行の探究」を支援するための質問

・手放して、ここに置いていきたいものは何ですか？　生徒として、あるいは人として、どのような面を次の段階に持ち越したくないと思っていますか？
・人生の次の段階に進むにあたり、どのような面を、もっていきたい、もっと成長させたい、ますます発展させたい、または取り戻したいですか？
・終えようとしているこの学年（または学校）を振り返って、どのような学びを認め、大切にしたいでしょうか？　あなたは、どのように成長し、何を学びましたか？
・次の段階では、どのような成長の機会がありそうですか？
・次の段階について、何か気がかりなことはありますか？　そこでは、どのように頑張り、どのように評価されると思いますか？
・次の段階では、どのような資質を養いたいですか？　つまり、人生の次の段階では、どのような人になりたいと思っていますか？
・それを妨げようとする何かがあるでしょうか？

・それらの妨害を克服するために役立つリソースが、自分のなかに、または家族やコミュニティーにありますか？　あるいは、これから必要ですか？
・次の段階における、あなた自身のビジョンは何ですか？
・そのビジョンを実現するためには、自分自身やほかの人々に対して、どのようにコミットする必要がありますか？

次に紹介する話は、ある親が、小学校から中学校へ移行する際の息子との経験を語ったものです。移行期への認識や配慮に親を巻きこむことがどれほど大きな力になるかを示しています。

クラスメイトと同じく、卒業が近づいてくるとランドンは緊張し、興奮し、変化に対する準備をしている様子がうかがえましたが、同時に、進学する中学校の上級生や、人数が多くなる中学校という環境に対して怖いという気持ちをもっているようでした。担任の先生は、この時期のクラスをサポートするために移行カリキュラムを実施してくれました。週に一時間、クラスで移行について話し合い、何を小学校時代に残し、何を中学校へ持っていきたいのかについて探究したようです。

移行カリキュラムは、学年の終わりごろに開催された「親子のサークル」で最高潮に達しました。保護者が見守るなか、それぞれの生徒が中学校への移行について考えたことや感じていることがそこで話されました。(21)

生徒が話したあと、次は保護者が話す番です。親たちには、この一年、子どもに見られた成長と変化について話すように求められました。とても感動的でした。この振り返りがそれぞれの生徒にとってどれだけ大きな意味があったのかは、一目瞭然でした。とくに、ほかの生徒がそれを聞いていたことが大きな要素となりました。

笑いと涙、そして何よりも、温かい心というコミュニティーのサポートがありました。どのようなときでも、本当の自分を見守り、理解してもらえていたことが生徒には分かったようです。このような経験だけでも、今後、彼らが何か意識的な選択をする際のしっかりとした足場となります。

クラスや学年の実態がどのような状況にあっても、「終了プロセス」に意図的に取り組むこと

---

(21)　協力者から次のコメントがありました。「非常に素晴らしい実践ですね！　この『親子のサークル』を通して、生徒も保護者もたくさんの気づきと学びを得て、人として大切な他者に対する感謝の心と敬意、自己肯定感を育むことができると思います。そして、それまでの学校や家庭、地域コミュニティーのなかで、友だちや先生方、地域の方々と過ごした時間を大切なものとして実感できるように思います」

は、生徒が自らの学びを理解し、整理して区切りをつけ、コミュニティー全体を尊重し、健全な方法で次の段階へ移行することを大いにサポートします。

第三段階のまとめ

第三段階の「集団としての成長」においては、生徒をサポートするために次のことに取り組めます。

- 意図的な「終了プロセス」を提供する。
- さまざまな感情を否定せずに受け止める。
- 感謝することと、それを表現するために時間をとる。
- 学びのアンカーリングを行う（学びを振り返り、整理し、区切りをつける）。
- 成長に伴う「移行」に対応する取り組みを行う。

おわりに

本章では、段階的なアプローチをとることの重要性を探ってきました。「学びの旅」には次の三つの段階があります。

表７－４　学びの旅の概要

	目　標	タスク	すること
第一段落	思いやりのあるコミュニティーの育成	・クラスの導き手として教師の役割を確立する。 ・SELと教科学習の目的や方向性を示す。 ・合意を形成し共有する。 ・信頼構築の足場づくりとなる活動をする。	・意識を集中するための簡単な活動 ・合意の形成と共有 ・集中して話を聴くことと、ペアで共有すること ・「車輪の中の車輪」の活動（387ページを参照） ・生徒が、自分自身やクラスメイトやコミュニティーと知りあうための活動 ・シンプルなコミュニティー・サークル ・プライバシーに関する約束（サークルで聞いた話をほかへ言いふらさないなど）
第二段落	コミュニティーとのつながりの強化	・生徒の声を取り入れる。 ・自己、他者、世界とのより深いつながりを育む。 ・難しい状況にもうまく対応する。	・意識を集中させる活動 ・コミュニティー・サークル、またはクラスミーティング ・意味、目的、希望、夢、ビジョン、鍵となる問いの探究 ・より複雑で段階的な関連テーマの組みこみ（該当する場合） ・協働的で双方向的な生徒の活動（ワールドカフェ、ソクラテスの対話など）、また、必要に応じて、今の取り組みの目的や方向性、共有した合意の再確認

（次ページに続く）

	目　標	タスク	すること
第三段落	前向きな「終了のプロセス」と学びのアンカーリング	・意図的な「終了のプロセス」。 ・学びのアンカーリングを行う（振り返りの時間をつくる）。 ・さまざまなすべての感情をそのまま捉える。 ・感謝の気持ちを表現する。 ・成長に伴う「移行」に対応する取り組みをする。	・意識を集中するための活動で生徒が好むもの ・感謝のサークル ・ポートフォリオによる振り返り ・「別れの拒否」について教える（必要に応じて） ・生徒による成長の自己評価 ・メモリーブック ・自分へ、または次のクラスのみんなへ手紙を書く ・「親子のサークル」あなたのコミュニティーの実態に応じた通過セレモニーとしての式

❶思いやりのあるコミュニティーを育てる。
❷コミュニティーとのつながりを強化する。
❸前向きな「終了」の取り組みを行い、学んだことをアンカーリングする。

「エンゲージ・ティーチングの五つの要素」を統合し、学校の学期や学年に合わせたツールとして使える「学びの旅の概要」を**表7－4**として掲載しました。また、第8章では、「エンゲージ・ティーチング」を実施するためのアクション・プランの作成方法を検討していきます。

第8章 旅そのものが目指す場所である

教育とは、バケツを水で満たす行為ではなく、火を灯す行為である。

（ウィリアム・バトラー・イェイツ）(1)

自己の振り返り

あなたがいつか迎えるであろう、教師としての最後の日をどのように過ごしているのかについて想像してみてください。まさに学校を後にしようとする瞬間、それまでの経験や達成したことのすべてを振り返って、あなたがもっとも誇りに思うことは何ですか？

(1) (William Butler Yeats, 1865～1939) アイルランドの詩人でノーベル文学賞受賞者です。

次のことを想像してみてください。

•教師が生徒の寛容な心を育成するために必要とされる支援が豊かに受けられる、充実した教育システム。そこでは、教師は生徒に温かい言葉をかけ、思いやりを行動で表し、高い期待を寄せ、生徒のもつ背景が大切にされている。

•教師と生徒が、ともに自分を冷静に見つめられ、自分のやる気を起こす方法を知っていて、生徒はいつでも「今この瞬間」へと意識を引き戻し、目の前の取り組むべき課題に集中して取り組めるスキルがあるという様子。

•あらゆる生徒が安心して幸せに過ごせるための「尊重すべき一線」が確立されており、みんなでそれを大切にしているクラス。そこでは、教師も生徒も、その一線がお互いの関係を尊重しあい、生産的な学習環境を守るためには必須であることを理解している。

•学びと成長に向かう生徒の情熱が自然と引き出されるようなクラス。そこでは、生徒は感情をいきいきと表現し、繰り広げられる学習内容は「自分と深く関係がある」と思えるものである。

•生徒が学力を高め、見守ってもらえる、分かってもらえると感じ、自己探究はもちろん、友だちや教師、学校のコミュニティーとの深い「つながり」が経験できる学校。

エンゲージ・ティーチングのアプローチは、このような素晴らしいビジョンの実現を支援するように設計されています。

第1章では、エンゲージ・ティーチングの五つの要素がどのように生まれたのか、その原点を探り、アプローチの枠組みを構築しました。第2章から第6章までは、五つの要素の一つ一つについて深く掘り下げ、それぞれの基本方針と実践について詳しく述べてきました。第7章では、実際の「学びの旅」を歩むために、各基本方針と実践を教室においてどのように実現すればよいのかに焦点を当てました。

そして、最終章となるこの第8章では、あなたと学校の「願い」を込めた展望を明確にし、進捗状況を把握し、中長期的な成果を達成するための方法を探っていきます。

「最終的に目指す姿」を最初に描く

私たちは、何のために生徒を教育するのでしょうか？　目指す最終的な姿を描き、そこに至る行動計画を作成するためには、教育の基本となる目的を考えることが有効です。その目的に基づいて、目標を反映した展望を描いていきましょう。

現代の公教育が最初に生まれた一五〇年前に比べると、世界は劇的に変化しました。とはいえ、教育パラダイムの多くは、いまだに産業革命モデルを反映したものとなっています。その当時の生徒は、今とはまったく異なる生活に備える教育を受けていました。

では、二一世紀の教師を支え、あらゆる子どもたちに行き届く教育システムを構築するためにはどうすればよいでしょうか？　急速な変化や資源問題、不平等の増大、進化を続ける技術と世界経済、さらに政治的混乱などが生じている現況のなかで、地球規模で相互につながりあう世界に対応できるように若者を教育し、将来に備える仕組みを構築するためにはどうすればよいのでしょうか？

「技術的なスキル」だけでは不十分です。また、生徒が時代の差し迫った問題に生産的かつ倫理的に対応するためには、「知識と情報」と「ＳＥＬのスキル」の統合が必要とされます。私たちは、より包括的な教育のパラダイムを示して、目指す姿を描きます。知識の習得のみに終わるのではなく、必要なスキルと能力を実際の生活において生徒がいかせるように、教師と生徒を支援する必要があります。それは、双方にとって有意義であり、ニーズを満たす持続可能なものです。

内から外に向かって変化を起こす

教師の影響力が及ぶ範囲や、教師の仕事と生徒の生活のあらゆる課題を考慮しつつ、今の教育環境において、学校での生徒の経験を素晴らしいものにするために私たちに何ができるでしょうか？　本書の根底にある前提は、教育実践と教師としての存在のありようを私たち自身が変えられるなら、生徒、学校、地域社会に前向きで深い影響を与えられるということです。

もちろん、私たちには、政策を変更したり、資源配分の不平等に対応したり、凝り固まった社会慣習を変化させることはできないでしょう。しかし、自分自身の実践やアプローチの仕方を変え、同僚や生徒の家族と協力し、地域社会に影響を与えることは十分にできます。私たちは、自らに即したＳＥＬの能力を開発し、それを生徒にモデルとして示す形でその力を教えることができるのです。このような波及効果によって、教育システムを内側から変化させることが可能となります。

本章では、読者の一人ひとりの「ビジョンと行動計画の策定」を支援するために、エンゲージ・ティーチングのアプローチを実際に取り入れている学校に関する情報を提供します。各学校がそれぞれの課題に取り組みながら「強み」を築きあげていく様子を紹介することで、読者のみなさんが基本方針と実践を実現するために、それぞれのクラスや学校の実態に合う独自の方法を見いだされることを願っています。

ここで紹介する各事例は、学校長の支援のもと、学校全体で取り組んだものですが、もちろん、一つのクラスで実践することも可能です。紹介する事例は、学校全体で包括的に取り組んだ場合の様子と捉えてください。

◆ウォルトン高校（アイオワ州農村部）

ウォルトン高校は、アイオワ州の農業地帯にあります。地元で農業を営む家族の三代目、四代目という生徒たちと、最近、メキシコや中米、スーダン、ソマリアなどから移住してきた生徒たちで構成されています。

二〇〇八年の夏、新しい学年がはじまる数週間前にリーダーシップチームが集まって、学校の課題と強みについて話し合いました。その対話を通して、多くの生徒が高校への進学時になじむことに苦労していたことが分かりました。そこで、リーダーシップチームは、すべての入学者を対象にして、この問題に対応できるコースを提供することにしました。

このコースは、ＳＥＬと勉強の仕方や識字能力（英語の読み書き）に関するカリキュラムを統合した内容で、九年生の一年間を通じて毎日実施されました。活動内容は、ストーリーテリング、グループディスカション、自己認識の開発、自己の振り返り、表現方法の習得、小グループで行う協働学習などです。

このコースを教える教師には、従来の専門知識とコーチングの研修に加えて、ＳＥＬと振り返りに関する入門研修が提供されました。さらに学校は、すべての教職員を対象にして、学校全体のビジョンを作成するための一日研修を実施し、教育実践に関する共通理解を構築するとともに学校の目標を明示しました。

リーダーシップチームが考えたコースを実践した一年後、学校では次のような様子が見られました。生徒たちはお互いにより積極的に関わるようになり、教師と生徒、生徒間の関係がより強くなり、文化の多様性は素晴らしいという認識と理解が向上し、高校に入学または転入する生徒が、より健康的に新しい環境になじめていることが分かったのです。

主な目標とねらい

・九年生に必要なＳＥＬのスキルの向上。
・異なる文化や背景をもつ生徒同士が、新しい方法でお互いを知るための場の構築。
・高校へ入学・転入する生徒が、新しい環境になじめるための支援。
・生徒のレジリエンスと学ぶための準備を整えること。
・メンターの役割と代弁してくれる大人の確保。
・すべての生徒と教職員が、社会性、感情、文化の多様性についてともに語り、学びあえるよう

「プログラムを実施した１年後には、すべての教職員がプログラムを心から強く支持するようになった。２年後、プログラムは私たちにとって重要かつなくてはならないものになった」（ウォルトン・リーダーシップ・チーム）

に、多様な文化に敬意を払う安全で思いやりある環境の提供。

・ライフスキルと社会的能力の構築と強化を促進するカリキュラムの導入（効果的なコミュニケーション・スキル、目標の明確化、大切なものを見極める思考、協働して取り組む問題解決と意思決定、組織スキル[2]、ストレス管理、自己観察・管理能力と人間関係形成能力、文化の多様性と貢献を認識し評価するスキル、コミュニティー・サービスなど[3]）。

取り組み内容

・九年生対象の「ＳＥＬ、識字学習、学習スキルを組み合わせた高校への移行プログラム」および「リーダーシップ講座」

・全教職員を対象とした入門研修

・リーダーシップ講座を担当する教師が一丸となって取り組むための、ＳＥＬ、振り返り、および移行期の取り組みについての具体的なコンテンツを含む詳細な研修

・一二年生を対象とした、卒業に備える「卒業、そして新たな挑戦」コース（選択科目）

・教師の研修時間の確保

・教師が定期的かつ継続的に協働して計画を策定するための時間の確保

達成された成果（生徒調査と教師からの報告に基づく）

・自己、他者、地域社会とのつながりに関する、生徒の認識の飛躍的な向上
・生徒の主体的な取り組みの向上
・生徒のＳＥＬとリーダーシップスキルの向上
・九年生の中退率の劇的な低下
・教師間の効果的な助けあいと協働的なコミュニティーを維持する能力の向上
・三年間の実践後、入学者のためのリーダーシップコースは、ウォルトン高校に不可欠であるという教師間の認識

今後の課題

・リーダーシップコース担当のスタッフミーティング、計画、教師の資質向上、教師への継続的なサポートのために必要な時間をつくること。
・全教職員によるＳＥＬをふまえた教育実践に対する賛同を高めること。

（２）主なものは、時間の管理と計画ですが、整理整頓なども含まれます。
（３）これらのスキルを国語の授業で実際に身につけられる具体的な例は、下のＱＲコードで見ることができます。

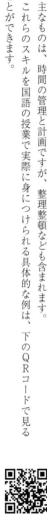

・クラスの目的や目標を妨害しがちな生徒に対応すること。
・SELの活動と教科学習との適切なバランスを見いだすこと。
・全生徒の個々のニーズに対応すること。
・有意義で建設的な共通の評価方法を開発すること。(4)

◆ポンデローザ公立小学校(ワイオミング州の地方都市)

ワイオミング州の地方都市にあり、入学を希望すれば入れる芸術統合型の公立学校は、開校時からSELと教科学習の統合に取り組んできました。「頭と心と手」という哲学に基づいてこの学校は、子どもの全人教育と芸術に関する学びを、すべての学習領域に統合するという形で提供しています。

ポンデローザ小学校は、開校と同時に人気となり、入学するためには順番待ちとなるほど生徒数が増加しました。学校の人気が高まるにつれて教職員は、生徒とその家族が小学校への入学期と卒業期に課題を抱えていることに気づくようになりました。そこで学校は、小学校への入学を予定している幼稚園児のための移行プログラムと、卒業する五年生を対象にした一学期間の移行プログラムを実施することにしました。

それ以外にも学校は、学校全体で目標を共有して共通理解を図るために、移行プログラムとともに、全教職員を対象にしたSＥＬとエンゲージ・ティーチングのアプローチに関する研修を実施しました。

担任の教師たちが相談して、各年齢層が最適なSＥＬを体系的に実施できるように活動の内容(5)を考えました。また、担任の教師たちは、プロジェクト学習、屋外活動、年中行事、マルチ能力を取り入れた授業などを組み入れ、一年生から三年生までの低学年、四年生と五年生の高学年を、各担任が持ち上がるというシステムにしました。

さらに、学校はさまざまな行事や取り組み（菜園づくり、学校を挙げての募金集めのディナー、生徒の学びの成果発表のプレゼン、親子の輪を取り入れた卒業式など）を通じて学校での関係づくりと家族と地域との関わりを重視し、それらに力を入れて取り組みました。

これらの努力の結果、学校全体の雰囲気がよくなり、生徒は次の学年により円滑に移行でき、

---

(4) とくに、達成された成果から、SＥＬの導入が生徒たちのレベルアップに大きく貢献したこと、明確な今後の課題から、それらを解決ないし改善することでさらなる効果が期待されることが伝わってきます。

(5) ハワード・ガードナーが一九八三年に提唱した、人は複数の能力をもっているという理論です。人は、論理的思考、言語、音感、身体運動、自己観察管理、対人関係、空間認識、自然との共生のなかで一つか二つは秀でたものがあり、一つか二つは弱いものがあり、残りは普通とされています。訳者の一人が関わった『マルチ能力が育む子どもの生きる力』が教師用なのでおすすめです。ちなみに、自己観察管理と対人関係は、二一九ページのQＲコードで見られる表から分かるように、ほとんどEQおよびSＥＬとオーバーラップしています。

より高いテストの成績を達成し、以前よりも学校を安全だと感じ、所属意識が向上していることを見いだしました（教育委員会実施の調査結果より[6]）。

主な目標とねらい

・小学校への入学者が学校になじむためのプログラム（家族対象のものを含む）の構築
・小学校を卒業する五年生を対象にした中学校準備プログラム（家族対象のものを含む）の構築
・学校における前向きな雰囲気の醸成
・すべての生徒を対象にしたＳＥＬと学力向上の支援

取り組みの内容

・すべての教師を対象とした、ＳＥＬと本書で紹介されているアプローチの実践へ向けての専門研修
・入学前の幼稚園児と卒業前の五年生を対象とした、週一回一時間の継続的なプログラム

> **最初、子どもたちは、コミュニティーづくりの活動に少し躊躇《ちゅうちょ》していたようです。しかし、本当に素晴らしいことに、半年が過ぎたころ、あまり乗り気でなかった生徒たちもコミュニティーづくりの活動をしたがるようになりました。今では、すっかり心から楽しんでいます。私も、活動が大好きです。（ポンデローザ小学校教師）**

・幼稚園児と五年生の保護者を対象とした子どもの移行期への理解と、保護者のＳＥＬスキル開発を目的とした夜間に開催する教育プログラム
・経済的な支援を必要とする生徒の入学に配慮した、入学条件項目の設定
・第二言語としての英語学習プログラム
・教師の指導計画作成と協働のための定期的なミーティング
・小学校一～三年生、四～五年生の、担当教師の持ち上がり
・夜間の保護者会やコミュニティー・ディナーなど、家族で参加する定期的なコミュニティー・イベントの開催
・野外での教育
・プロジェクト学習

成果（教師報告書と教育委員会の学校調査に基づく）

・学校文化と学校調査の結果についての向上（二〇〇九年には、九八パーセントの生徒が「運動場で安心安全だと感じる」と回答）

（6）最後の点に関しては、『「居場所」のある学校・学級づくり』がおすすめです。

・教職員と家族（保護者）の密接な協力
・教職員間の密接な協力
・学力テストにおいて、良や優の成績をとる生徒数の増加
・学業成績の優秀な学校として選出

課題

・同じことの繰り返しだと生徒に感じないように、学年に応じてＳＥＬ活動の重点を絞って体系化すること。
・家族のための夜間行事の実施に関する教師の時間を捻出すること。
・教職員研修のための資金と時間を捻出すること。

◆パークサイド高校（イリノイ州の都市部）

パークサイド高校は、昼食費免除支援を受ける生徒の割合が高い、都市部にある高校です。新しい校長のリーダーシップのもと、パークサイド高校の教師は、学校コミュニティー最大の課題として、生徒をスケジュールどおりに九年生から一〇年生に進学させる難しさを挙げました。九年生の一年間を順調に過ごせれば、四年で高校を卒業できる可能性がはるかに高まります。この

課題に取り組むために教職員は、生徒と教師に対するより多くのサポートと関係構築のために、九年生向けのプログラムの実施を決めました。

このプログラムでは、教師と生徒との関係構築のために生徒を小グループに分け、各グループを複数の教師で担当するという形の、少人数の学びのコミュニティーをつくりました。また、すべての九年生のために、週に一度のアドバイザリー・プログラム（一〇〇ページの注を参照）も実施しました。

また、この取り組みの一環として、九年生プログラムの担当教師は、自己の振り返りのスキルを伸ばし、ＳＥＬの指導力向上のために専門研修にも参加しています。彼らはまた、従来よりも短い三か月ごとの指導力点検期間を設け、教科指導やアドバイザリーからの助言を受けました。

九年生プログラムの担当教師は、毎週、指導計画や生徒の進捗状況の共有のためにお互いに調整してミーティングを行いました。また学校は、地域のコミュニティーとも積極的に関わり、地域住民と教師との関係を構築し、相互に尊重しあう前向きな学校コミュニティーをつくるために多くの時間とエネルギーを費やしました。

九年生プログラムの担当教師が直面した課題の一つは、秋のアドバイザリー・クラスが教科担当時間に組みこまれたため、毎週、自分の教科を一時間減らさなければならなくなったことです。アドバイザリー・クラスのよさを感じていたとはいえ、これは教師にとって大きなストレスとなりました。これを改善するために、春学期にスケジュールは変更されました。学校は、アドバイザリー・クラスを実施する時間をほかから捻出し、教科の時間は削らないと決めました。

課題はあったものの、九年生プログラムに取り組み出した一年後、九年生から一〇年生へと進級した生徒の割合は、六四パーセントから八〇パーセントへと上昇しました。教師はまた、生徒が心から学校に関わり、リーダーシップにも目を向けるようになったこと、そして、クラスメイトや教師を新たな方法で知る機会になったことを生徒が喜んでいる様子を知りました。

主な目標とねらい

・九年生から一〇年生への進学率を上げ、最終的に卒業率の向上
・生徒・教師・職員が相互に尊重する学校風土の醸成
・高校入学前の九年生に、リーダーシップ研修と移行支援プログラムの提供
・各生徒にメンタリング⑺の提供

アドバイザリー・クラスで一番よかったことは、多くの新しい友だちと出会えて、友だちのことが本当の意味で分かったことです。(パークサイド高校の九年生の言葉)

取り組みの内容

・年間を通して、同じ教師団で一つの学年の授業をすべて担当
・週に一回一時間のアドバイザリー・プログラムは、学年の教科担当の教師が実施
・家族とのつながりをつくるプログラム
・学校全体で尊重を育むプログラム
・継続的な教師と管理職との協働
・教師のための定期的なミーティング
・外部評価者（大学）による、生徒と教師を対象にした取り組み前後のデータ収集と分析

成果

・九年生から一〇年生への進級率が、六四パーセントから八〇パーセントに改善
・教師と生徒から、関係性の大幅な改善報告
・教師から家族への連絡回数の増加
・教師から、同僚との関係における大幅な改善報告

（7）　上級生が下級生のメンターとなり、気軽に相談に乗る形で関わる方法です。

課題

・「既存の教科学習領域の指導にアドバイザリー・プログラムを追加すること」は持続可能ではなく、教師にストレスとプレシャーを加えすぎた。

・学校閉鎖の可能性があるというストレスのもと、この学校では多くの管理職の交代があった。この一年間のプログラムの終わりに、校長は別の役職に移り、正式なアカデミープログラムは終了した。しかし、ある教師によるその後の報告によれば、学校としてのプログラムが終了したあとも、多くの教師がアドバイザリー・プログラムで導入された基本方針と実践を継続していたとのことである。

全体像を描いてから第一歩を踏み出す

紹介した三つの事例では、教師たちはいずれも協力してビジョンを明確にし、自らの指導力を高め、成果を生み出し、進捗状況を見守り、評価するといった指標を用いていました。当然、クラスや学校の状況はそれぞれ違います。ほかの学校や例から学ぶことはできますが、教職員が心から関わって学校全体が変化を遂げるためには、自校の生徒や地域社会のニーズや文化に合った独自のアプローチを見いだす必要があります。

このプロセスを簡単にするために、ここでは、あなたが次のことに取り組むためのアイディアを提供します。

・クラスや学校のこれからのために、あなた自身のビジョンを明確にすること。
・そのビジョンにつながる長期的成果を見通すこと。
・最終的に長期的な成果を達成するために必要とされるスキルと能力をふまえながら、中間的な成果の達成に向けた、現在の強みとニーズ（課題）を一覧表にすること。
・本書で紹介してきた基本方針と実践のうち、あなたや生徒、あなたの学校で構築できるものを明確にすること。

以上のプロセスには、自分一人でも、同僚とでも、さらには学校全体でも取り組めますが、いずれにしても「実践」の部分は実態に合わせて応用してください。

実践――ビジョンを描き出す

あなた自身の状況に目を向けてみましょう。あなたは、自分自身や生徒、学校について、どのような願いをもっていますか？　それらは、学校の改善計画、使命、ビジョンとどのように結びついていますか？　これらの質問について、一人で、あるいは同僚と考えてみてください。

個人でも、同僚とでも、私たちはビジョンを明確に描き出すことを通して考えはじめ、全体像に目を向け、統合的なアプローチを発展させることができます。ビジョンづくりに教職員全体で取り組むことが可能であれば、大変強力です。

状況によっては、生徒にもこのプロセスに参加してもらい、「どのようなクラスであれば支えあうことができて、自分もクラスのために関わろうと感じられるのか？」と尋ねてみるのもよいでしょう。共通のビジョンを作成する機会を設けることで、ビジョンと成果に対する主体者意識と責任感が高まります。

先ほど紹介した学校の一つでは、次の場面と質問を活用して、教師がビジョンを明確にするために半日の専門研修を行っていました。

――今から三年から五年後のあなたの学校について、新聞で特集が組まれたとします。どのような見出しにしてほしいですか？　記事の重要なポイントは何でしょうか？　それまでに何が達成されているでしょうか？

ビジョンを描くために、どのような問いかけがあなたのクラスや学校にピッタリ来ると思いますか？　次に紹介するのは、あなたのビジョンを探究するための活動です。

ビジョンを描き出すための活動

❶次のように想像してみる。

私は自らのＳＥＬ能力を向上させ続け、生徒のよきモデルとなるように努め、生徒のＳＥＬの向上を支援している。さて、数年後の自分と生徒の様子を眺めているとき、どのようなことに気づくのか？　何が変化しているのか？　自分や生徒に、現在と比較してどのような違いを見いだせるのか？　次に挙げる質問について考えてみてください。

・生徒は何に対して熱心に取り組んでいるのか？　彼らは、一人で活動するとき、みんなと協働して活動するとき、それぞれどのように取り組んでいるのか？
・彼らはお互いにどのような関係か？
・彼らと自分（教師）はどのような関係か？
・彼らは何を学んでいるのか？　また、どのように学んでいるのか？
・彼らが学んでいるということは、どうすれば分かるのか？

さて今度は、将来の生徒たちが、教室から出て廊下や運動場へ向かうところを眺めていると想像して、次の質問に答えてみてください。

・廊下や運動場では、どのようなことが起こっているのか？

・生徒相互の力関係はどのような様子か？
・壁には何か掲示されているのか？　それは、生徒にどのような影響を及ぼしているのか？
・学校の雰囲気はどうか？

❷右の質問の答えを考えながら、今後三年から五年で、自分や生徒、同僚、学校のどのような様子を眺めたいのか？　それに関するあなたのビジョンを文章で表現してみる。

❸学校やチーム（たとえば、学年団や教科チームなど）の年間計画をよく見直して、調整したい箇所や違和感のあるところがないかを探して書き留める。

❹自分のビジョンをほかの人と共有してみる。また、適切かつ可能であれば、同僚や管理職と協力して、「全教職員でビジョンを描くこと」に取り組んでみる。

❺自分のビジョンを達成するための支援を、管理職、同僚、生徒の保護者などからどのようにしたら得られるのか、具体的な方法を検討してみる。

実践――長期的な成果に向けた取り組み

ビジョンを明確にすることは、達成したい長期的な成果が何かを明確にし、それに取り組むための助けとなります。すでに、本書のなかで試してみたい実践があると思います。また、本書のアイディアを学校の年間計画に取り入れて、長期的な成果と統合することもできます。

長期的な成果の例としては、教職員の文化と協働のあり方の改善、教師の満足度と定着率の向上、校風、安全性、生徒の学力、レジリエンスの向上などがあります。このような長期的な成果のリストを学校の実態に合わせて作成してください。もっとも重要なのは、自校とコミュニティーの実態に合った成果を掲げることです。それをふまえれば、常に成果を得ることを意識するようになり、やる気が感じられるでしょう。次に示す「長期的な成果に向けた活動」は、そのための一つの方法です。

長期的な成果に向けた活動

❶ビジョンにつながる長期的な成果は、どのようなものかを明確にする。
❷先に挙げた長期的な成果の例や、すでに存在する学校目標をふまえながら、自分と学校全体にとっての長期的な成果のリストを作成する。
❸同僚と個別に（またはチームで）、自分のビジョンと長期的な成果を共有する。
❹個人で、または同僚と、自分のクラスや学校にとってもっとも大切な長期的な成果のリストをつくる。

（８）　ここでは、転出したり辞職したりせずに同じ学校に在籍している教師の割合のことです。

❺同僚と取り組む場合は、長期的な成果に向けた進捗状況を互いに確認するために、定期的に時間（月一回、学期に一回など）を確保する。

実践――中期的な成果を明確にする具体的な能力とスキル

中期的な成果には、描き出した長期的な成果を達成するために必要とされるスキルと能力が含まれます。これまでに多くの学校でのエンゲージ・ティーチングの実践から浮かびあがってきた中期的な成果としては、教師の「自己効力感、熱意、モティベーション」の向上、生徒の「自己管理とストレス管理スキル」の向上、また学校全体としての「チームワーク、協力関係、関係構築スキル」の向上などがあります。これらのなかで、どの中期的な成果および能力に焦点を当てればよいのかと考えてください。

あなたとあなたの学校は、現在、これらの成果への道のりのどのあたりにいますか？　あなたと同僚にとって、どのような能力やスキルの向上から取り組みはじめればよいでしょうか？　これを行うための方法を次に紹介します。

能力とスキルの一覧をつくるための活動

❶長期の成果を達成するために、自分、生徒、同僚が必要とする「特定の能力とスキル」のリ

ストを作成する。

❷それらの能力とスキルのうち、自分、生徒、同僚にとって、現在、強みとなっているものはどれか？　さらに努力が必要なものはどれか？（三六二ページの評価に関する節では、これらの分野での進捗状況の追跡方法を取り上げています。）

❸本書で紹介されているツール（三六七〜三七四ページなどを参照）や、あなたが使いたいツールを使ってルーブリック（評価基準表）を作成する。そこには、能力とスキルに関する自らの現在位置と、将来の到達目標を示す。また、一年、三年、五年といった将来のタイムラインを作成する。中長期的な成果は、このタイムラインに沿って配置する。このプロセスを、自分、生徒、教師コミュニティーの三つの項目で書きこむ。

実践――能力とスキルの構築――基本方針、実践、次のステップ

私たちは、これまで明確なビジョンを描くプロセスをたどってきました。いよいよ、本書で紹介してきた基本方針と実践を、いかに中長期的な成果とビジョンにつなげるのかについて探究するときです。この探究によって、行動するためのステップとなる、「次にすることは何か」が明確になります。

たとえば、もしあなたが「文化への配慮」と「生徒との肯定的な関係」をもっと向上させる必

要があると思っているなら、第2章の基本方針と実践に焦点を絞ることができます。前節で紹介した一覧とニーズの評価をしてみて、もし「感情の許容量を高めること」が重要だと特定した場合は、第6章の基本方針と実践に焦点を当てます。また、あなたの学校が、生徒の職員室への呼び出しや停学率が高い場合は、第2章と第5章に焦点を当てるとよいでしょう。そして、「学級経営」と「相互尊重のための一線を大切にできるコミュニティーの構築」については、第5章と第7章で取り上げています。

行動計画を作成する際には、次のプロセスを参照してください。

行動計画を作成するための活動

❶本書のどの基本方針や実践が、あなたの中期的な成果と直接つながり、状況の改善に役立つと感じるのか?

❷目指す長期的な成果に向けて、どのようなプログラム、専門的な研修、メンタリング(四六～四七ページ参照)、コーチングなどが中期的な成果の実現にもっとも役立つか?

❸どの基本方針と実践が自らの資質向上と、教え方の改善にすぐに役立つか?

❹今週はどのような実践を試してみるつもりか? 中期的な成果に向けて、今週、どのようなステップが踏み出せるか?

エンゲージ・ティーチングの地図

本書を通して、私たちはエンゲージ・ティーチングの根底にある前提を探究してきました。私たちが積極的かつ意図的に、自分自身のＳＥＬと、内面のライフスキルと能力を五つの要素を通して育成するとき、また生徒のこれらの能力の育成を図るための実践を統合するとき、私たちの教え方は変化し、生徒の学習経験と成果に多大なる影響を与えます。エンゲージ・ティーチングは型にはまったアプローチではないので、教職員やそれぞれの状況によって多様な様相を呈します。

このアプローチを「教えることと学ぶこと」に応用することは、教室での日々の実践と長期的ビジョンと成果をつなげるのに役立ちます。

「はじめに」の「木の図」（一五ページ）で示したように、このアプローチの「根」の部分は、①ＳＥＬと教科学習を統合し、②人間関係とコミュニティーづくりに投資すること、③文化的な配慮、④つながり・意味・目的の醸成、⑤発達段階に応じた取り組み、といった五つで構成されています。

エンゲージ・ティーチングの五つの要素と基本方針および実践は、木の図で示した「根（ルーツ）」と、生い茂る枝葉に相当する「望ましい結果」を結びつける実践的な道筋です。エンゲージ・ティーチングの計画表（**図8－1**）は、実践の道筋がどのようにビジョンからアクションにつながるかを示したものです。

次の活動は、これまでの節で提示された問いに対する回答を整理して、あなた独自の計画表を作成するための一例です。

あなた自身のエンゲージ・ティーチングの計画表をつくるための活動

❶エンゲージ・ティーチングの計画表をつくるためのワークシート（三六四ページの**図8－2**を参照）を使用して、まず一番上に明確にしたビジョンを文章で書く。

❷ビジョンの下に、自分、生徒、学校にとって、重要な長期的成果をリストアップし、詳しく書く。

❸次に、その長期的な成果を達成するために、重要と判断した中期的な成果と、その達成に必要な能力をリストアップする。

❹自分自身で、授業で、そしてチームで重視する主要な基本方針と実践（たとえば、生徒と教師との関係、感情のスキル、生徒の背景への対応）をリストアップする。

図８－１　エンゲージ・ティーチングの計画表

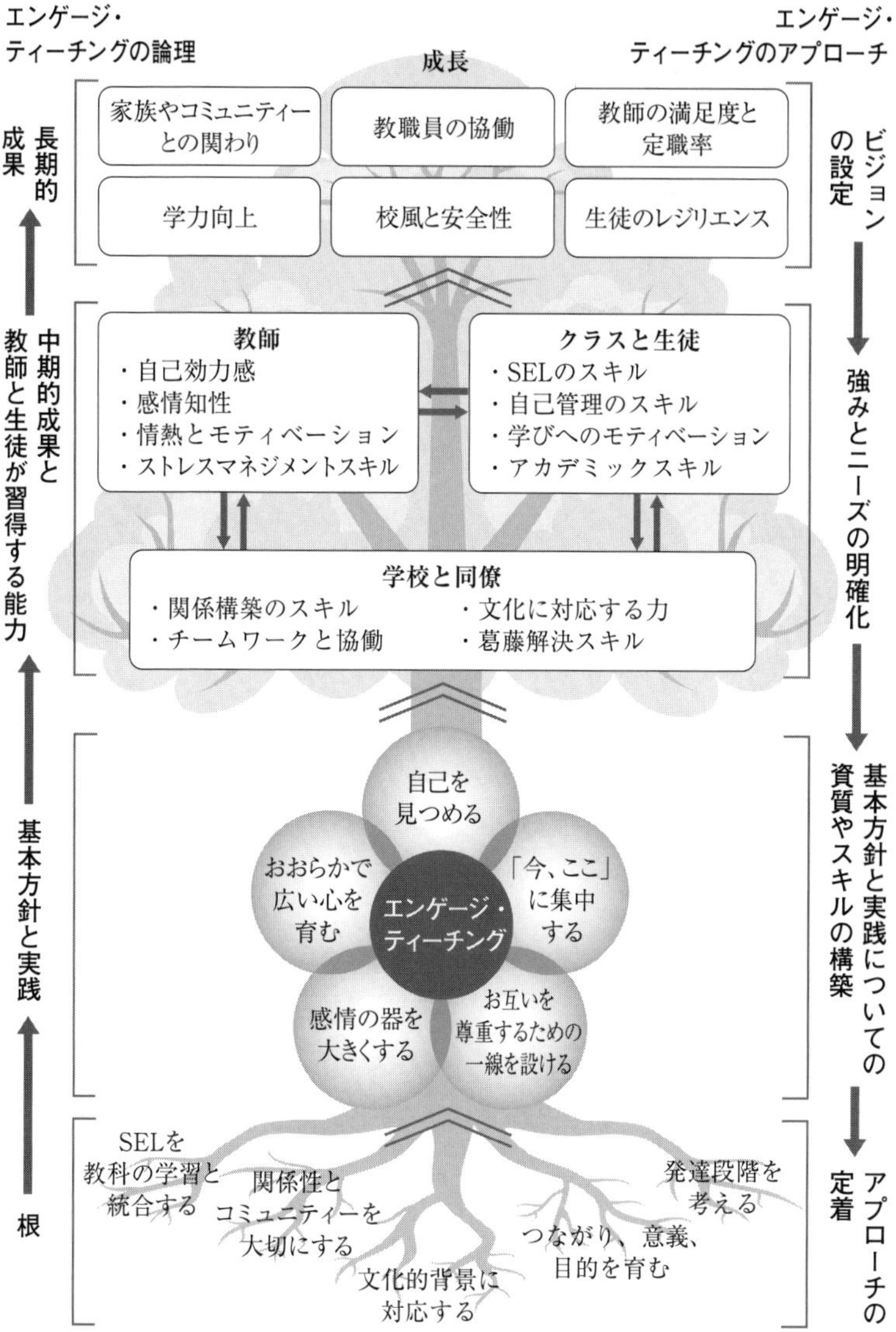
エンゲージ・ティーチングの論理
エンゲージ・ティーチングのアプローチ
成長
家族やコミュニティーとの関わり
教職員の協働
教師の満足度と定職率
学力向上
校風と安全性
生徒のレジリエンス
長期的成果
ビジョンの設定
教師
・自己効力感
・感情知性
・情熱とモティベーション
・ストレスマネジメントスキル
クラスと生徒
・SELのスキル
・自己管理のスキル
・学びへのモティベーション
・アカデミックスキル
学校と同僚
・関係構築のスキル
・チームワークと協働
・文化に対応する力
・葛藤解決スキル
中期的成果と教師と生徒が習得する能力
強みとニーズの明確化
自己を見つめる
おおらかで広い心を育む
エンゲージ・ティーチング
「今、ここ」に集中する
感情の器を大きくする
お互いを尊重するための一線を設ける
基本方針と実践
基本方針と実践についての資質やスキルの構築
SELを教科の学習と統合する
関係性とコミュニティーを大切にする
文化的背景に対応する
つながり、意義、目的を育む
発達段階を考える
根
アプローチの定着

評価――旅のどこに自分がいるかを把握する情報を収集し、自分の進む先を照らし出す

独自の計画表を作成したら、取り組みに関して必要なフィードバックと情報収集に関する方法を検討するとよいでしょう。あなたの旅に重要だと位置づけた能力とスキルを伸ばすために、取り組みが軌道に乗っていることをどのように知りますか？　このアプローチが生徒のためになっているのかどうか、どのようにすれば分かるでしょうか？　どのような評価方法とツールを使えば、その取り組みのアプローチについて振り返ることができ、プロセスを通して学び、方向修正に役立てられますか？

学力テストに重点が置かれ、学力に関するデータと評価は、学校では揺るぎない存在となっています。多くの教育委員会では、学力テストに関するデータや評価が、教育政策、カリキュラム、雇用と解雇などといった多くのことを決定しています。[9]教師としての私たちには、生徒が学力テストでよい結果を得られるようにすることが求められています。ただし、評価のための有意義な方法は数多くあります。

多くの教師にとっては、継続的な評価改善モデルがとくに役立つでしょう。そのアプローチ（第3章で説明したダブルループ学習と同じです）を次に示します。

❶形成的・総括的評価を通して、旅のどこにいるのかを振り返って評価し、将来の目標を明確にする（算数・数学の成績向上、生徒の対立や摩擦の解決支援、退学者を減らす、など）。
❷さまざまな方法論を用いて、自分たちの教育プログラムと教え方をあらゆる角度から検討する。
❸フィードバックを求め、協働して学ぶ。
❹自分たちの課題と成功とは何かを挙げ、実践を改善する必要がある領域と、追加のリソースを必要とする部分を特定する。
❺エンゲージ・ティーチングに移行し、成果に目を向ける。
❻この新しい学びが統合できるように、教え方を修正する。

継続してこのような評価を行うことは、自分や同僚の実践を振り返り、学び続けるプロセスとなります。

ここからは、自分自身と生徒の学びと成長を評価するための方法例をいくつか紹介します。と

(9)　どこの国の政治家や官僚も、このアプローチが好きなようです。必ずしもテストの点数は、生徒が身につけた知識や能力やスキルではないし、ましてや学んだことを好きになり、できるようになっていることとイコールではないのに。さらに、テスト優先のアプローチは、この後に書かれている教師と生徒の継続的な評価改善モデルにも役立っていないのに。

図8－2 「エンゲージ・ティーチングの計画表」作成用のワークシート

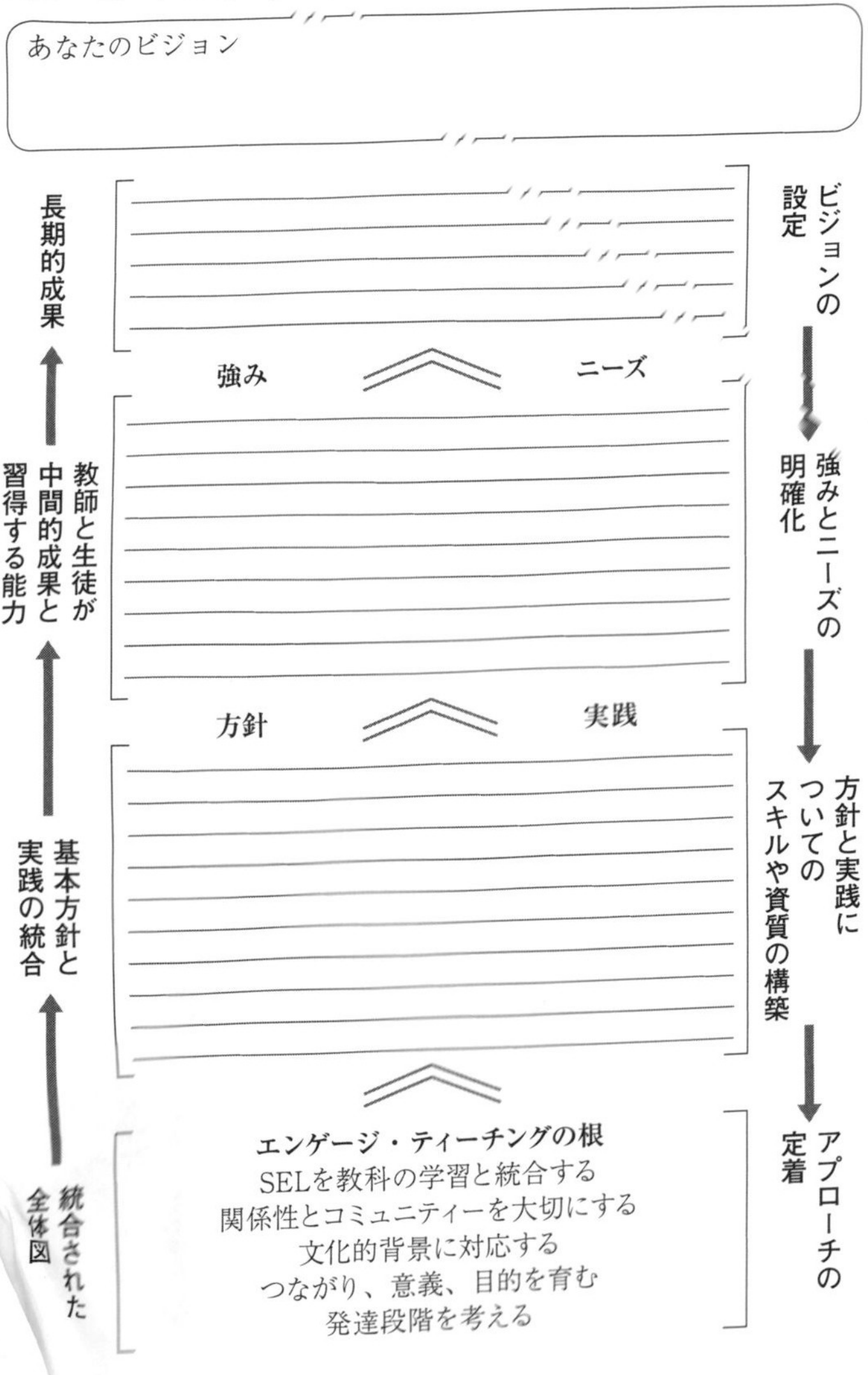

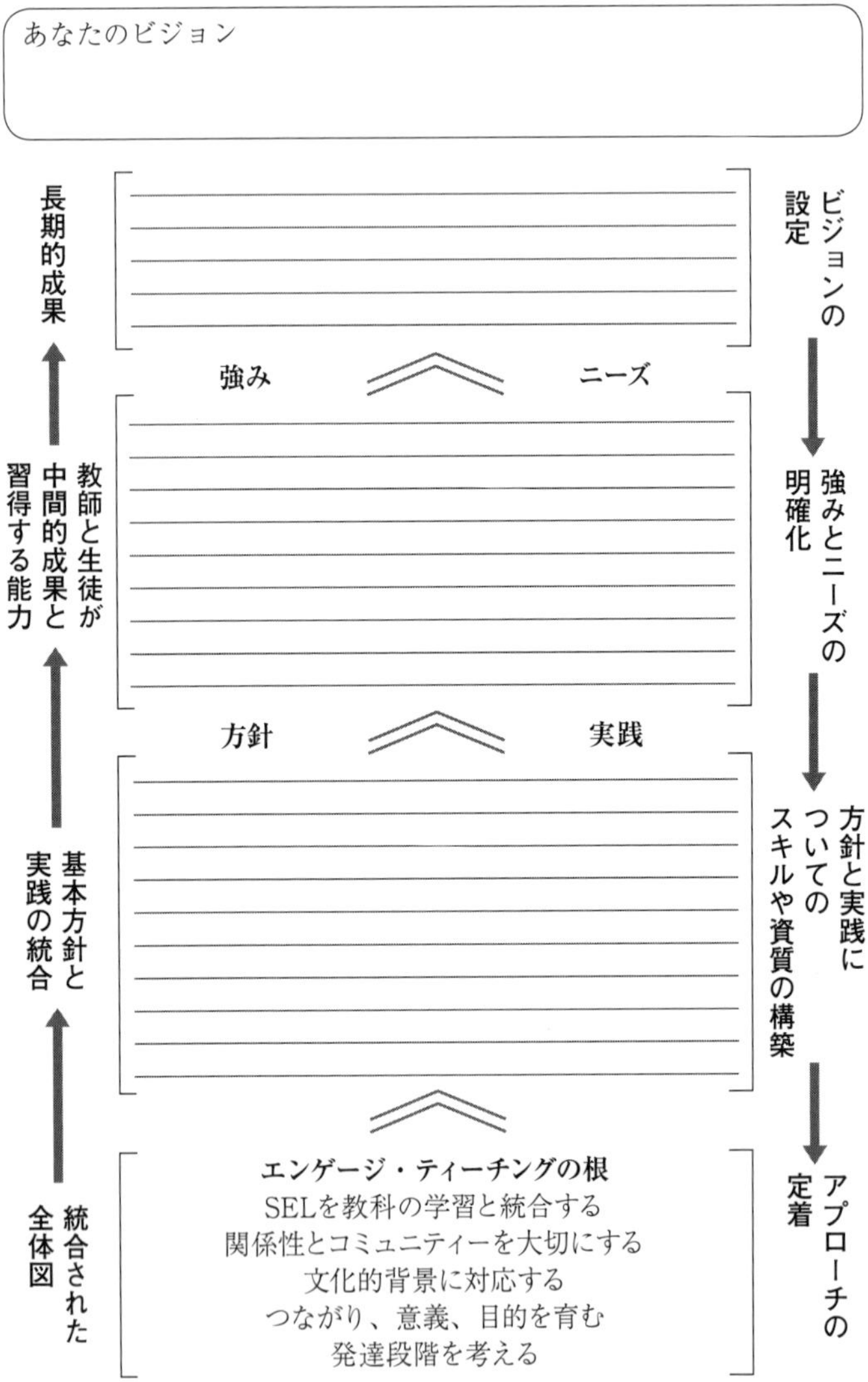

図８－２　「エンゲージ・ティーチングの計画表」作成用のワークシート

くに、エンゲージ・ティーチングの多様な領域における進捗状況を特定する方法に焦点を当てていきます。

◆評価のプロセス

学年やプログラムの初めに基礎データを収集しておくと、取り組み後にとるデータと比較することができます。クラスや授業の開始後には、形成的評価を活用して情報収集し、学期を通じた修正改善が求められます。最終的には、学期や学年の終わりに、次年度以降の取り組みを検討する基盤として正式な総括的データを収集し、全体の取り組みを振り返ります。

実践を向上させ、生徒の学習成果によい影響を与えるためのデータ収集や分析方法が数多くあります。たとえば、自己の振り返り記入フォーム、生徒アンケート、保護者からのフィードバック、学力テスト、パフォーマンス評価、スクープノート（三六九ページを参照）、校内ツアーなど、これらすべてが私たちのビジョンと成果に重要な情報をもたらします。

もちろん、あらゆる評価方法にはそれぞれの盲点があります［参考文献141］。もし、自己の振り返りのみに頼れば、フィードバックやピア観察、生徒の学習データから得られる、改善のための貴重な情報がなくなってしまいます。

また、学力テストの結果のみでは、生徒の学習を正確には把握できません。とりわけ、テスト

そのものが苦手な生徒もいますし、単に問題を読みまちがえている場合もあります。

学力テストには、テスト結果に影響を与える文化的なバイアスもあります。学力テストのみに偏れば、ほかの種類の学びや知識の表現を評価していないことになります。グラント・ウィギンズ(10)は、一九八九年の論文「真のテスト」のなかで医療にたとえて次のように述べています。

「学力テストの活用に関する私たちの混乱は、脈拍数が体全体の健康のすべてを表すと誤解していることに似ている」

これらの盲点を克服した評価ができるように、多種の評価方法を検討し、そして実際に活用することが重要です。学校の風土と生徒のＳＥＬが測定できる、有効で信頼性の高い評価方法とツールが増えています。単一の指標ではなく、多様な評価方法を活用することで進捗状況と生徒の学びを広く測定できる可能性が高くなり、文化の影響やＳＥＬ、学力向上を含めた全体的な進捗状況がより正確に捉えられるようになります。

◆評価方法

ここで紹介するのは、形成的評価のための三つのツールです。これらは、あなたが重要だと特定したエンゲージ・ティーチングの能力とスキルの進捗状況を捉えるために活用できます。紹介

する三つの例は、自分の教え方や生徒に関する情報の収集には多様な方法があることを示しています。これらの方法を活用すれば、広い範囲の成果に関して継続的なフィードバックが得られます。

①教師のための振り返りのツール

評価に精通した研究者らは、教師の振り返りのために、四一の要素を特定した評価ツールを提供しています〔参考文献134〕。教師としての成長を情報収集する際には、「教師と生徒からエビデンス（証拠）を集めること」が重要となります。研究者らの枠組みでは、教師と生徒のエビデンスを収集するための詳細が示されており、教師のための自己評価基準もあります。

この評価ツールの一部を**図8-3**に示しました。これは、関係構築のある側面（生徒への好意）の向上の進捗状況を捉えるものです。研究者らの著書『振り返りのできる教師になる（Becoming a Reflective Teacher）』〔参考文献134〕では、学習目標の設定、相互尊重のための一線の確立、教師としての意識、生徒のモティベーションと進歩など、エンゲージ・ティーチングの要素につながる基準と質問が提供されています。

（10）（Grant Wiggins）アメリカの教育評価の研究者で、「逆向き設計（理解をもたらすカリキュラム）」の考案者です。

図８－３　評価ツールの例

質問——生徒とのよい関係を確立し、維持するために私は何をしたらよいか？

37. 生徒への愛情を示す行動（具体的な言葉かけや言葉によらない動作などの表現）として、私は普段何をしているか？	
教師は、生徒への好意を示す言葉や非言語の行動を適宜用いる。	
教師側のエビデンス	**生徒側のエビデンス**
・学力および個人的な成果について生徒を褒めている。 ・生徒と、学習とは関係のない打ちとけた会話をしている。 ・適宜、生徒にユーモアをもって接している。 ・適宜、生徒に微笑んだりうなずいたりしている。 ・適宜、生徒の肩に手を当てている。	・生徒が、教師を、自分のことを大切にしてくれる人と見ている。 ・生徒は、教師の対話に応じている。 ・生徒は、教師の非言語によるやり取りに応じている。

私はどのようにしているか？

	4 先進的	**3 適切**	**2 成長中**	**1 初歩的**	**0 何もしていない**
生徒への好意を示す言葉や非言語による行動の活用	活用している。加えて、生徒のニーズや実態に合わせて、新しい方法をつくり出している。	活用している。また、クラスでの関係の質に目配りしている。	活用している。しかし、どこか機械的な感じがある。	方法をまちがえている。または、部分的に不十分である。	活用する必要があると思うが、今はしていない。

教師の自己評価

要素	4 先進的	3 適切	2 成長中	1 初歩的	0 何もしていない
37. 生徒への愛情を示す行動（具体的な言葉かけや言葉によらない動作などの表現）として、私は普段何をしているか？					

生徒への質問紙調査：中学生（６年生～８年生）
指示：次のそれぞれの質問について、「そう思わない」、「そう思う」、「とてもそう思う」のいずれかで答えなさい。
37. 私の先生は私を好きである。
・そう思わない　　・そう思う　　・とてもそう思う

（出典）マーザーノ研究所とロバート・J・マーザーノの許可を得て、［参考文献134］の pp.222、45、65）から転載。

②スクープノート

　カリキュラムがどれほど豊かに生徒の「感情面の育成」を扱い、「文化への配慮」があるかに関するエビデンスを収集するには、多くの多様な情報源からデータ収集するほか、ほかの教職員からのフィードバックを得る必要があります。そのための強力なツールの一つが、「スクープノート」[11]と呼ばれる、教室での成果物を活用する方法です。

　これを提唱した研究者らは、スクープノートを「教え方の成果と教師の振り返りを収集する取り組み」と説明し、観察者の目で授業やクラスを改めて見つめ直すことが可能になる、と述べています［参考文献11］。

スクープノートの材料となる成果物は、通常どこかの一週間を決めて集めます。授業の前に作成された指導計画、生徒が授業中につくったもの（成果物）、授業外で取り組んだ宿題やプロジェクトなどの資料も含まれます。ノートには、テスト、クイズ、論文、レポートなどの正式な評価や、関連する評価のルーブリックなども含めます。教師は、教室の写真を撮り、プロジェクトの作品やアート作品など、ノートには残せない作品も撮影します。

授業中の課題や宿題から生徒が取り組んだものを、教師がそれぞれ三つずつ選びます。そして、付箋を使用して生徒の成果物を「優、良、可」で評価し、評価の理由とその課題から、生徒の理解に関して分かることを書き留めます。

スクープノートには、毎日のカレンダーの記録と、次のような日々の振り返りの質問に関する教師の答えも書きこみます。

・この授業を学ぶ生徒の目的と期待は何だったのか？
・今日の授業での生徒の目的と期待はどの程度だったと言えるのか？　それは、どのようにして分かるのか？

そして、第3章の「授業での教え方、学び方、生徒に関して、どのような前提をもっていたか？」や「授業前、授業中、授業後に何を感じていたか？」についても振り返ります。

教師はまた、スクープノートを見てくれる評価者（同僚の教師や管理職など）が十分理解できるように、スクープノート上の多様な成果物がクラスのどのような取り組みによってつくり出されたのかを詳しく説明することが求められます。一週間にわたるスクープノートの取り組みの終わりには、「生徒の長期的目標と、クラスの取り組みや授業はどのように関連しているのか」、そして「スクープノートには教えたことが適切に反映されているのか」が問われます。さらに、スクープノートの質をより高めるために、「今後はどのような成果物をスクープノートに含めるとよいのか」を検討して締めくくります。

その後、スクープノートは評価尺度に従って検討され、評価されます。スクープノートの提案

---

(11)　成果物（生徒の作品やパフォーマンス）を授業中につくり出す授業や、それらに対する評価は、日本ではこれまでほとんどしてきませんでした。教育界の傾向は、テストに向けての授業や、テスト以外に評価方法は考えられないという「偽の教え方」や「偽の評価」から、「本物の教え方」や「本物の評価」に転換する要として、成果物が位置づけられています。この点で参考になる本には、『学びの中心はやっぱり生徒だ！』、『一人ひとりを大切にする学校』、『みんな羽ばたいて——生徒中心の学びのエッセンス』、『あなたの授業が子どもと世界を変える』、『子どもの誇りに灯をともす』、『だれもが科学者になれる』および下のQRコードにリストアップされた「作家の時間」や「読書家の時間」に関連したものがあります。それらのなかでは、本物の成果物やその発表の対象なしの学びは「生徒中心の学び」とは言えない、という主張が貫かれています。

者たちは、中学校の数学と理科の評価尺度を開発し、「評価・基準・生徒の試験を研究する国立センター（CRESST）」のウェブサイトにおいて無料で公開しています（https://cresst.org/publications/cresst-publication-3078/）。これらの評価尺度は、スクープノートをどのように評価すればよいかを示す一例となります。

③評価における録画の活用

実際の授業の様子を参観しながら、同時に教師と生徒との関係性を観察し、評価するというのは容易なことではありません。教室の文化や風土の改善といった複雑な成果を評価する、効果的で生産的な方法を見いだすことは難しいものです。したがって、ビデオで授業を録画して振り返るという方法は、教師自身が教師と生徒との複雑なやり取りをよく見て、そこから授業や教え方の改善のための学びを得るのに効果的です。

ビデオで録画して授業を観察されると思うと、最初は気が進まないこともあるでしょうが、明確な基本方針と授業者への思いやりをもって実践すれば、専門的でポジティブな学びのプロセスがつくり出せます。ビデオ録画を使用する一例としては、フィードバックのやり取りを評価するダニエル・ウィリンガム（Daniel T. Willingham）の方法があります［参考文献227］。ウィリンガムは、教師二人でできる簡単なビデオ観察方法を概説しています。

まず、自分が信頼を寄せ、尊敬する同僚を見つけることからはじめ、精査された一連の手順に沿って進めます。最初は、二人でほかの教師のビデオを見て、見た内容について話し合います。このプロセスに慣れて、授業ビデオの見方が身についたら、今度は自分たちの授業を録画し、それをお互いに視聴します。最後に、教師二人で、今回の学びをこれからの授業やクラスにどのようにいかせるかについて話し合います。

授業ビデオを活用する二番目の例は、バージニア大学の研究者たちによって開発されました［参考文献37］。「クラス評価システム（CLASS：The Classroom Assessment Scoring System）」と呼ばれ、教師と生徒との対話を整理して示してくれるツールです。研究者らは、ビデオを評価ツールとして使用する際の課題を認識していたので、「研究用のビデオ観察のプロセス」と「研究者と教師とのやり取り」について慎重に設計しました［参考文献90］。「授業観察のための実践者ガイド」［参考文献206］のなかで、彼らは次のように述べています。

最初、教師は授業ビデオの録画について不安に思うかもしれませんが、配慮をもってサポートされれば、この方法を、とても授業力が向上するツールだと捉えるようになります。何しろ、ほかの誰かが「何が起こったか」を話してくれることに頼るのではなく、直接、自分の目で「何が起こっているのか」を見ることができるわけですから。［参考文献206］

このようなツールを使えば、授業ビデオを効果的に活用する形で互いの学びを深めあい、実践を向上させることができます（**コラム参照**）。

◆学びのコミュニティーと評価

授業ビデオの検討と同じく、自らの実践にフィードバックをもらうというのは、痛いところをつかれるような不安を感じるかもしれませんが、有意義で継続的な形成的評価を得るためには同僚と協力することが不可欠です。ウィリンガムは次のようにも述べています。

「少なくとも誰か一人と協力する必要があります。ほかの誰かが教室にいて、授業を観てくれていれば、あなたが気づかない点まで観察してくれます」［参考文献201］

それでは、信頼に値する効果的な評価を設定するためにはどうすればよいでしょうか？　大人の学びのコミュニティーにおいて、他者からの「評価」を支援的で生産的であると感じられる環境をつくるためには、信頼関係と尊重の構築に時間とエネルギーを十分に投資することが重要となります。「相互に信頼しあえる関係性」の基盤を確立し、「フィードバックのための明確で一貫した手順」を実践すれば、専門的で率直な評価機会が生じます。

エンゲージ・ティーチングの基本方針と実践は、信頼できる大人の学びのコミュニティーを構

コラム

評価方法の②と③で紹介されたバリエーションの紹介

②スクープノート―レッジョ・エミリアやスウェーデンの幼児教育で普及し、最近は日本でも流行っている「ドキュメンテーション」があります。日本語で読める文献が結構ありますので、これらのキーワードを入力して検索してください。なお、幼稚園や保育園ではすべてを教師がしないといけないわけですが、学校では一人一台の端末が実現しているところが多いと思われるので、記録、収録・保管、そして振り返りなどを生徒たちに委ねることも考えられます（これは、少なくとも形成的評価に生徒たちが参加することを意味します。そして、それは総括的評価の準備にもなっているというか、かなりの部分を占めていると言えます）。

③授業観察の動画を二つ紹介します（QR コード）。

https://www.edutopia.org/video/using-video-professional-development

https://www.edutopia.org/video/learning-walks-structured-observation-teachers

両方とも下にスクリプトが表示されるので、翻訳ソフトで訳せば、8～9割程度の精度で日本語が読めます。また、後者には、効果を上げる振り返り用のシートも付いています。後者の利点は、ビデオを見直す時間の節約、複数の教師の授業が見られる、複数の教師の観点で振り返りができるなど、日本の一般的な研究授業のアプローチよりも短時間ではるかに学ぶものが多いやり方が提示されているところです。

築します。また、配慮ある効果的な方法によって相互のフィードバックが可能となります。オープンな心を育み、自己観察に取り組み、「今、ここ」に意識を向け、相互に尊重しあえる一線を確立して感情的な許容量を増やせば、心を開いて寛容な態度で話したり聴いたりするという、あらゆる能力の中核を構築することになります（それぞれの基本方針と実践については、第2章～第6章を参照してください）。

ここでは、各評価方法を通して情報収集の多様な形態を示してきました。それらは、エンゲージ・ティーチングに関する能力の開発と向上に役立つものです。紹介してきた形成的評価のツールが正しく配慮のあるフィードバック方法で活用されれば、同僚との間に信頼関係を築き、効果的に協力し、お互いから学びあうための支援になると、再認識されることを願っています。

おわりに

本書では、私たち教師の教える力を伸ばし、生徒を有意義で効果的な方法で巻きこみ、大人の学びのコミュニティーを満足感ある生産的なものへと変化させる実践的なアプローチを提供してきました。ここには、多くの教育者の知恵と経験が含まれているとともに、「感情」、「集中力」、「記憶」、「学習」の相互関係に新たな光を当てる科学的知見や素晴らしい実践研究が含まれています。このアプローチが、あなた自身の状況や職場の実態の改善に役立ち、あなたの知恵と経験をさらに高める支援となることを願います。

仕事の重圧が教師を孤立や絶望に駆りたてることがあっても、本書が、同僚に手を差し伸べたり、すべての人々の学びと成長につながる重要な実践を促したり、何がうまくいき何がうまくいかないかを話し合ったり、協働する仲間との有意義な関係を構築するための手助けになることを願っています。「生涯学び続ける者」として教職の道を歩むなら、私たちのなかに学びへの愛が生じるのと同じように、生徒にも学びへの愛を育み満たすことができます。私たちが教室に真実と善を持ちこめば、生徒のなかにある、これらの資質を呼び起こせます。私たちが必要な実践に心から取り組むことによって、積極的に生徒に関わって、出会いをより良いものにし、さらに生徒の力を効果的に伸ばせるようになるのです。

エンゲージ・ティーチングのアプローチが、日々歩む教職の道において、あなたを導くガイドとなることを願っています。より高い理想と、素晴らしい成果と、喜びとともに。

歩む者よ、あなたの足跡が道になるのだ。それ以外の何物でもない。あなたの歩いた軌跡が道となっていく。（アントニオ・マチャード［Antonio Machado, 1875～1939］スペイン・セビリア出身の詩人）

・残りのメンバーは、その「成功体験」の詳細について明確にするための質問をする。（２分）
・グループで、発表者の成功体験について聞いたことを分析し、その状況下で成功した理由として考えられることを話し合う。（３分）
・発表者は、成功につながった理由についてのグループによる分析にこたえる形で、メンバーの話を聞いて改めて振り返る（付け足したいことを加える）。（２分）
・次の発表者に交代する前に、一人目の発表者の成功をみんなでたたえる。（数秒）
・次の発表者も、最初の発表者と同じ流れを繰り返す。

家族の歴史（保護者との絆を育む）

・生徒が、家族または保護者へのインタビューを行う。
・家族や保護者には以下の点を伝えておく。
学校が掲げる目標の一つに、生徒が青年期から成人期へと健全な成長を遂げるためのサポートをすることがある。その目標達成に必要なこととして、生徒が自分自身のルーツや過去について知り、それらを大切にするよう促すことが挙げられる。
・質問事項
❶私が生まれるまでどのような人生を送っていたか、私に知ってほしいこと。
❷祖父母のことで、知っておくのが大切だと思うこと。
❸とても嬉しかったときのこと。
❹これまでの人生で、若いころに思っていたこととは違う結果になったと思われること。
❺私くらいの年齢だったときに起こった世界の出来事について。また、その当時のメディア、テクノロジー、政治、ファッション、友だちなどについて。
❻私の年齢のときに知っておけばよかったと思うこと（逸話やちょっとした知恵、真実や価値など）。

以上のほかに、終了期の活動として以下の三つを紹介します。

①ペアでのクロージング活動

・クラスやその日についての気持ち、考え、または疑問点などを紹介しあう。

・授業後もしくは翌日に、どうしたいのかについてアイディアを出しあう。

②終わりのサークル

輪になって、生徒が次のようなことに取り組む。

・今の気持ち、考え、または疑問点などから一つ選んで、単語や文で表す。

・その日のクラスメイトの行動で、心からお礼を言いたいことや、すごいと思ったことを紹介する。

③伝えたいこと

・メモ用紙を配布し、今日の授業のなかでこれだけは覚えておきたいということを一つだけ書く。

・用紙は一旦集めて、ランダムに生徒に配り直し、お互いにどんなことを書いたかを読んだり、時間がかぎられている場合は、教師がいくつかを選んで読みあげたりする形で共有を図る。

・学んだことに関連する詩やクラスの士気が上がるような文章を、みんなで一緒に読む。

・授業内で扱ったテーマに関連する短い物語や寓話・伝記・詩などを教師が朗読する。

教師のための「成功分析プロトコル（手順）」

・進行役とタイムキーパーは、ラウンドごとに交代する。

・教師全員を３人組に分ける。

・昨年度、教師としてとてもうまくいったと思ったときのことを、その理由と共に振り返る。当時の状況や目標、目的を明らかにし、大変だったことや、どのようにして乗り越えたのかを説明する。また、自分の経験を振り返りながら説明やメモを書き止める。（５分）

・３人組の最初の人は、成功体験、そうなった状況、また成功した理由を話す。（３分）

かを見極めるクリティカルな思考力や、創造的思考力の鍵となる複合的な視点が得られるようにする。

「終了」（クロージング）の活動

１日の終わりや、各授業の終わりに終了の活動をすると、生徒は次のような機会がもてる。

❶起こったことに自分なりに対応して理解し、そこからの学びを統合する。
❷大切なこと、驚いたこと、よく分からなかったことなどを振り返る。
❸自分を学習者として、もしくはグループないしクラス全体への貢献者として褒める。
❹グループやほかの人がしてくれたことに感謝する。
❺次の授業につなげる。

終了の活動の例としては、次のようなものがある。

・沈黙の時間を１～２分（またはそれ以上）とる。
・静かに音楽を聴く。
・静かな状態で、あるいは音楽を流しながら、クレヨン・色ペン・粘土などを使って、その授業または１日の終わりに自分が感じていることを表現する。
・次のような質問や事項について、思ったことを書く。
何か驚いたことはあったか？／考えさせられたことはあったか？／どのようなことを学んだか？／どのような疑問が湧いたか？／もっと知りたいことは何か？／次のなかで、次回の授業や明日から変えようと思うことは何か？（自分の行動や態度・クラスメイトへの貢献・先生への貢献・クラスをより良くするためにできること）／私に必要なのは……／私が興味をもったのは……

これらについて各自が書いた文章は、本人だけに留めてもよいし、教師に提出してもよい。回収した場合は、教師がそのプリントに付箋でコメントをつけて、年度末の振り返りの時期に生徒に返却する。

天気予報の例として、「今は晴れているが、嵐が接近している」ことを伝え、「雨のち晴れ」、「晴天」などを提示する。
・できれば目を閉じて、今日の気分を静かに感じられるようにする。
・15〜30秒経ったら、生徒に目を開けるよう言い、教師がまずモデルとして自分の天気予報を言う。
・その後は、輪になっている生徒全員が、順番に自分の感情の天気予報を伝えあう。生徒には、この活動の目的は、自分の心の状態についての意識を高めることと、感情をほかの人に伝えるさまざまな言葉を増やすことであると知らせる。

ペアをつくる方法

・基本的に、ペアは教師が決めて、誰と誰がペアになったかを毎週記録しておき、学期内にできるだけたくさんの相手と個人的に話せる機会がもてるようにする。
・ペアをランダムに決める場合にもっともシンプルな方法は、今いる全員に番号を振ること。たとえば、全部で20人の生徒と教師がいる場合には、まず１から10までの番号を最初のメンバーに割り振り、残りのメンバーにも同じように１から10を割り振って、同じ番号の人同士がペアになる。
・トランプを２組用意して、同じ数字を手にした人でペアを組むという方法もある。トランプ以外でも、イラストや何かが書かれた紙などを２枚ずつ準備すれば同じことができる。
・以上のような方法を使うと、仲のよい友達同士がペアになることが防げる。

発達に関するテーマの組みこみ

発達段階に適したテーマを扱い、生徒が、「学校で学ぶ／経験することは自分に関係がある」と感じられるように支援する。たとえば、（小学校から中学校、高校から大学などの）移行期に関するテーマなど、生徒が自分の価値観やアイデンティティー、ビジョン、目標などについて振り返る機会を提供するなど。

さらに、教科の学習と生徒の生活とを結びつけ、何が大切なもの

○○と感じています。なぜなら△△△だからです」と書く。生徒には、この文は自分が希望しないかぎり、教師も含めてほかの人とは共有しないことを伝えておく。

1）クイックサークル

各生徒が、現在「感情の輪」のなかにある気持ちを一つだけ共有しあう。

2）二人組で深く聴く活動

活動をしてみてどのように感じたかや、自分の書いた文章などの内容について、何でもよいので１～２分で話す。

3）象徴的で創造的な表現活動

・言葉ではなく、シンボル、メタファー、イメージなどを使って、生徒に自分自身とクラスメイトを知る機会を提供することが主な目的。
・生徒の人生や何かに関して、感じ、考え、経験していることを、象徴的で創造的な表現で表すことによって、直接言葉にすることが難しい感情や思考、知覚などを間接的に（そして、時には非言語的に）共有できる（たとえば、絵を描く、色を塗る、彫刻する、コラージュする、即興劇やドラマを演じるなど）。
・この活動を通して、生徒は大切なものを見極めるクリティカルな思考力や抽象的な思考力を伸ばすことができる。
・教科の活動としても使える（たとえば、本のなかに登場する人物や、算数・数学の概念をもっともよく表すものなどを持ってきてもらう）。

③天気予報

・生徒が輪になって座るか立ち、これからみんなで「天気予報」の活動をすることを伝える。この活動を一日の初めに行うと、クラスの様子を素早く知る手助けとなる。
・生徒一人ひとりに、今日の気分を天気にたとえて説明してもらう。

（注）この活動および次の二つと類似する活動が、『学びは、すべてSEL』の89～100ページや、『感情と社会性を育む学び（SEL）――子どもの、今と将来が変わる』の第３章で紹介されています。

感情を扱う

①感情を表す言葉（１～８年生）

・クラスを六つのグループに分け、各グループに「興奮・悲しみ・恐怖・幸せ・怒り・優しさ」などといった感情を一つずつ割り当てる。

・生徒は、自分のグループに割り当てられた感情と似ていると思う言葉をできるだけ多く出しあう。感情は非常に複雑にからみあっているので、「欲求不満」のような言葉には、「悲しみ」や「怒り」といった、複数の感情に含まれる可能性があることを伝えておく。

オプション１

・グループで感情の言葉をリストにする時間をとったあと、ホワイトボードか大きな紙に感情の種類を書き出す。

・そこに各グループがリストアップした言葉の一覧を書きこみ、ほかに書き加えるものがないかどうかを確認する。

オプション２

・各グループに大きめの用紙（模造紙など）を配布する。

・生徒はペンの色（一色）を決めて、そのペンで自分の気持ちとして思いつく言葉をすべて、紙の上のほうから順に書きこむ。

・10分ほど時間をとったあと、それぞれが書いた紙を壁に貼るか床に置く。

・クラス全体で静かに「ギャラリー・ウォーク」を行い、ほかのグループのリストを見て、自分のグループのリストにない言葉を別の色のペンで書き足していく。

・５分ほどしたら、各グループの代表者にリストを読みあげてもらい、各感情の分類についてどのようなことを思ったかを確認する(注)。

②感情の輪（幼稚園～５年生）

・生徒に白い紙と鉛筆を配る。

・配られた紙を半分に折って、上部と下部に分ける。上部には円を描き、その円を４分割する。

・４分割したそれぞれの場所に、感情を表す言葉を一つずつ書き入れる。書き出す言葉は、自分が今まさに感じているものにする。

・紙の下部には、上部に書いた四つのうちから二つを選び、「私は○

＊身の周りの人やそれ以外で尊敬している人は誰か？　そして、その理由は？
＊休日には何をするのが好きか？　どんなことがしたいか？
＊世界中どこでも旅行できるとしたら、どこに行くか？　そして、その理由は？
＊小学校でとても楽しかったことは？
＊超能力が与えられるとしたら、どのような力がほしいか？　また、なぜその力がほしいのか？
＊昨年度学んだことのなかで、とくにみんなに話したいことは何か？
＊お金のことを考えなくてよければ、どのような人生を送りたいか？
＊世界で起こっている問題のなかで、あなたにとって重要なものは何か？　そして、その理由は？

④**サークル**（輪になって話すこと）（幼稚園児〜12年生）

・教師があるテーマを提示してから、生徒と教師でそのテーマについて話し合う。
・テーマが提示されたら、一人ずつ順番に話をしていくが、話す準備ができていない、もしくは話したくない生徒は、「パス」することで次の人に話してもらうことができる。
・サークル内の全員にまず話す機会を一巡させたあと、まだ話していない生徒（パスした生徒）に再度話す機会を与えるが、話すか話さないかはあくまで本人次第とする。
・話す時間は生徒一人につき１〜２分とし、チャイムやハンドサインなどを使って、残り時間が15秒になったら知らせ、生徒は最後のまとめをする。
・今、誰が話しているのかを明確にするために、棒やぬいぐるみなど、何らかのモノ（「トーキング・スティック」などと呼ばれる・訳者付記）を使ってもよい。

きるのは誰で、それはなぜか、またはその本が伝えようとしている教訓などを発表しあうのもよい。もし、歴史の教科である時代を学習中であれば、その時代に関連する質問を考えてもよい。

・活動前に、「相手を尊重して話を聴く」とはどういうことかを確認しておく（途中で話を遮らない、おかしな表情をしない、話し手をからかわないなど）。また、ボディー・ランゲージと表情については、話さないかぎり、うなずいたり微笑んだりしてもよいと確認しておく。
・話し手と聴き手が物理的に同じ条件であるようにする（両方とも椅子に座っている、もしくは両方とも床に座っている）。もし、どちらか一方が高い位置や低い位置にいると暗に力関係を意味してしまう場合があるので、本音を共有するのに適さないことを生徒に伝えておく。
・この活動では、教師は活動に参加せず、様子を見守りながら必要に応じて声かけをする役になる。相手の話を遮らずに、丁寧に話したり聴いたりしていることを確認する。もし、相手への配慮に欠ける態度の生徒がいたら、すぐに介入して起こっていることを明らかにし、この活動のルールを再確認することが大切となる。
・タイマーを使って時間を測り、各質問に答える時間を30秒ほどに設定する。しかし、とくに学年が上の生徒の場合や信頼のおけるグループであれば、時間を１分から90秒ほどに延ばしてもよい。
・四つから七つの質問を選び、生徒の年齢層に合わせて調整する。以下は質問の例である。

　＊どんな音楽・映画・本が好きか？
　＊好きなゲームは何か？　そのゲームのどんなところが好きか？
　＊好きな場所はどこか？　それはどんな場所か？　どのように感じるか？　あなたはその場所のどんなところに惹かれるのか？
　＊夏休み／昨年度のことで印象に残っていることは何か？
　＊学校生活のことやそれ以外のことで興味があるのは何か？
　＊今までのクラスで好きだったのは？　嫌いだったのは？

・最初のテーマを提示し、まずは内側の輪に座っている生徒が話し手に、そのあとに外側の生徒が話し手になると伝える。また、この活動では話は小声で行う。
・教師はタイマーを準備し、活動時間の区切りを、ブザーを鳴らすか手を挙げて知らせる。
・話の聴き手には、途中で返答をせずに、最後まで聴くことに徹するよう指示する。
・一人目が話す時間が終了したら、続いて輪の外側の生徒も同じテーマで話しはじめる。
・両方の生徒が話し手と聴き手の役が終了したら、外側の輪に座っている生徒は立って一つ左の椅子に移動する。
・次のラウンドでは、外側の輪に座っている生徒が最初の話し手となる。
・この流れでおよそ４～７ラウンドを行うが、それぞれ異なったテーマを用意しておくほうがよい。
・そして、活動の最後にまとめの時間を少しとる。重要なルールとして、「自分の話したことは全体の場で共有できるが、パートナーが話したことは、許可がないかぎり共有できない」ということを確認しておく。
・活動を終えたら、生徒に「椅子を一つの輪になるようにして座ってください」と言い、以下のような質問を含むやり取りを促す。

「途中で話を遮らずに聴き続けてみて、どうでしたか？」、「途中で遮られることなく話すというのはどんな感じでしたか？」

「この活動で、一番大変だった点と、一番よかった点は何でしたか？」

「自分について何が分かりましたか？　パートナーとなった相手についてはどうですか？」

「ほかに、どのような質問をしたいですか？」


この活動は、個人的なことの共有やストーリーテリング、小テストやテストの準備、小説や教科書への導入、教科書の内容に関する各自の意見など、多様なテーマを互いに共有しあうために行える。たとえば、授業で読んでいる本の登場人物のなかでもっとも共感で

のうち１回か２回設ける。授業や活動の開始や終了時、生徒が集中しないときや騒がしいとき、またいったん休憩を挟みたいときに設定する。（116～117ページを参照）

・この時間、生徒は目を開けていてもよいし、閉じてもよい。
・教師がチャイムやベルを鳴らす。生徒はその音に集中し、いつ聞こえなくなるかを確かめる。
・さらに、お腹と胸を大きく広げて、全身を使った深呼吸を５回する。

集中して聴く活動

①**クラスミーティング**——323～324ページを参照。

②**２～３人グループでのリスニング**（幼稚園児～12年生）
・生徒を２～３人のグループに分ける。教師がグループのメンバーを決めるほうがよい。
・生徒一人当たりの話す（聴く）時間は、生徒の実態や扱うテーマに応じて30秒から３分。
・まず初めに、グループのなかで一人が話し手となり、与えられたテーマについて、決められた時間話し続ける。その間、聴き手は、話を遮ったり質問をせずに、静かに耳を傾ける。
・教師からの合図で話し手と聴き手を交代する。グループ内ではお互いの目を見て話すようにする。
・全員が話し手と聴き手をしたあと、自分たちが行ったことについて話し合う時間を数分とる。
・グループを変えて同じ活動をもう一度行い、その後、どのように感じたかを書き留める。

③**車輪の中の車輪**（二重車輪）（15～30分、３～12年生）
・生徒一人ひとりに「１」、「２」と番号を割り振り、グループ分けをする。
・「１」の生徒には外向きの輪をつくって座るように指示し、「２」の生徒は「１」の輪の外側に内向きの輪をつくって座る。このとき、向かいあう椅子は近づけるが、隣の椅子とは距離をとるようにする。
・生徒には、これから次々にペアを変えていくことを伝えておく。

な人」などと生徒に問いかけ、生徒は自分にあてはまる場合に立ち上がる（ポップアップ）。

ポップアップのバリエーションとして、「このなかで○○○な人は？」と問いかけて、次のような行動をとってもらうというものもある。

＊生徒は輪になって立つ。

＊教師からの質問や説明が自分に当てはまる場合には、輪の内側に向かって一歩前に出る。

⑤**つかまえた！**（５分）

「ずいずいずっころばし」などで「指キャッチ」をする活動。

振り返りに焦点を当てた活動

「振り返りの活動」も気づきや集中力を養い、コミュニティーの形成に役立つ。書くこと（下の二つの書く活動）、絵を描くこと、沈黙の時間をとること、リラクゼーション、創造的な表現（382ページ）、ジャーナルを書くこと（72ページと149ページ）、感情の輪（383ページ）や呼吸などのマインドフルネス（94〜96ページおよび137〜140ページ）の活動などが含まれる。

①**ホット・ペンシル**（３〜12年生）

・教師が、生徒にあるテーマを設定する、もしくは質問を投げかける。

・生徒は、それについて１〜３分間、ペンを止めずに書き続ける。

・書く文章は、自分に向けて書くのみとする。あるテーマについて思ったままに書き、そこに何が現れるのかに目を向ける。

②**心に残る言葉と考察**（２〜12年生）

・教師が授業の初めに書籍などからの引用文をホワイトボードに書き、生徒に、３〜５分間、この引用文について書くようにと指示をする。この引用文は、授業内容に関連したものでもよい。

・生徒は、自分の書いたものの部分的な抜粋や、引用文を書く過程で気づいたことを全体の前で発表する。

③**静寂とマインドフルな呼吸**（幼稚園児〜12年生）

・「ゴールデン・モーメント」（みんなで静かに座る時間）を、一日

活動するための資料一覧

意識を集中する活動

「意識を集中する活動」を通して、集中力を養うだけでなく、共通して取り組む目標を与え、遊び心のある魅力的なコミュニティーづくりができる。

①**ボール・トス**——156ページ参照。
②**ワイルド・リバー・ラン**——159ページ参照。
③**トレイに載せた20のもの**（要する時間・15分、対象学年・５～12年生）
・授業前に、教師が身の周りのものを20個準備する。その際、色や機能・用途において共通点があるものを選んでおく。
・選んだ20個を重ならないようにトレイに並べ、その上を布で覆っておく。
・授業開始後、生徒に鉛筆と紙を配り、「これからの２分間でできるだけ多くのものを覚えるように」という指示を出し、トレイにかけていた布を取る。
・２分後に再びトレイが布で覆われたあとに、生徒は覚えたものを紙にすべて書き出す。その際、周りに言ったり、見せたりしないようにする。
・この活動では、覚えた数ではなく、どのように覚えたのかに重点を置き、生徒がその方法を発表する。
・互いに覚えているものと覚え方を共有したあと、トレイの布を取って全体で確認する。
・生徒が共有した覚え方について気づいた点を話し合い、何かを学ぶ際にはさまざまな手段を用いていることや、お互いの違いを共通認識する。
④**ポップアップ**（５分）
・事前に、対象に当てはまりそうな質問をいくつか考えておく。
・「スポーツをする人」、「サイエンス・フィクションを読むのが好き

・ブレイディみかこ『ぼくはイエローでホワイトで、ちょっとブルー』新潮社、2021年
・プロジェクト・ワークショップ編『社会科ワークショップ』新評論、2021年
・ボス、スージーほか『プロジェクト学習とは』池田匡史ほか訳、新評論、2021年
・マームストロング、トーマス『マルチ能力が育む子どもの生きる力』吉田新一郎訳、小学館、2002年
・メイソン、ジョンほか『教科書では学べない数学的思考』吉田新一郎訳、新評論、2019年
・メイナード、ネイサンほか『生徒指導をハックする——育ちあうコミュニティーをつくる「関係修復のアプローチ」』高見佐知ほか訳、新評論、2020年。
・吉田新一郎ほか『シンプルな方法で学校は変わる』みくに出版、2019年
・リトキー、デニス『一人ひとりを大切にする学校——生徒・教師・保護者・地域がつくる学びの場』杉本智昭訳、築地書館、2022年
・レヴィスティック、リンダ・Sほか『歴史をする』松澤剛ほか訳、新評論、2021年
・ロウズ、ジョン『見て・考えて・描く自然探究ノート——ネイチャー・ジャーナリング』、杉本裕代ほか訳、築地書館、2022年
・ロススタイン、ダンほか『たった一つを変えるだけ』吉田新一郎訳、新評論、2015年
・ローゼンバーグ、マーシャル・B『NVC 人と人との関係にいのちを吹き込む法』小川敏子訳、日本経済新聞出版社、2012年

子どもの、今と将来が変わる』大内朋子ほか訳、新評論、2022年
・タバナー、キャシータほか『好奇心のパワー』吉田新一郎訳、新評論、2017年
・タン、チャディー・メン『サーチ・インサイド・ユアセルフ――仕事と人生を飛躍させるグーグルのマインドフルネス実践法』柴田裕之訳、英知出版、2016年
・デューク、マイロン『聞くことから始めよう！　生徒のやる気を引き出し、意欲を高める評価』吉川岳彦ほか訳、さくら社、近刊。
・トープ、リンダほか『PBL――学びの可能性をひらく授業づくり』伊藤通子ほか訳、北大路書房、2017年
・ニエト、ソニア『アメリカ多文化教育の理論と実践』太田晴雄ほか訳、明石書店、2009年
・ハーグリーブス、アンディほか『専門職としての教師の資本』木村優ほか訳、金子書房、2022年
・ハーパー、アンバー『教師の生き方、今こそチェック！――あなたが変われば学校が変わる』飯村寧史ほか訳、新評論、2022年
・パーマー、P・J『大学教師の自己改善――教える勇気』吉永契一郎訳、玉川大学出版部、2000年
・ハミルトン、コニー『質問・発問をハックする』山﨑亜矢ほか訳、新評論、2021年
・バロン、ローリー『「居場所」のある教室・学校』山﨑めぐみほか、新評論、2022年
・ピアス、チャールズ『だれもが科学者になれる！』門倉正美ほか訳、新評論、2020年
・フィッシャー、ダグラス『「学びの責任」は誰にあるのか』吉田新一郎訳、新評論、2017年
・ブース、デイヴィット『私にも言いたいことがあります！』飯村寧史ほか訳、新評論、2021年
・フラン、マイケル『校長のリーダーシップとは』塩崎勉訳、東洋館出版、2016年
・フレイ、ナンシーほか『学びは、すべてSEL』山田洋平ほか訳、新評論、2022年

訳注で紹介した本の一覧

・アトウェル、ナンシー『イン・ザ・ミドル』小坂敦子ほか訳、三省堂、2018年
・ウィギンズ、グラントほか『理解をもたらすカリキュラム設計――「逆向き設計」の現場と方法』西岡加名恵訳、日本標準、2012年
・ウィルソン、ジェニほか『増補版「考える力」はこうしてつける』吉田新一郎訳、新評論、2018年
・オストロフ、ウェンディ・L『「おさるのジョージ」を教室で実現―好奇心を呼び起こせ！』池田匡史ほか訳、新評論、2020年
・ガーゾン、マーク『世界で生きる力――自分を本当にグローバル化する４つのステップ』松本裕訳、英治出版、2010年
・カリック、ベナほか『学びの中心はやっぱり生徒だ！――「個別化された学び」と「思考の習慣」』中井悠加ほか訳、新評論、2023年
・カルーソ、デイビッド・Rほか『EQマネージャー リーダーに必要な４つの感情能力』渡辺徹監訳、東洋経済新報社、2004年
・キーン、エリン・オリヴァー『理解するってどういうこと？』山元隆春ほか訳、新曜社、2014年
・熊谷晋一郎『特別な支援が必要な子たちの「自分研究」のススメ―子どもの「当事者研究」の実践』金子書房、2022年
・クーロス、ジョージ『教育のプロがすすめるイノベーション――学校の学びが変わる』白鳥信義ほか訳、新評論、2019年
・ゴールマン、ダニエル『EQこころの知能指数』土屋京子訳、講談社、1996年
・サックシュタイン、スター『成績だけが評価じゃない――感情と社会性を育む評価（仮題）』中井悠加ほか訳、新評論、2023年
・ジョンストン、ピーター『国語の未来は「本づくり」』マーク・クリスチャンソンほか訳、新評論、2021年
・スプレンガー、マリリー『感情と社会性を育む学び（SEL）――

⑳『リーダーシップ・チャレンジ』ジェームズ・M・クーゼスほか／関美和訳、海と月社、2014年
㉑『心の「とらわれ」にサヨナラする心理学——人生は「マインドフルネス」でいこう！』エレン・ランガー／加藤諦三訳、PHP研究所、2009年
㉒『あなたの「天才」の見つけ方——ハーバード大学教授がこっそり教える』エレン・ランガー／加藤諦三訳、PHP研究所、2002年
㉚『自由への長い道——ネルソン・マンデラ自伝』ネルソン・マンデラ／東江一紀訳、NHK出版、1996年
㊹『ブレイン・ルール——脳の力を100%活用する：DVD付き』ジョン・メディナ／小野木明恵訳、NHK出版、2009年
(159)『教育の哲学——ソクラテスから「ケアリング」まで』ネル・ノディングス／、宮寺晃夫訳、世界思想社、2006年
(169)『教育のスピリチュアリティ——知ること・愛すること』P・J・パーマー／小見のぞみほか訳、日本キリスト教団出版局、2008年
(171)『大学教師の自己改善——教える勇気』P・J・パーマー／吉永契一郎訳、玉川大学出版部、2000年
(173)『最後の授業——ぼくの命があるうちに』ランディ・パウシュほか／矢羽野薫訳、ソフトバンククリエイティブ、2013年
(194)『U理論——過去や偏見にとらわれず、本当に必要な「変化」を生み出す技術』C・オットー・シャーマー／中土井僚ほか訳、英治出版、2017年
(199)『省察的実践とは何か——プロフェッショナルの行為と思考』ドナルド・A・ショーン／柳沢昌一ほか訳、鳳書房、2007年
(200)『学習する学校——子ども・教員・親・地域で未来の学びを創造する』ピーター・M・センゲほか／リヒテルズ直子訳、英治出版、2014年
(202)『脳をみる心、心をみる脳——マインドサイトによる新しいサイコセラピー：自分を変える脳と心のサイエンス』ダニエル・J・シーゲル／山藤奈穂子ほか訳、星和書店、2013年
(209)この邦訳はありませんが、同じ著者による『ようこそ、一人ひとりをいかす教室へ：「違い」を力に変える学び方・教え方』（C・A・トムリンソン／山崎敬人ほか訳、北大路書房、2017年）があります。
(216)『文化的―歴史的精神発達の理論』ヴィゴツキー／柴田義松訳、学文社、2005年
(227)『教師の勝算——勉強嫌いを好きにする9の法則：脳科学×認知科学×教育学』Daniel T.Willingham／恒川正志訳、東洋館出版社、2019年
(230)『メンバーの才能を開花させる技法』リズ・ワイズマンほか／関美和訳、海と月社、2015年

⑰ 日本語字幕の動画は、https://digitalcast.jp/v/11750/ を見てください。
⑱『本当の勇気は「弱さ」を認めること』ブレネー・ブラウン／門脇陽子訳、サンマーク出版、2013年
⑲『ワールド・カフェ――カフェ的会話が未来を創る』アニータ・ブラウンほか／香取一昭ほか訳、ヒューマンバリュー、2007年
㉜『完訳７つの習慣』スティーブン・R・コヴィー／フランクリン・コヴィー・ジャパン訳、FCE パブリッシングキングベアー出版、2020年
㉝『リーダー・イン・ミー：「７つの習慣」で子どもたちの価値と可能性を引き出す！』スティーブン・R・コヴィーほか／フランクリン・コヴィー・ジャパン訳、キングベアー出版、2014年
㊿『マインドセット：「やればできる！」の研究』キャロル・S・ドゥエック／今西康子訳、草思社、2016年
54『社会性と感情の教育――教育者のためのガイドライン39』M・J・イライアスほか／小泉令三編訳、北大路書房、1999年
67 この本は未邦訳だが、これの改訂版が『偉大な組織の最小抵抗経路――リーダーのための組織デザイン法則』（ロバート・フリッツ／田村洋一訳、Evolving, 2019年）として出版されています。
76『先生と生徒の人間関係――心が通じ合うために』ハイム・G・ギノット／久富節子訳、サイマル出版会、1982年
79『EQ：こころの知能指数』ダニエル・ゴールマン／土屋京子訳、講談社、1998年
81『SQ 生きかたの知能指数――ほんとうの「頭の良さ」とは何か』ダニエル・ゴールマン／土屋京子訳、日本経済新聞出版社、2007年
82 この論文の訳はないが、同じタイトルの邦訳が出ています。『EQ リーダーシップ―― 成功する人の「こころの知能指数」の活かし方』ダニエル・ゴールマンほか／土屋京子訳、日本経済新聞社、2002年
93『専門職としての教師の資本――21世紀を革新する教師・学校・教育政策のグランドデザイン』アンディ・ハーグリーブスほか／木村優ほか訳、金子書房、2022年
95『教育の効果――メタ分析による学力に影響を与える要因の効果の可視化』ジョン・ハッティ／山森光陽訳、図書文化社、2018年
97『新訳最前線のリーダーシップ――何が生死を分けるのか』ロナルド・A・ハイフェッツほか／野津智子訳、英治出版、2018年
107『マインドフルネスを始めたいあなたへ』ジョン・カバットジン／松丸さとみ訳、星和書店、2012年
109『なぜ人と組織は変われないのか――ハーバード流自己変革の理論と実践』ロバート・キーガンほか／池村千秋訳、英治出版、2013年

㉓ White, K. K., Zion, S., & Kozleski, E. (2005). *Cultural identity and teaching*. Tempe, AZ: National Institute for Urban School Improvement. Accessed at www.niusileadscape.org/lc/Record/605?search_query=Cultural Identity and Teaching on March 5, 2013.

㉔ Wiggins, G. (1989). A true test: Toward more authentic and equitable assessment. *Phi Delta Kappan, 70*(9), 703–713.

㉕ Wiggins, G. (2011). A true test: Toward more authentic and equitable assessment. *Phi Delta Kappan,* 92(7), 81–93.

㉖ Wilensky, R. (2013, February 6). "Mindfulness" in schools to combat stress [Web log post]. Accessed at www.ednewscolorado.org/2013/02/06/55748-voices-mindfulness-in-schools-to-combat-stress on March 5, 2013.

㉗ Willingham, D. T. (2009). *Why don't students like school? A cognitive scientist answers questions about how the mind works and what it means for the classroom*. San Francisco: Jossey-Bass.

㉘ Willis, J. (2007). The neuroscience of joyful education: Supporting good teaching practices with neuroscience. *Educational Leadership,* 64(9), 1–5.

㉙ Wilson, B. L., & Corbett, H. D. (2001). *Listening to urban kids: School reform and the teachers they want*. New York: SUNY Press.

㉚ Wiseman, L., & McKeown, G. (2010). *Multipliers: How the best leaders make everyone smarter*. New York: HarperCollins.

㉛ Witvliet, C., Ludwig, T. E., & Laan, K. L. V. (2001). Granting forgiveness or harboring grudges: Implications for emotion, physiology, and health. *Psychological Science, 12*(2), 117–123.

㉜ Zajonc, A. (2005, February 11–13). *Love and knowledge: Recovering the heart of learning through contemplation*. Presented at the meeting of the Center for Contemplative Mind in Society, Contemplative Practices and Education: Making Peace in Ourselves and in the World, New York, NY. Accessed at www.contemplativemind.org/admin/wp-content/uploads/2012/09/zajonc-love-and-knowledge.pdf on March 5, 2013.

㉝ Zajonc, A. (2008). *Meditation as contemplative inquiry: When knowing becomes love*. Great Barrington, MA: Lindisfarne Books.

㉞ Zelazo, P. D., & Cunningham, W. (2007). Executive function: Mechanisms underlying emotion regulation. In R. A. Thompson & J. J. Gross (Eds.), *Handbook of emotion regulation* (pp. 135–158). New York: Guilford Press.

㉟ Zimmerman, J. M., & Coyle, V. (2009). *The way of council*. Wilton Manors, FL: Bramble Books.

㊱ Zins, J. E., & Elias, M. J. (2006). Social and emotional learning. In G. G. Bear & K. M. Minke (Eds.), *Children's needs III: Development, prevention, and intervention* (3rd ed., pp. 1–13). Bethesda, MD: National Association of School Psychologists.

㊲ Zion, S., Kozleski, E., & Fulton, M. L. (2005). *Understanding culture*. Accessed at www.niusileadscape.org/docs/FINAL_PRODUCTS/LearningCarousel/Understanding_Culture.pdf on October 12, 2012.

systems. Accessed at www.wtgrantfdn.org/File Library/Resources/Practitioners Guide .pdf on March 1, 2013.

207 Sylwester, R. (1994). How emotions affect learning. *Educational Leadership*, 52(2), 60–65.

208 Sylwester, R. (1995). *A celebration of neurons: An educator's guide to the human brain*. Alexandria, VA: Association for Supervision and Curriculum Development.

209 Tomlinson, C. A., & Imbeau, M. B. (2010). *Leading and managing a differentiated classroom*. Alexandria, VA: Association for Supervision and Curriculum Development.

210 Thompson, S. (2005). *Leading from the eye of the storm: Spirituality and public school improvement*. Lanham, MD: R&L Education.

211 Thompson, M., & Grace, C. O. (2001). *Best friends, worst enemies: Understanding the social lives of children*. New York: Ballantine Books.

212 Tschannen-Moran, M. (2004). *Trust matters: Leadership for successful schools*. San Francisco: Jossey-Bass.

213 Tutu, D. (2004). *Truth and reconciliation*. Accessed at http://greatergood.berkeley.edu/article /item/truth_and_reconciliation on January 25, 2013.

214 Vansteenkiste, M., Simons, J., Lens, W., Sheldon, K. M., & Deci, E. L. (2004). Motivating learning, performance, and persistence: The synergistic effects of intrinsic goal contents and autonomy-supportive contexts. *Journal of Personality and Social Psychology*, *87*(2), 246–260.

215 Vitto, J. M. (2003). *Relationship-driven classroom management: Strategies that promote student motivation*. Thousand Oaks, CA: Corwin Press.

216 Vygotsky, L. S., & Cole, M. (1978). *Mind in society: The development of higher psychological processes*. Cambridge, MA: Harvard University Press.

217 Wagner, T. (2010). *The global achievement gap: Why even our best schools don't teach the new survival skills our children need—and what we can do about it*. New York: Basic Books.

218 Wandersman, A., Duffy, J., Flaspohler, P., Noonan, R., Lubell, K., Stillman, L., et al. (2008). Bridging the gap between prevention research and practice: The Interactive Systems Framework for Implementation and Dissemination. *American Journal of Community Psychology*, *41*(3–4), 171–181.

219 Watson, M., & Ecken, L. (2003). *Learning to trust: Transforming difficult elementary classrooms through developmental discipline*. San Francisco: Jossey-Bass.

220 Weaver, L., & Kessler, R. (2011). Six passages of childhood. In A. N. Johnson & M. Neagley (Eds.), *Educating from the heart: Theoretical and practical approaches to transforming education* (pp. 49–67). Lanham, MD: R&L Education.

221 Weissberg, R. P., Payton, J. W., O'Brien, M. U., & Munro, S. (2007). Social and emotional learning. In F. C. Power, R. J. Nuzzi, & D. Narvaez (Eds.), *Moral education: A handbook* (pp. 417–418). Westport, CT: Greenwood Press.

222 Wentzel, K. R. (2009). Students' relationships with teachers. In J. L. Meece & J. S. Eccles (Eds.), *Handbook of research on schools, schooling and human development* (pp. 75–91). New York: Routledge.

⑲⓪ Ryan, T. (2012). *A mindful nation: How a simple practice can help us reduce stress, improve performance, and recapture the American spirit.* Carlsbad, CA: Hay House.

⑲① Salovey, P., & Mayer, J. D. (1990). Emotional intelligence. *Imagination, Cognition and Personality, 9,* 185–211.

⑲② Sankowski, L. (n.d.). *Teaching from the inside out: From an interview with first-grade teacher Maura McNiff.* Accessed at www.couragerenewal.org/stories/152-stories/294-teaching-from-the-inside-out on June 2, 2012.

⑲③ Sarason, S. (1990). *The predictable failure of educational reform: Can we change course before it's too late?* San Francisco: Jossey-Bass.

194 Scharmer, C. O. (2009). *Theory U: Leading from the future as it emerges.* San Francisco: Berrett-Koehler.

⑲⑤ Schoeberlein, D., & Sheth, S. (2009). *Mindful teaching and teaching mindfulness: A guide for anyone who teaches anything.* Somerville, MA: Wisdom.

⑲⑥ Schonert-Reichl, K. A. (2011). Promoting empathy in school-aged children. In K. Nader (Ed.), *School rampage shootings and other youth disturbances: Early preventative interventions* (pp. 159–204). New York: Taylor & Francis.

⑲⑦ Schonert-Reichl, K. A., & Hymel, S. (2007). Educating the heart as well as the mind: Social and emotional learning for school and life success. *Education Canada, 47*(2), 20–25. Accessed at www.eric.ed.gov/ERICWebPortal/detail?accno=EJ771005 on October 12, 2012.

⑲⑧ Schonert-Reichl, K. A., Smith, V., Zaidman-Zait, A., & Hertzman, C. (2011). Promoting children's prosocial behaviors in school: Impact of the "Roots of Empathy" program on the social and emotional competence of school-aged children. *School Mental Health, 4*(1), 1–21.

199 Schön, D. A. (1983). *The reflective practitioner: How professionals think in action.* New York: Basic Books.

200 Senge, P. M., Cambron McCabe, N. H., Lucas, T., Kleiner, A., Dutton, J., & Smith, B. (2000). *Schools that learn: A fifth discipline fieldbook for educators, parents, and everyone who cares about education.* New York: Doubleday.

⑳① Shulman, L. S. (2009, October 8–9). *Educating world citizens: Integrations, reflections, and future directions.* Presented at the meeting of the Mind and Life Institute, Mind and Life XIX: Educating World Citizens for the 21st Century, Washington, DC.

202 Siegel, D. J. (2010). *Mindsight: The new science of personal transformation.* New York: Bantam Books.

⑳③ Smith, R., & Lambert, M. (2008). The positive classroom: Assuming the best. *Educational Leadership, 66*(1), 16–21.

⑳④ Spaulding, T. (2010). *It's not just who you know: Transform your life (and your organization) by turning colleagues and contacts into lasting, genuine relationships.* New York: Broadway Books.

⑳⑤ Stecher, B. M., Borko, H., Kuffner, K. L., & Wood, A. C. (2005). *Using classroom artifacts to measure instructional practices in middle school mathematics: A two-state field test.* Accessed at www.cse.ucla.edu/products/reports/r662.pdf on October 22, 2012.

⑳⑥ Stuhlman, M. W., Hamre, B. K., Downer, J. T., & Pianta, R. C. (2010). *A practitioner's guide to conducting classroom observations: What the research tells us about choosing and using observational students: Findings from three scientific reviews.* Chicago: Collaborative for Academic, Social, and Emotional Learning. Accessed at http://casel.org/wp-content/uploads/PackardTR.pdf on March 5, 2013.

⑮ Pollock, J. E. (2007). *Improving student learning one teacher at a time.* Alexandria, VA: Association for Supervision and Curriculum Development.

⑯ Pool, C. R. (1997). Maximizing learning: A conversation with Renate Nummela Caine. *Educational Leadership*, 54(6), 11–15.

⑰ Porter, A. C., Gamoran, A., & Board on International Comparative Studies in Education. (2002). *Methodological advances in cross-national surveys of educational achievement.* Washington, DC: National Academies Press.

⑱ Porter, C. J., & Cleland, J. (1995). *The portfolio as a learning strategy.* Portsmouth, NH: Boynton/Cook.

⑲ Reiss, K. J. (2012). *Be a CHANGEMASTER: 12 coaching strategies for leading professional and personal change.* Thousand Oaks, CA: Corwin Press.

⑳ Rendón, L. I. (2009). *Sentipensante (sensing/thinking) pedagogy: Educating for wholeness, social justice and liberation.* Sterling, VA: Stylus.

(181) Resnick, M. D. , Bearman, P. S., Blum, R. W., Bauman, K. E., Harris, K. M., Jones, J., Tabor, J., et al. (1997). Protecting adolescents from harm: Findings from the National Longi-tudinal Study on Adolescent Health. *Journal of the American Medical Association, 278*(10), 823.

(182) Roeser, R. W. (2012). *Mindfulness training for public school teachers: Rationales, processes and outcomes.* Denver, CO: International Symposia for Contemplative Studies.

(183) Roeser, R. W., Eccles, J. S., & Sameroff, A. J. (2000). School as a context of early adolescents' academic and social-emotional development: A summary of research findings. *The Elementary School Journal, 100*(5), 443–471.

(184) Roeser, R. W., Marachi, R., & Gelhbach, H. (2002). A goal theory perspective on teachers' professional identities and the contexts of teaching. In C. Midgley (Ed.), *Goals, goal structures, and patterns of adaptive learning* (pp. 204–241). Mahwah, NJ: Erlbaum.

(185) Roeser, R. W., Midgley, C., & Urdan, T. C. (1996). Perceptions of the school psychological environment and early adolescents' psychological and behavioral functioning in school: The mediating role of goals and belonging. *Journal of Educational Psychology, 88*(3), 408–422.

(186) Roeser, R. W., & Peck, S. C. (2009). An education in awareness: Self, motivation, and self-regulated learning in contemplative perspective. *Educational Psychologist, 44*(2), 119–136.

(187) Roeser, R. W., Peck, S. C., & Nasir, N. S. (2009). Self and identity processes in school motivation, learning, and achievement. In J. L. Meece & J. S. Eccles (Eds.), *Handbook of research on schools, schooling and human development* (pp. 391–424). New York: Routledge.

(188) Roeser, R. W., Skinner, E., Beers, J., & Jennings, P. A. (2012). Mindfulness training and teachers' professional development: An emerging area of research and practice. *Child Development Perspectives*, 6(2), 167–173.

(189) Roeser, R., & Zelazo, P. D. (2012). Contemplative science, education and child development: Introduction to the special section. *Child Development Perspectives*, 6(2), 143–145.

⑮⑦ Newfield Network. (n.d.). *Learning with heart: A* Newfield News *article by Bob Dunham*. Accessed at www.newfieldnetwork.com/New2/News/0212/Heart/index.cfm on March 5, 2013.

⑮⑧ Nieto, S. (2003). *What keeps teachers going?* New York: Teachers College Press.

⑮⑨ Noddings, N. (2011). *Philosophy of education*. Boulder, CO: Westview Press.

⑯⓪ Noë, A. (2009). *Out of our heads: Why you are not your brain, and other lessons from the biology of consciousness*. New York: Farrar, Straus and Giroux.

⑯① Noguera, P. (2011, May 21). *Morningside Center's Courageous Schools Conference*. Accessed at www.morningsidecenter.org/noguera.html on October 12, 2012.

⑯② Nucci, L. P., & Narvaéz, D. (2008). *Handbook of moral and character education*. New York: Taylor & Francis.

⑯③ Odom, S. L., Hanson, M., Lieber, J., Diamond, K., Palmer, S., Butera, G., et al. (2010). Prevention, early childhood intervention, and implementation science. In B. Doll, W. Pfohl, & J. S. Yoon, *Handbook of youth prevention science* (pp. 413–432). New York: Routledge.

⑯④ Olalla, J. (n.d.). *Learning with heart*. Accessed at www.newfieldnetwork.com/New2/News/0212/Heart/index.cfm on June 26, 2012.

⑯⑤ O'Neill-Grace, C., & Thompson, M. (2002). *Best friends, worst enemies: Understanding the social lives of children*. New York: Random House.

⑯⑥ Orfield, G., Losen, D., Wald, J., & Swanson, C. B. (2004). *Losing our future: How minority youth are being left behind by the graduation rate crisis*. Cambridge, MA: Civil Rights Project at Harvard University. Accessed at www.urban.org/UploadedPDF/410936_LosingOurFuture.pdf on March 5, 2013.

⑯⑦ Osher, D., Sprague, J., Weissberg, R. P., Axelrod, J., Keenan, S., Kendziora, K., et al. (2008). A comprehensive approach to promoting social, emotional, and academic growth in contemporary schools. In A. Thomas & J. Grimes (Eds.), *Best practices in school psychology V* (5th ed., pp. 1263–1278). Bethesda, MD: National Association of School Psychologists.

⑯⑧ Ottmar, E. R., Rimm-Kaufman, S. E., Larsen, R., & Merritt, E. G. (2011). *Relations between mathematical knowledge for teaching, mathematics instructional quality, and student achievement in the context of the "Responsive Classroom (RC)" approach*. Evanston, IL: Society for Research on Educational Effectiveness.

⑯⑨ Palmer, P. J. (1993). *To know as we are known: Education as a spiritual journey*. New York: HarperCollins.

⑰⓪ Palmer, P. J. (1997). The heart of a teacher identity and integrity in teaching. *Change: The Magazine of Higher Learning, 29*(6), 14–21.

⑰① Palmer, P. J. (1998). *The courage to teach: Exploring the inner landscape of a teacher's life*. San Francisco: Jossey-Bass.

⑰② Palmer, P. J. (2009). *A hidden wholeness: The journey toward an undivided life*. San Francisco: Wiley.

⑰③ Pausch, R., & Zaslow, J. (1990). *The last lecture*. New York: Hyperion.

⑰④ Payton, J., Weissberg, R. P., Durlak, J. A., Dymnicki, A. B., Taylor, R. D., Schellinger, K. B., et al. (2008). *The positive impact of social and emotional learning for kindergarten to eighth-grade*

141 McMillan, J. H. (2000). *Basic assessment concepts for teachers and school administrators.* College Park, MD: ERIC Clearinghouse on Assessment and Evaluation. Accessed at www.behavioralinstitute.org/FreeDownloads/Assessment/ERIC basic assessment concepts for teachers and administrators.pdf on March 5, 2013.

142 McNeely C. A., Nonnemaker, J. M., & Blum, R.W. (2002). Promoting school connectedness: Evidence from the National Longi-tudinal Study of Adolescent Health. *Journal of School Health, 72*(4), 138–146.

143 Meador, D. (n.d.). *Qualities of an effective teacher.* Accessed at http://teaching.about.com/od/pd/a/Qualities-Of-An-Effective-Teacher.htm on June 25, 2012.

144 Medina, J. (2008). *Brain rules: 12 principles for surviving and thriving at work, home, and school.* Seattle, WA: Pear Press.

145 Meece, J. L., & Eccles, J. S. (2009). Schools as a context of human development. In J. L. Meece & J. S. Eccles (Eds.), *Handbook of research on schools, schooling and human development* (pp. 3–5). New York: Routledge.

146 Mendes, E. (2003). What empathy can do. *Educational Leadership, 61*(1), 56–59.

147 MetLife. (2012). *The MetLife Survey of the American Teacher: Teachers, parents and the economy.* New York: Author. Accessed at www.eric.ed.gov/ERICWebPortal/contentdelivery/servlet/ERICServlet?accno=ED530021 on October 12, 2012.

148 Meyers, D. C., Durlak, J. A., & Wandersman, A. (2012). The Quality Implementation Framework: A synthesis of critical steps in the implementation process. *American Journal of Community Psychology, 50*(3–4), 462–480.

149 Miller, J. P. (2007). Whole teaching, whole schools, whole teachers. *Educational Leadership, 64,* 7–10. Accessed at www.ascd.org/publications/educational-leadership/summer07/vol64/num09/Whole-Teaching,-Whole-Schools,-Whole-Teachers.aspx on October 12, 2012.

150 Mitchell-Copeland, J., Denham, S. A., & DeMulder, E. K. (1997). Q-sort assessment of child–teacher attachment relationships and social competence in the preschool. *Early Education & Development, 8*(1), 27–39.

151 Moulthrop, D., Calegari, N. C., & Eggers, D. (2006). *Teachers have it easy: The big sacrifices and small salaries of America's teachers.* New York: Perseus Books Group.

152 Murray, C., & Greenberg, M. T. (2000). Children's relationship with teachers and bonds with school: An investigation of patterns and correlates in middle childhood. *Journal of School Psychology, 38*(5), 423–445.

153 Myers, S. (2008). Conversations that matter: The positive classroom. *Educational Leadership, 66*(1).

154 National Coalition for Equity in Education. (n.d.). *NCEE publications.* Accessed at http://ncee.education.ucsb.edu/publications.htm on March 5, 2013.

155 National Council for Accreditation of Teacher Education. (2008). *Professional standards for the accreditation of teacher preparation institutions.* Washington, DC: Author.

156 National School Reform Faculty. (n.d.). *Success analysis protocol.* Accessed at www.nsrfharmony.org/protocol/doc/success_analysis_cfg.pdf on March 5, 2013.

⑫4 Lantieri, L., & Goleman, D. (2008). *Building emotional intelligence: Techniques to cultivate inner strength in children.* Boulder, CO: Sounds True.

⑫5 Lawlor, M. S., & Schonert-Reichl, K. A. (2009). *Resiliency and transitions: Early adolescents and the transition to high school.* Toronto, Ontario: Canadian Association for School Health.

⑫6 Loehr, J., & Schwartz, T. (2003). *The power of full engagement: Managing energy, not time, is the key to high performance and personal renewal.* New York: Free Press.

⑫7 Lorde, A. (1994). *Our dead behind us: Poems.* New York: Norton. Accessed at www.amazon.com/Our-Dead-Behind-Us-Poems/dp/0393312380 on October 15, 2012.

⑫8 Lynch, M., & Cicchetti, D. (1992). Maltreated children's reports of relatedness to their teachers. In R. C. Pianta (Ed.), *Beyond the parent: The role of other adults in children's lives—New directions for child development* (pp. 81–108). San Francisco: Jossey-Bass.

⑫9 MacDonald, E., & Shirley, D. (2009). *The mindful teacher.* New York: Teachers College Press.

⑬0 Mandela, N. (1994). *Long walk to freedom: The autobiography of Nelson Mandela.* New York: Little, Brown.

⑬1 Marzano, R. J. (2007). *The art and science of teaching: A comprehensive framework for effective instruction.* Alexandria, VA: Association for Supervision and Curriculum Development.

⑬2 Marzano, R. J. (2009). *Classroom management that works: Research-based strategies for every teacher.* Upper Saddle River, NJ: Merrill. Accessed at http://books.google.com/books?id=iPOLJwAACAAJ&pgis=1 on October 15, 2012.

⑬3 Marzano, R. J. (2011). The inner world of teaching. *Educational Leadership, 68*(7), 90–91.

⑬4 Marzano, R. J., (2012a). *Becoming a reflective teacher.* Bloomington, IN: Marzano Research Laboratory.

⑬5 Marzano, R. J. (2012b). Relating to students: It's what you do that counts. *Educational Leadership, 68*(6), 82–83.

⑬6 Marzano, R. J., Marzano, J. S., & Pickering, D. (2003). *Classroom management that works: Research-based strategies for every teacher.* Alexandria, VA: Association for Supervision and Curriculum Development. Accessed at http://books.google.com/books?id=BVM2ml2Q-QgC&pgis=1 on October 12, 2012.

⑬7 McCormick, K. M., & Brennan, S. (2001). Mentoring the new professional in interdisciplinary early childhood education: The Kentucky Teacher Internship Program. *Topics in Early Childhood Special Education, 21*(3): 131–149.

⑬8 McCullough, M. E., Pargament, K. I., & Thoresen, C. E. (2001). *Forgiveness: Theory, research, and practice.* New York: Guilford Press. Accessed at http://books.google.com/books?hl=en&lr=&id=bXZbpTaorg4C&pgis=1 on October 12, 2012.

⑬9 McIntosh, P. (2003a). White privilege: Unpacking the invisible knapsack. In P. S. Rothenberg (Ed.), *Race, class, and gender in the United States: An integrated study* (pp. 188–192). New York: Worth.

⑭0 McIntosh, P. (2003b). White privilege and male privilege. In M. S. Kimmel & A. L. Ferber (Eds.), *Privilege: A reader* (pp. 147–160). Boulder, CO: Westview Press.

104 Jennings, P. A., & Greenberg, M. T. (2009). The prosocial classroom: Teacher social and emotional competence in relation to student and classroom outcomes. *Review of Educational Research, 79*(1), 491–525.

105 Jennings, P. A., Snowberg, K. E., Coccia, M. A., & Greenberg, M. T. (2012). *Refinement and evaluation of the CARE for Teachers program.* In M.Greenberg (Chair), Promoting empathy, awareness, and compassion with parents, teachers, and youth. Symposium presented at the International Symposia for Contemplative Studies, Denver, CO, April 2012.

106 Joyce, B. R., & Showers, B. (2002). *Student achievement through staff development* (3rd ed.). Alexandria, VA: Association for Supervision and Curriculum Development.

107 Kabat-Zinn, J. (1994). *Wherever you go, there you are: Mindfulness meditation in everyday life.* New York: Hyperion.

108 Kahn, W. A. (1992). To be fully there: Psychological presence at work. *Human Relations, 45*(4), 321–349.

109 Kegan, R., & Lahey, L. L. (2009). *Immunity to change: How to overcome it and unlock the potential in yourself and your organization.* Cambridge, MA: Harvard Business School Press.

110 Kessler, R. (1999). Nourishing students in secular schools. *Educational Leadership, 56*(4), 49–52.

111 Kessler, R. (2000a). *The soul of education: Helping students find connection, compassion, and character at school.* Alexandria, VA: Association for Supervision and Curriculum Development.

112 Kessler, R. (2000b). The teaching presence. *Virginia Journal of Education, 94*(2), 4.

113 Kessler, R. (2002a). Adversity as ally. In S. M. Intrator (Ed.), *Stories of the courage to teach: Honoring the teacher's heart* (pp. 141–151). San Francisco: Jossey-Bass.

114 Kessler, R. (2002b). Nurturing deep connections: Five principles for welcoming soul into school leadership. *School Administrator, 59*(8), 22–26.

115 Kessler, R. (2002c). *Teaching presence extended.* Unpublished manuscript.

116 Kessler, R. (2004). Grief as a gateway to love in teaching. In D. P. Liston & J. W. Garrison (Eds.), *Teaching, Learning and Loving: Reclaiming passion in educational practice* (pp. 133–148). New York: RoutledgeFalmer.

117 Kessler, R., & Fink, C. (2008). Education for integrity: Connection, compassion and character. In L. Nucci & D. Narváez (Eds.), *Handbook of moral and character education* (pp. 431–455). New York: Taylor & Francis.

118 Kitayama, S., & Uskul, A. K. (2011). Culture, mind, and the brain: Current evidence and future directions. *Annual Review of Psychology, 62*, 419–449.

119 Kline, K. K. (2003). *Hardwired to connect: The new scientific case for authoritative communities.* New York: Springer-Verlag, Institute for American Values.

120 Kouzes, J. M., & Posner, B. Z. (2010). *The leadership challenge.* Hoboken, NJ: Wiley.

121 Langer, E. J. (1989). *Mindfulness.* Indianapolis, IN: Addison-Wesley.

122 Langer, E. J. (1997). *The power of mindful learning.* Reading, MA: Addison-Wesley.

123 Lantieri, L. (2003). Waging peace in our schools. In M. J. Elias, H. Arnold, & C. S. Hussey (Eds.), *EQ + IQ = Best leadership practices for caring and successful schools* (pp. 76–87). Thousand Oaks, CA: Corwin Press.

⑧⑦ Halgunseth, L. C., Carmack, C., Childs, S. S., Caldwell, L., Craig, A., & Smith, E. P. (2012). Using the Interactive Systems Framework in understanding the relation between general program capacity and implementation in afterschool settings. *American Journal of Community Psychology*, 50(3–4), 311–320.

⑧⑧ Hamre, B. K., & Pianta, R. C. (2001). Early teacher-child relationships and the trajectory of children's school outcomes through eighth grade. *Child Development*, 72(2), 625–638.

⑧⑨ Hamre, B. K., & Pianta, R. C. (2009). Classroom environments and developmental processes. In J. L. Meece & J. S. Eccles (Eds.), *Handbook of research on schools, schooling and human development* (pp. 25–41). New York: Routledge.

⑨⓪ Hamre, B. K., Pianta, R. C., Burchinal, M., Field, S., LoCasale-Crouch, J., Downer, J. T., et al. (2012). A course on effective teacher-child interactions: Effects on teacher beliefs, knowledge, and observed practice. *American Educational Research Journal*, 49(1), 88–123.

⑨① Han, S. S., & Weiss, B. (2005). Sustainability of teacher implementation of school-based mental health programs. *Journal of Abnormal Child Psychology*, 33(6), 665–679.

⑨② Hargreaves, A. (2001). *Learning to change: Teaching beyond subjects and standards*. San Francisco: Wiley.

㊈③ Hargreaves, A., & Fullan, M. (2012). *Professional capital: Transforming teaching in every school*. New York: Teachers College Press.

⑨④ Hart, T. (2009). *From information to transformation: Education for the evolution of consciousness* (3rd ed.). New York: Peter Lang.

❾❺ Hattie, J. (2009). *Visible learning: A synthesis of over 800 meta-analyses relating to achievement*. New York: Taylor & Francis.

⑨⑥ Heckman, J. J., & Kautz, T. (2012). Hard evidence on soft skills. *Labour Economics*, 19(4), 451–464.

❾❼ Heifetz, R. A., & Linsky, M. (2002). *Leadership on the line: Staying alive through the dangers of leading*. Watertown, MA: Harvard Business School Press.

⑨⑧ Holzel, B. K., Lazar, S. W., Gard, T., Schuman-Olivier, Z., Vago, D. R., & Ott, U. (2011). How does mindfulness meditation work? Proposing mechanisms of action from a conceptual and neural perspective. *Perspectives on Psychological Science*, 6(6), 537–559.

⑨⑨ Hughes, J. N., Cavell, T. A., & Willson, V. (2001). Further support for the developmental significance of the quality of the teacher–student relationship. *Journal of School Psychology*, 39(4), 289–301.

⑩⓪ Hymel, S., Schonert-Reichl, K. A., & Miller, L. D. (2006). Reading, 'riting, 'rithmetic and relationships: Considering the social side of education. *Exceptionality Education Canada*, 16(3), 1–44.

⑩① Intrator, S. M. (2002). *Stories of the courage to teach: Honoring the teacher's heart*. San Francisco: Jossey-Bass.

⑩② James, W., Burkhardt, F., Bowers, F., & Skrupskelis, I. K. (1981). *The principles of psychology* (Vols. 1–2). Cambridge, MA: Harvard University Press.

⑩③ Jennings, P. (2011). *Teachers tuning in*. Accessed at www.mindful.org/the-mindful-society/education/teachers-tuning-in on October 12, 2012.

67 Fritz, R. (1984). *The path of least resistance: Principles for creating what you want to create.* Salem, MA: DMA.

68 Fritz, R. (1994). *The path of least resistance: Learning to become the creative force in your own life.* Burlington, MA: Butterworth Heinemann. Accessed at http://books.google.com/books?id=JHtRAAAAYAAJ&pgis=1 on October 12, 2012.

69 Fullan, M. (Ed.) (1997). *The challenge of school change: A collection of articles.* Arlington Heights, IL: IRI/Skylight Training.

70 Gambone, M. A., Klem, A. M., & Connell, J. P. (2002). *Finding out what matters for youth: Testing key links in a community action framework for youth development.* Philadelphia: Youth Development Strategies, Institute for Research and Reform in Education.

71 Garmston, R. J. (1998). Becoming expert teachers (Pt. 1). *Journal of Staff Development, 19*(1). Accessed at www.learningforward.org/news/jsd/garmston191.cfm on October 12, 2012.

72 Garrison Institute. (n.d.). *CARE for teachers.* Accessed at www.garrisoninstitute.org/index.php?option=com_content&view=article&id=77&Itemid=79 on June 27, 2012.

73 Gay, G. (2000). *Culturally responsive teaching: Theory, research, and practice* (Multicultural Education Series). New York: Teachers College Press.

74 Gerzon, M. (1997). Teaching democracy by doing it! *Educational Leadership, 54*(5), 6–11.

75 Gerzon, M. (2010). *American citizen, global citizen.* Boulder, CO: Spirit Scope.

76 Ginott, H. G. (1975). *Teacher and child: A book for parents and teachers.* New York: Avon Books.

77 Goddard, R. D., Hoy, W. K., & Hoy, A. W. (2000). Collective teacher efficacy: Its meaning, measure, and impact on student achievement. *American Educational Research Journal, 37*(2), 479–507. Accessed at http://aer.sagepub.com/content/37/2/479short on October 12, 2012.

78 Goddard, R. D, Hoy, W. K., & Hoy, A. W. (2004). Collective efficacy beliefs: Theoretical developments, empirical evidence, and future directions. *Educational Researcher, 33*(3), 3–13.

79 Goleman, D. (1995). *Emotional intelligence.* New York: Bantam Books.

80 Goleman, D. (1998). What makes a leader? *Harvard Business Review, 76*(6), 93–102.

81 Goleman, D. (2006). *Social intelligence: The new science of human relationships.* New York: Random House Large Print.

82 Goleman, D., Boyatzis, R., & McKee, A. (2001). Primal leadership: The hidden driver of great performance. *Harvard Business Review, 79*(11), 42–53.

83 Goodenow, C. (1993). Classroom belonging among early adolescent students: Relationships to motivation and achievement. *The Journal of Early Adolescence, 13*(1), 21–43.

84 Greenberg, M. T., Weissberg, R. P., O'Brien, M. U., Zins, J. E., Fredericks, L., Resnik, H., et al. (2003). Enhancing school-based prevention and youth development through coordinated social, emotional, and academic learning. *American Psychologist, 58*(6–7), 466–474.

85 Greenland, S. K. (2010). *The mindful child: How to help your kid manage stress and become happier, kinder, and more compassionate.* New York: Simon & Schuster.

86 Guhn, M., Schonert-Reichl, K. A., Gadermann, A. M., Marriott, D., Pedrini, L., Hymel, S., et al. (2012). Well-being in middle childhood: An assets-based population-level research-to-action project. *Child Indicators Research, 5*(2), 393–418.

㊿ Durlak, J. A., Weissberg, R. P., Dymnicki, A. B., Taylor, R. D., & Schellinger, K. B. (2011). The impact of enhancing students' social and emotional learning: A meta-analysis of school-based universal interventions. *Child Development, 82*(1), 405–432.

51 Dweck, C. S. (2006). *Mindset: The new psychology of success.* New York: Random House.

52 Eccles, J. S., & Roeser, R. W. (2011). School and community influences on human development. In M. H. Bornstein & M. E. Lamb (Eds.), *Developmental science: An advanced textbook* (6th ed., pp. 571–643). New York: Taylor & Francis.

53 Elbot, C. F., & Fulton, D. (2008). *Building an intentional school culture: Excellence in academics and character.* Thousand Oaks, CA: Corwin Press.

54 Elias, M. J. (1997). *Promoting social and emotional learning: Guidelines for educators.* Alexandria, VA: Association for Supervision and Curriculum Development.

55 Elias, M. J., & Arnold, H. (2006). *The educator's guide to emotional intelligence and academic achievement: Social-emotional learning in the classroom.* Thousand Oaks, CA: Corwin Press.

56 Elias, M. J., Arnold, H., & Hussey, C. S. (Eds.) (2003). *EQ + IQ = Best leadership practices for caring and successful schools.* Thousand Oaks, CA: Corwin Press.

57 Elias, M. J., Parker, S. J., Kash, V. M., & Dunkeblau, E. (2007). Social-emotional learning and character and moral education: Synergy or fundamental divergence in our schools? *Information Age, 5*(2), 167–181.

58 Elias, M. J., & Zins, J. E. (2003). Implementation, sustainability, and scaling up of social-emotional and academic innovations in public schools. *School Psychology Review, 32*(3), 303–319.

59 Ellinor, L., & Gerard, G. (1998). *Dialogue: Rediscover the transforming power of conversation.* New York: Wiley.

60 Emmons, R. A., & McCullough, M. E. (2003a). Counting blessings versus burdens: An experimental investigation of gratitude and subjective well-being in daily life. *Journal of Personality and Social Psychology, 84*(2), 377–389.

61 Emmons, R. A., & McCullough, M. E. (2003b). *Highlights from the research project on gratitude and thankfulness: Dimensions and perspectives of gratitude.* Accessed at www.psy.miami.edu/faculty/mmccullough/Gratitude-Related%20Stuff/highlights_fall_2003.pdf on March 5, 2013.

62 Fixsen, D. L., Naoom, S. F., Blase, K. A., Friedman, R. M., & Wallace, F. (2005). *Implementation research: A synthesis of the literature.* Tampa: University of South Florida.

63 Flaspohler, P., Duffy, J., Wandersman, A., Stillman, L., & Maras, M. A. (2008). Unpacking prevention capacity: An intersection of research-to-practice models and community-centered models. *American Journal of Community Psychology, 41*(3–4), 182–196.

64 Flicker, J. (2012, March 23). Mindfulness in education [Web log post]. Accessed at http://lifeworkslearningcenter.com/2012/mindfulness-in-education on June 12, 2012.

65 Frey, N., Fisher, D., & Everlove, S. (2009). *Productive group work: How to engage students, build teamwork, and promote understanding.* Alexandria, VA: Association for Supervision and Curriculum Development.

66 Fried, R. (2001). *The passionate teacher: A practical guide.* Boston: Beacon Press.

32. Covey, S. R. (2004). *Seven habits of highly effective people.* New York: Free Press.

33. Covey, S. R. (2009). *The leader in me: How schools and parents around the world are inspiring greatness, one child at a time.* New York: Simon & Schuster.

34. Cox, M., Alm, R., & Holmes, N. (2004, May 13). Op-chart where the jobs are. *The New York Times*, p. A27.

35. Crew, R. (2007). *Only connect: The way to save our schools.* New York: Farrar, Straus & Giroux.

36. Cullen, M., Wallace, L., & Hedberg, B. (2009). *SMART-in-Education Teachers' Program: Instructor's manual.* Boulder, CO: Impact Foundation.

37. Curry School of Education, Center for Advanced Study of Teaching and Learning. (2013). *Classroom Assessment Scoring System.* Accessed at http://curry.virginia.edu/research/centers/castl/class on March 1, 2013.

38. Danielson, L. M. (2009). How teachers learn: Fostering reflection. *Educational Leadership, 66*(5), 5–9.

39. Darling-Hammond, L. (2012). *Creating a comprehensive system for evaluating and supporting effective teaching.* Stanford, CA: Stanford Center for Opportunity Policy in Education.

40. Darling-Hammond, L., Ancess, J., & Ort, S. W. (2002). Reinventing high school: Outcomes of the Coalition Campus Schools Project. *American Educational Research Journal, 39*(3), 639–673.

41. Darling-Hammond, L., Austin, K., Orcutt, S., & Rosso, J. (2001). *How people learn: Introduction to learning theories.* Stanford, CA: Stanford University.

42. Darling-Hammond, L., & Bransford, J. (Eds.). (2005). *Preparing teachers for a changing world: What teachers should learn and be able to do.* San Francisco: Jossey-Bass.

43. Darling-Hammond, L., & Richardson, N. (2009). Teacher learning: What matters? *Educational Leadership, 66*(5), 46–53.

44. Denton, P. (2008). The positive classroom: The power of our words. *Educational Leadership, 66*(1), 28–31.

45. Diamond, A. (2010). The evidence base for improving school outcomes by addressing the whole child and by addressing skills and attitudes, not just content. *Early Education and Development, 21*(5), 780–793.

46. Diamond, A., & Lee, K. (2011). Interventions shown to aid executive function development in children 4 to 12 years old. *Science, 333*(6045), 959–964.

47. Dictionary.com. (2013). *Creativity.* Accessed at http://dictionary.reference.com/browse/creativity?s=t on June 18, 2012.

48. Duckworth, A. L., & Quinn, P. D. (2009). Development and validation of the Short Grit Scale (GRIT–S). *Journal of Personality Assessment, 91*(2), 166–174.

49. Durlak, J. A., & DuPre, E. P. (2008). Implementation matters: A review of research on the influence of implementation on program outcomes and the factors affecting implementation. *American Journal of Community Psychology, 41*(3–4), 327–350.

⑬ Breines, J. G., & Chen, S. (2012). Self-compassion increases self-improvement motivation. *Personality & Social Psychology Bulletin, 38*(9), 1133–1143.

⑭ Broderick, P. C. (n.d.). *Learning to BREATHE: A mindfulness curriculum for adolescents.* Accessed at http://learning2breathe.org on June 27, 2012.

⑮ Bronson, P., & Merryman, A. (2010, July 19). The creativity crisis. *Newsweek,* pp. 44–50.

⑯ Brown, A. L. (1997). Transforming schools into communities of thinking and learning about serious matters. *American Psychologist,* 52(4), 399–413. Accessed at http://psycnet.apa.org /journals/amp/52/4/399 on October 12, 2012.

⓱ Brown, B. (2010, December 23). *Brené Brown: The power of vulnerability* [Video file]. Accessed at www.ted.com/talks/brene_brown_on_vulnerability.html on June 16, 2012.

⓲ Brown, B. (2012). *Daring greatly: How the courage to be vulnerable transforms the way we live, love, parent, and lead.* New York: Penguin.

⓳ Brown, J., & Isaacs, D. (2005). *The World Café: Shaping our futures through conversations that matter.* San Francisco: Berrett-Koehler.

⑳ Brown, K. W., & Ryan, R. N. (2003). The benefits of being present: Mindfulness and its role in psychological well-being. *Journal of Personality and Social Psychology, 84*(4), 822–848.

㉑ Brown, K. W., Ryan, R. M., & Creswell, J. D. (2007). Mindfulness: Theoretical foundations and evidence for its salutary effects. *Psychological Inquiry, 18*(4), 211–237.

㉒ Brown, P. L. (2007, June 16). In the classroom, a new focus on quieting the mind. *The New York Times,* pp. 10–13. Accessed at www.nytimes.com/2007/06/16/us/16mindful.html?sq=in the classroom a new focus&st=cse&scp=1&pagewanted=print on October 12, 2012.

㉓ Brown, R. (1999). The teacher as contemplative observer. *Educational Leadership,* 56(4), 70–73.

㉔ Bryk, A. S., & Schneider, B. L. (2004). *Trust in schools: A core resource for improvement.* New York: Sage Foundation.

㉕ Bryk, A. S., Sebring, P. B., & Allensworth, E. (2010). *Organizing schools for improvement: Lessons from Chicago.* Chicago: University of Chicago Press.

㉖ Chetty, R., Friedman, J. N., & Rockoff, J. E. (2011). *The long-term impacts of teachers: Teacher value-added and student outcomes in adulthood* (NBER Working Paper No. 17699). Cambridge, MA: National Bureau of Economic Research. Accessed at www.nber.org/papers/w17699 on October 12, 2012.

㉗ Collaborative for Academic, Social, and Emotional Learning. (n.d.a). *How evidence-based SEL programs work to produce greater student success in school and life.* Accessed at http://casel .org/publications/how-evidence-based-social-and-emotional-learning-programs-work-to-produce-greater-student-success-in-school-and-life on October 12, 2012.

㉘ Collaborative for Academic, Social, and Emotional Learning. (n.d.b). *What is SEL?* Accessed at http://casel.org/why-it-matters/what-is-sel on March 5, 2013.

㉙ *Collins English dictionary: Complete and unabridged* (10th ed.). (2013). New York: HarperCollins.

㉚ Committee on Psychosocial Aspects of Child and Family Health. (1998). Guidance for effective discipline. *Pediatrics, 101*(4), 723–728.

㉛ Connolly, M. (2009). *What they never told me in principal's school: The value of experience cannot be overestimated.* Lanham, MD: R&L Education.

参考文献一覧

（白抜き数字の文献は邦訳書があります。末尾に掲載）

① Abbott, R. D., O'Donnell, J., Hawkins, J. D., Hill, K. G., Kosterman, R., & Catalano, R. F. (1998). Changing teaching practices to promote achievement and bonding to school. *American Journal of Orthopsychiatry, 68*(4), 542–552.

② Aber, L., Brown, J. L., Jones, S. M., Berg, J., & Torrente, C. (2011). School-based strategies to prevent violence, trauma, and psychopathology: The challenges of going to scale. *Development and Psychopathology, 23*(2), 411–421.

③ Azzam, A. M. (2009). Why creativity now? A conversation with Sir Ken Robinson. *Educational Leadership, 67*(1), 22–26.

④ Battistich, V., Schaps, E., Watson, M., Solomon, D., & Lewis, C. (2000). Effects of the Child Development Project on students' drug use and other problem behaviors. *Journal of Primary Prevention, 21*(1), 75–99.

⑤ Battistich, V., Solomon, D., Watson, S., & Schaps, E. (1997). *Caring school communities. Educational Psychologist, 32*, 137–151.

⑥ Bear, G. (2010). *School discipline and self-discipline: A practical guide to promoting prosocial student behavior.* New York: Guilford Press.

⑦ Benitez, M., Davidson, J., Flaxman, L., Sizer, T., & Sizer, N. (2009). *Small schools, big ideas: The essential guide to successful school transformation.* San Francisco: Wiley.

⑧ Benson, T., Fullan, M., Kegan, R., Madrazo, C., Quinn, J., & Senge, P. (2012). *Developmental stories: Lessons of systemic change for success in implementing the new Common Core standards—A report for the Hewlett Foundation Program on Deep Learning.* Accessed at www.academyforchange.org/wp-content/uploads/2012/08/CC7.4.12r1.pdf on March 5, 2013.

⑨ Bernard, S. (2010, December 1). *Science shows making lessons relevant really matters* [Web log post]. Accessed at www.edutopia.org/neuroscience-brain-based-learning-relevance-improves-engagement on June 18, 2012.

⑩ Bierman, K. L., Domitrovich, C. E., Nix, R. L., Gest, S. D., Welsh, J. A., Greenberg, M. T., et al. (2008). Promoting academic and social-emotional school readiness: The Head Start REDI program. *Child Development, 79*(6), 1802–1817.

⑪ Borko, H., Stecher, B., & Kuffner, K. (2007). *Using artifacts to characterize reform-oriented instruction: The scoop notebook and rating guide.* Los Angeles: National Center for Research on Evaluation, Standards, and Student Testing. Accessed at www.cse.ucla.edu/products/reports/r707.pdf on October 22, 2012.

⑫ Brackett, M. A., & Kremenitzer, J. P. (2011). *Creating emotionally literate classrooms: An introduction to the RULER approach to social and emotional learning.* Port Chester, NY: National Professional Resources.

訳者紹介

高見佐知（たかみ・さち）
ハワイ州教育局インターンを経て、米国大学院で学校管理運営を学ぶ。京都大学学際融合教育研究推進センター（地域連携教育研究推進ユニット）特任研究員。（公財）未来教育研究所研究開発局長。

内藤　翠（ないとう・みどり）
岡山大学文学部言語文化学科（現・人文学科）卒業。英語学・英米文学専攻。小中学校で非常勤講師として勤務の後、現在は京都先端科学大学附属中学校高等学校外国語科教諭。

吉田新一郎（よしだ・しんいちろう）
本書が、過去１年半に出したSELの本としてはまったく焦点の当て方が異なる４冊目になります。選書と翻訳過程で多くを学ばせてもらったので、一人でも多くの方と共有したくなりました。無料ブログSEL便り（selnewsletter.blogspot.com）の配信もはじまっています。

SELを成功に導くための五つの要素
——先生と生徒のためのアクティビティー集

2023年８月25日　初版第１刷発行

訳者　高見佐知
　　　内藤　翠
　　　吉田新一郎

発行者　武市一幸

発行所　株式会社　新評論

〒169-0051
東京都新宿区西早稲田３-16-28
http://www.shinhyoron.co.jp

電話　03(3202)7391
FAX　03(3202)5832
振替・00160-1-113487

落丁・乱丁はお取り替えします。
定価はカバーに表示してあります。

印刷　フォレスト
装丁　山田英春
製本　中永製本所

ISBN978-4-7948-1244-5